U0819359

权威·前沿·原创

皮书系列为

“十二五”“十三五”国家重点图书出版规划项目

互联网与国家治理蓝皮书

BLUE BOOK OF THE INTERNET AND STATE GOVERNANCE

互联网与国家治理发展报告（2019）

ANNUAL REPORT ON THE DEVELOPMENT OF THE INTERNET AND STATE GOVERNANCE (2019)

主　编／张志安　卢家银

社会科学文献出版社
SOCIAL SCIENCES ACADEMIC PRESS (CHINA)

图书在版编目（CIP）数据

互联网与国家治理发展报告. 2019／张志安，卢家银主编. --北京：社会科学文献出版社，2019.11
（互联网与国家治理蓝皮书）
ISBN 978-7-5201-5786-5

Ⅰ.①互… Ⅱ.①张… ②卢… Ⅲ.①电子政务-研究报告-中国-2019 Ⅳ.①D630.1-39

中国版本图书馆 CIP 数据核字（2019）第 243410 号

互联网与国家治理蓝皮书
互联网与国家治理发展报告（2019）

主　　编／张志安　卢家银

出 版 人／谢寿光
责任编辑／王玉霞
文稿编辑／王　悦

出　　版／社会科学文献出版社 · 城市和绿色发展分社（010）59367143
地址：北京市北三环中路甲 29 号院华龙大厦　邮编：100029
网址：www.ssap.com.cn
发　　行／市场营销中心（010）59367081　59367083
印　　装／天津千鹤文化传播有限公司

规　　格／开　本：787mm × 1092mm　1/16
印　张：23　字　数：342 千字
版　　次／2019 年 11 月第 1 版　2019 年 11 月第 1 次印刷
书　　号／ISBN 978-7-5201-5786-5
定　　价／128.00 元

本书系中山大学国家治理研究院—互联网与治理研究中心（广东省社会科学研究基地）、广州大数据与公共传播重点研究基地、广东省舆情大数据分析与仿真重点实验室成果。

编辑委员会

主编简介

张志安 复旦大学新闻学院传播学博士，教育部“长江学者奖励计划”青年学者（2017 年度），现任中山大学传播与设计学院院长、教授、博士生导师，国家首批高端智库中山大学粤港澳发展研究院副院长、中山大学互联网与治理研究中心主任，同时兼任中国新闻史学会应用新闻传播学研究委员会会长、舆论学研究委员会副会长，广东省新闻学会副会长。主要研究大数据与互联网治理、新闻生产社会学等，主持教育部哲社研究重大课题“大数据时代国家意识形态安全风险与防范体系构建研究”等，已出版《深度报道》《重构行动者：中国场域的传播研究》《互联网与国家治理发展报告》等多部作品，在中英文期刊发表论文百余篇。曾获中国新闻史学会首届国家学会奖之杰出青年奖、教育部高校优秀成果二等奖、宝钢优秀教师奖、第十一届广东新闻奖“金钟奖”等荣誉。

卢家银 华中科技大学新闻传播学博士、中山大学“百人计划”引进人才，中山大学传播与设计学院副教授、博士生导师，现任中山大学互联网与治理研究中心副主任，兼任中国新闻史学会应用新闻传播学研究委员会副会长兼秘书长、媒介法规与伦理研究委员会常务理事，美国伊利诺伊大学和香港城市大学访问学者。主要研究媒介法、网络法与政治传播，主持国家社科基金项目“大数据时代个人信息安全困境与共律体系构建研究”，已出版《第二国际的新闻自由理念（1889～1914）》等作品，公开发表三十多篇学术论文，并曾入选北京高等学校青年英才计划，获得第二届全国新闻学青年学者优秀学术成果奖。

摘 要

《互联网与国家治理发展报告（2019）》立足互联网与人工智能融合发展的大背景，聚焦互联网与国家治理中的重要议题，采用数据挖掘、逻辑思辨和案例研究等多种研究方法，重点围绕网络空间安全、网络舆论调适、互联网法制建设、网络社会治理与互联网国际治理等重要议题，对互联网治理领域内的最新技术发展、政策法规、重要研究成果和重大现实挑战等进行回顾分析与评估检视，以期探索我国互联网治理的实践发展、表现特征和国际差异。本书运用大量研究数据和现实案例，跨学科、跨行业地全面观测和分析国内外网络空间治理的现状和特征，为广大读者提供了一幅互联网国家治理的理论化图景。它既对我国互联网治理的实践进程进行了年度检视，又为推动网络空间治理的现代化和网络强国建设提供了理论与决策支持。

《互联网与国家治理发展报告（2019）》由总报告、网络空间安全、网络舆论调适、网络法治发展、网络社会治理和网络国际治理六个部分组成。该书作为国内第一本正式出版的中国互联网治理研究报告，对我国互联网治理进行理论层面和实践层面的系统回顾，其中总报告对过去一年我国互联网治理的现实发展进行了深度分析，从互联网治理实践进程、网络空间法治发展和网络文化嬗变三个层面讨论和总结了对互联网的治理和互联网实施治理的经验、教训与最新探索。分报告依次从网络空间安全、网络舆论调适、网络法治发展、网络社会治理和网络国际治理五个维度对我国互联网治理的发展进行了多视域、跨领域、跨学科的分析，研究发现及结论总体上有助于推动我国的网络强国建设和国家治理现代化的实践发展。

目　录

Ⅳ 网络法治发展

Ⅴ 网络社会治理

Ⅵ 网络国际治理

皮书数据库阅读**使用指南**

总 报 告

General Reports

B.1
2018年中国互联网治理发展研究报告

张 力 朱美娟*

摘 要： 与2017年相比，2018年中国互联网治理发展呈现出一定的承接性。信息内容、版权与共享经济等方面问题不断出现，相关政策与管理条例也在不断完善。“碎片化”的治理方式较好地适应了当前中国互联网高速发展、包罗万象的特点。值得关注的是，2018年网络谣言与社会心态方面相关的热点话题增幅相对较为明显，而移动客户端也超越微博成为互联网治理发展话题的重要传播途径。未来，网络安全、信息服务与新业态仍将是问题出现与政策聚焦的交叉地带。

* 张力，人民网新媒体智库研究员、智库中心研究部主任；朱美娟，人民网新媒体智库助理研究员。

关键词： 网络社会 网络治理 网络安全

论及2018年中国互联网的发展，从5G商用蓄势待发、短视频快速兴起、自媒体进一步发展，再到电子商务逐步规范、区块链发展渐趋理性、新零售迎来风口等，从顶层设计到百姓生活，网络强国的目标又迈出了新的步伐。然而，与发展相伴的还有数据安全与管理问题、共享经济发展问题、网络空间治理问题等。促进互联网治理的发展，不仅迫在眉睫，也是一项长期而复杂的社会系统工程。本文从2018年637件网络舆论时事热点中①，根据热度抽取133个关于互联网与社会治理的热点案例作为研究样本，进行案例分析，总结归纳2018年互联网发展的特征，并就主要问题及相应的治理措施展开剖析，在此基础上，进一步探讨未来互联网发展及治理的趋势及方向。

一 互联网发展特征及热点话题分析

（一）客户端取代微博，成为主要传播媒介之一

通过对133件样本案例的信源进行统计分析后发现，新闻网站、客户端、微信是主要传播媒介，信息传播量合计占比约为84%，其次是微博与论坛，各类媒介信息传播量从高到低大体排名为：微信、客户端、新闻网站、微博、论坛、博客、报刊。

与2017年情况相似，热点事件的传播主要集中在传播量排名前三的媒介（2017年三大信源传播量占比82%），不同的是，2018年三大信源中的微博由客户端替代，微信、客户端的传播量占比在增加，并与新闻网站基本持平。客户端的信息传播比例由2017年的7%变为2018年的28%，占比大幅度增加，而微博的信息传播比例由2017年的17%变为7%，下降幅度明显。

---

① 2018年网络舆论时事热点由人民网新媒体智库整理获得。

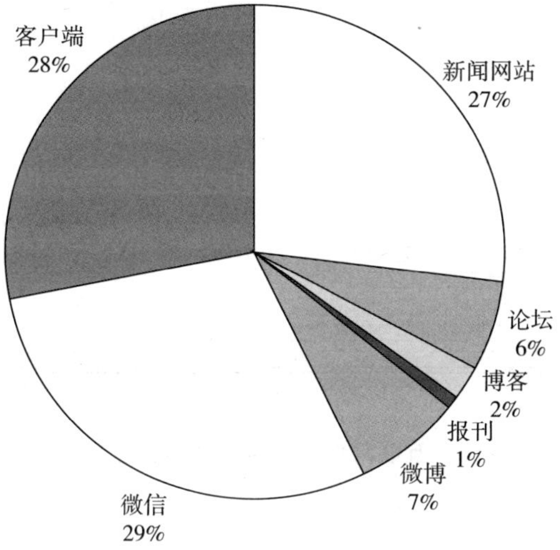

图1　新闻报道信源分布

资料来源：人民在线。

（二）网络谣言、社会心态问题关注度上升明显

从抽选出的133件互联网与社会治理热点事件的类型来看，互联网空间治理、企业管理、信息安全、网络谣言、社会心态热度相对较高，其次为公安司法、慈善公益、社会安全、政府形象，医疗卫生、城市管理等事件类型受关注度相对较低。

相较于2017年，互联网空间治理依旧位居榜首，企业管理与信息安全的热度也相对较高。值得一提的是，网络谣言、社会心态的关注度出现明显提升，文化娱乐、网络金融、共享经济、公安司法的关注热度有所下降。

（三）互联网治理边界更为模糊

互联网治理边界模糊性愈发明显。2017年全国性的互联网与社会治理热点事件数量比例为62%，而2018年这一比例进一步增加到了74%，跨越地域界线的互联网与社会治理事件越来越多。例如“ofo排队退押金用户已突破

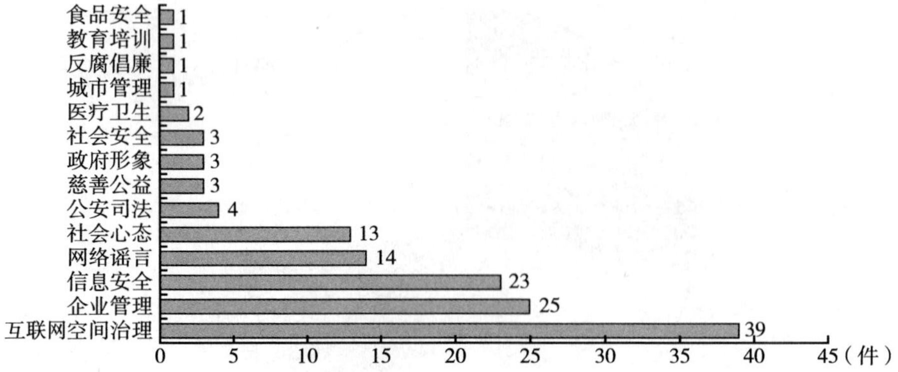

图2　互联网与社会治理事件类型分布

资料来源：人民在线。

1000万人”“华住旗下酒店1.3亿用户数据泄露”“斗鱼女主播陈一发调侃南京大屠杀风波”等都成为全国性的互联网与社会治理热点事件。

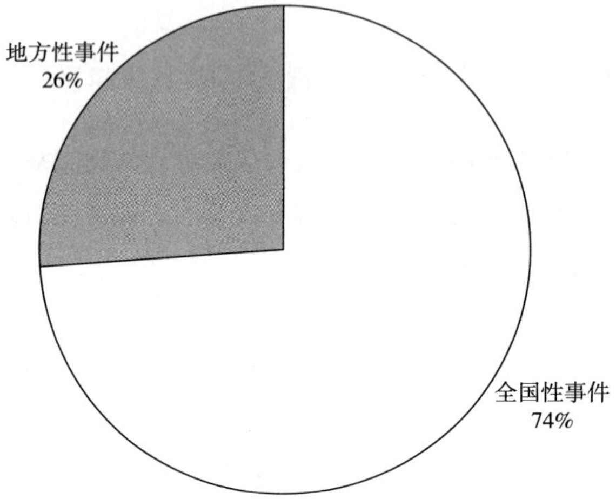

图3　互联网与社会治理热点事件地域分布

资料来源：人民在线。

（四）年度热点事件涉诸多互联网治理难题

选取统计时段内热度最高的10个热点舆情事件进行分析，可以看出，

“多个短视频平台涉嫌传播‘未成年妈妈’等违规信息”成为年度舆论声浪最高的互联网与社会治理热点事件。此外，拼多多涉嫌售假、滴滴顺风车事件、ofo 押金退款风波等话题的热度也高居前列。

表 1　2018 年互联网与社会治理热点事件 TOP 10

序号	事件	热度值*
1	多个短视频平台涉嫌传播“未成年妈妈”等违规信息	25587.25
2	拼多多涉嫌售假舆情风波	23581.80
3	新浪微博热搜榜重新上线	23406.50
4	乐清女子乘坐滴滴顺风车遇害事件	19048.55
5	网络公益众筹王凤雅事件	17797.28
6	学习类 App 乱象	70585.3
7	ofo 押金退款舆情风波	9046.35
8	外企杜嘉班纳设计师网络辱华风波	7589.26
9	李彦宏关于中国用户隐私言论舆情事件	6358.92
10	华住旗下酒店 1.3 亿用户数据泄露事件	6315.55

注：*热度值 = 报刊 ×0.2 + 网络新闻 ×0.2 + 论坛 ×0.1 + 博客 ×0.1 + 微博 ×0.15 + 微信 ×0.15 + App ×0.1。

二　2018年互联网治理发展存在的主要问题

通过对 133 个样本案例进行分析，本研究归纳总结出 2018 年互联网发展及治理九大问题，分别为信息安全管理问题、互联网谣言治理问题、P2P 网贷行业乱象整治问题、未成年人沉迷“问题网游”、互联网公益管理问题、短视频内容低俗与侵权现象多发、社交电商产品涉假、共享单车押金管理以及网约车安全问题。

（一）信息安全形势依旧严峻

2018 年虽然没有出现像 2017 年那样波及全球的勒索病毒，但网络信息安全形势依旧严峻。个人隐私信息泄露、盗用、贩卖事件时有发生，从外卖

App、快递公司到酒店，详细到姓名、手机号码、地址、开房记录等信息，这些数据泄露成为全社会普遍担忧的问题。

华住集团被曝数据在“暗网”兜售、顺丰数据疑似泄露、Facebook 信息泄露等均成为2018年无法忽略的数据泄露案例。不断见诸网络的数据泄露案例让我们看到，消费者个人信息泄露的原因主要包括经营者未经本人同意暗自收集个人信息、经营者或不法分子故意泄露、出售或者非法向他人提供个人信息以及网络服务系统存在漏洞等。其中，比较值得一提的是，手机App过度采集个人信息以致用户隐私泄露已呈现普遍趋势。2018年8月，中国消费者协会发布了《App个人信息泄露情况调查报告》①。该报告显示，受访者中曾因个人信息泄露而被骚扰或侵害的人数占比高达85.2%；近七成受访者认为手机应用存在过度索取用户隐私的情况。

为何频频出现网络用户信息安全问题，离不开三个原因：首先，企业责任缺失，或是企业自身系统的漏洞，或是某些商家谋取非法利益而进行的不法行为。其次，政府与行业监管存在真空地带，未能警示企业审视自身的行为，导致类似现象不断出现。最后，个人安全意识薄弱，绝大部分用户并没有阅读隐私条款的习惯，对各类互联网产品的安全警惕性不高。

（二）互联网谣言持续滋生

近些年，随着国家开展净化网络环境行动，严厉打击网络谣言，网络生态环境有了明显好转，但一些网络造谣者依然存在，网络谣言的传播也尚未根除。

《2018年网络谣言治理报告》显示，微信平台2018年全年共拦截谣言8.4万多条，谣言“重灾区”大多出现在食品安全、医疗健康、社会民生等与人们日常生活息息相关的领域。② 比如“菠菜豆腐一起吃会得结石”“洋葱杀死感冒病毒”“MH370坠毁柬埔寨”等均是2018年备受网民关注的谣

① 《App个人信息泄露情况调查报告》，中国消费者协会，2018年8月30日。

② 《2018年网络谣言治理报告》，中山大学和腾讯公司，2019年1月17日。

言案例。除了与生活有关的谣言外，还有涉机构改革、涉军涉警、对公民个人的诽谤、对公共事件的捏造等谣言，如网络热议的"'李彦宏小三'传闻""中国福利彩票原领导 14 人贪污 1360 亿元"等。这些谣言不仅会影响个人名誉，也会给正常的社会秩序带来现实或潜在的威胁。

在网络传播方面，自媒体已经成为网络谣言产生及传播的主要平台。比如，2018 年 3 月以来，有关"伊利股份公司董事长潘刚被带走协助调查"的传言开始在各网站和社交媒体上大量传播，"天禄财经""光祥财经"等自媒体公众号也就此发布多篇文章，引起社会极大反响。

自媒体网络谣言层出不穷，一波未平一波又起，造谣速度和数量甚至远远超过辟谣。尽管许多造谣传谣者因为诽谤、寻衅滋事等违法行为被惩处，但仍有大量自媒体运营者甘愿火中取栗铤而走险。有调查表明，利用自媒体造谣传谣已呈现公司化、产业化趋势，生产、传播环节明码标价，"以谣生利"让谣言屡禁难止。①

（三）P2P 网贷问题集中爆发

网贷平台在经过一段时间的野蛮和无序发展后，逐渐暴露出一些深层次问题。2018 年，较为突出的现象包括 P2P 网贷行业的"爆雷潮"与变相"校园贷"。

2018 年，P2P 网贷行业出现"爆雷潮"。唐小僧、联璧金融、小诸葛金服等 P2P 平台相继出现资金链断裂或负责人跑路的情况，甚至"百亿级"的 P2P 平台也宣布停业，涉事 P2P 平台总数超过百家。有的因逾期兑付问题或经营不善而停业，有的因涉嫌非法吸收公众存款被公安机关立案侦查，等等。2018 年的 P2P 雷潮是网贷行业问题集中爆发的一个反映，同时也是对网贷行业的一次大洗牌，存在严重问题的平台倒闭了，剩下的平台在接受严格监管的条件下有序运行，网贷行业或将逐渐步入正轨。

与此同时，"校园贷"屡禁不止。近两年，在多数银行叫停大学生信

① 宁平：《让"没底线"的谣言无法蛊惑人心》，《网络舆情》2018 年 10 月 29 日。

用卡的背景下，趣分期、分期乐、爱学贷、名校贷、优分期等众多针对大学生的 P2P 网贷平台相继出现。校园贷属于新生事物，最初监管并不到位，暴力逼债、非法集资等问题频频发生，“校园贷高利率”“学生借贷自杀”等事件常见报端。由于监管强化，“校园贷”看似恢复了平静，实则暗流涌动。一方面，部分网贷平台仍然违规从事校园贷业务；另一方面，“颜值贷”“培训贷”等变相校园贷相继出现。比如，2018 年 12 月，一名大学生因在华尔街英语报课而背上十几万元贷款，再次引发了舆论对校园贷的关注。

不可否认，P2P 网贷的确在一定程度上弥补了传统金融支持实体经济发展的短板，但准入门槛低、缺乏标准规范、监管不到位等也引发上述诸多问题。未来，监管部门对 P2P 网贷行业的监管也应抓住这些关键问题制定管理措施。

（四）未成年人沉迷“问题网游”

2018 年，“未成年人沉迷网络游戏”依然是互联网的热点话题，沉迷网游带来过度消费以及暴力、犯罪等事件不断增多，受到广泛关注。12 月 6 日，中消协通报 2018 年未成年人网络游戏消费投诉，报告表明中消协受理未成年人网络游戏投诉共 549 宗，涉案金额超万元占 16%，其间还不断接到家长关于孩子沉迷游戏、在游戏中大额消费的投诉和咨询。而截至 2018 年上半年，未成年人网络游戏消费比上年同期增长较快，而使用父母账户进行游戏充值的现象呈爆发式增长。比如，辽宁大连周女士 10 岁的孙子强强，用周女士的手机偷偷给一款手机游戏充值 7000 元，花掉老人整整一年的生活费。

沉迷网游带给未成年人的并不限于上述过度消费的问题，还可能让未成年人的意识模糊，分不清虚拟与现实的界限，更有甚者，还造成不可挽回的悲剧。比如新华社 2018 年 2 月 8 日消息称，几个月前，在湖南武陵山区的一个贫困县，沉迷于一款暴力电子游戏的 15 岁少年小唐，为了在现实中体验虚拟世界的场面，做出违法行为。

很显然，沉迷网络游戏已经严重影响青少年的健康成长和社会安定，该问题也一直是互联网与社会治理的难题。一方面，网络游戏的设计者利用青少年心理特征，通过加入色情、暴力、血腥、恐怖等元素吸引用户；另一方面，监管体系仍不尽完善，政府治理也存在一定的滞后性，往往在问题暴露后，才要求紧急下架。

（五）互联网公益管理问题凸显

近两年，我国互联网公益蓬勃发展，但同时诸如资金管理、信息核实等管理问题也日益凸显。比如，2018 年 5 月网络热议的王凤雅事件。王凤雅是河南太康一名 3 岁癌症女孩，因家庭无法承担巨额治疗费用，其父母通过网络募捐平台水滴筹向社会求助，并得到了网友的慷慨相助，但孩子最终不治身亡。由于募款信息缺乏公开透明和舆论误解，王凤雅父母被质疑涉嫌诈捐，最后在当地警方的调查下真相才得以澄清。

再比如，2018 年初，引发舆论热议的“同一天生日”事件。一项刷爆微信“朋友圈”的名为“一元助 TA 改变命运”的慈善活动，在活动开展不久后，有网民指出，活动页面展示的孩子信息存在问题，同一个孩子的照片不止一次地出现，但用了不同的姓名和生日，此消息使其沦为备受质疑的“营销公益”。

这些事件使具有较大影响力的互联网公益平台受到舆论审视，引发部分公众对互联网公益平台的质疑，透支了网民的爱心和对互联网公益的信任，给互联网公益笼罩了一层阴影。事件的背后既有对社会诚信的追问，也折射出公益众筹平台存在审核机制不健全、资料真实性难保障、运行监管不完善等问题，同时反映出大众对规范公益众筹运行、公开透明操作，确保监管到位的期待。

因此，如何防止平台用户利用虚假资料发起募捐？如何确保善款用于爱心项目而不被挪用？如何保障捐款人的捐赠知情权？诸如此类问题都成为网络公益治理的重点难点。

（六）短视频内容低俗与侵权现象突出

2018年，短视频火爆的同时，各种问题也暴露无遗。首先被诟病的就是内容问题。比如“快手、火山小视频平台上传播涉未成年人低俗信息——未成年妈妈”“斗鱼女主播陈一发调侃南京大屠杀风波”等都成为2018年备受关注的热点事件。

针对短视频发布不良内容的治理一直都在进行。2018年3~6月，短视频平台陷入监管、处罚、道歉的怪圈。快手、抖音、火山小视频等诸多直播短视频平台被相关部门约谈整改甚至强令关停。比如，国家广播电视总局处理快手传播有违社会道德的节目等问题，抖音因在搜狗投放对邱少云烈士不敬的广告被网信办约谈处罚等。

其次，短视频领域侵权现象更是普遍。比如依据影视经典进行二次创作，实际上大部分是对原有内容掐头去尾从而形成所谓“新”的短视频。再比如影响力小的原创者的短视频作品被具有较大影响力的大号“搬运”，观众误以为短视频来自大号。此外，很多人通过翻唱和抄袭成为网红的现象也不断出现。

为什么短视频侵权事件多发，难以治理？一方面，侵权“性价比”与版权所有者维权意识弱为侵权者提供了侵权的可能；另一方面，版权登记生效的周期与短视频传播周期不匹配也为短视频维权制造了难题。法律维权的诉讼周期长、维权成本高、获赔额低成为阻碍短视频版权治理工作推进的重要因素。

（七）社交电商产品涉假成其痛点

近两年，社交电商平台可谓迎来快速崛起的“风口期”。2018年，随着拼多多成功赴美上市，社交电商的价值也进一步放大，每日一淘、贝店、云集微店等社交电商快速掘金；基于微信的社区团购组建了新的阵营；腾讯、京东、盒马等互联网企业也先后布局。

但繁荣发展的同时，社交电商的最大问题——存在大量的假货、劣质货。比如，“聚美优品、网易考拉等海淘商品涉假”“作家六六质疑京东全球购售假”等电商平台的山寨和假货问题均成为2018年电商领域的热点事件，而拼多多更是被推上风口浪尖。上市不到一星期的拼多多受到了广泛的质疑，虽然拼多多方面表示是一场网络舆情攻击，并向国家互联网中心发起了举报，但此次事件反映出社交电商假货问题是困扰行业发展的重大问题，也是互联网治理的难点问题之一。

整治假货是电商都在做的事情，但对于社交电商而言，假货问题的治理面临着更加复杂的情况。一方面，社交电商相对自由的售卖模式给监管带来了一定的难度；另一方面，平台初创时期的低门槛入驻与低价策略使得商品的质量难以保障，给后期管理带来难度。

（八）共享单车陷生存与发展困境

2018年，共享经济仍然是网络最热的话题之一，其中以共享单车为甚。诞生于2016年的共享单车，仿佛被按下了快进键，从大起到大落，只用了两年多的时间，玩家接连出局、企业倒闭、挪用押金、退款难等问题饱受诟病。2018年，共享单车更是经历着生与死的考验。

2018年4月，摩拜单车被美团收购，接着摩拜团队管理高层王晓峰、胡玮炜离职，摩拜完成了“美团化”。同样地，共享单车ofo也被笼罩在并购、破产、押金等阴霾之下。2018年底，《北京青年报》报道称，北京市民组团前往ofo总部退押金，排队用户从5楼排到了1楼。共享单车押金难退问题可见一斑。

对于2018年的共享单车行业，很多人都认为其进入“寒冬”。但是，共享单车确实在一定时间内改变了人们的生活方式，也一定程度上缓解了“最后一公里”的交通难题。所以说，如果能够有效解决挪用押金、退款难等制约共享单车发展的问题，未来这一共享经济模式应该会创造更多的经济效益与社会效益。

（九）网约车安全问题再上新高度

作为城市公共出行中重要的交通工具之一，网约车这种新兴商业模式存在着一些市场乱象与发展问题。在所有问题中，安全排在第一位，也最受消费者关注。

2018 年，几起轰动社会的网约车司机杀害乘客事件将网约车安全问题推到了新的高度。2018 年 5 ~8 月，在河南郑州、浙江乐清相继发生了两起滴滴顺风车乘客遇害事件。社会各界关于网约车安全问题的讨论几近白热化。

无论什么时候，安全永远是最不可忽略的问题。网约车安全问题如果得不到解决和改善，最后必然会制约网约车行业的发展，也会影响社会秩序的稳定。因此，如何对网约车司机的资质背景进行审核，如何确保乘客行车过程中的安全，如何解决注册过程中人车不符，如何规避乘客与司机之间的纠纷等一系列问题，都亟待网约车企业以及政府部门思考并采取有效解决措施。

三　2018年互联网治理发展特征

与问题相呼应，2018 年我国互联网治理在数据安全、网络谣言、网络游戏、网络版权、网络视听、电商发展、共享经济、互联网金融等方面也做出了一系列重要管理举措，并呈现出以下治理趋势。

（一）建立健全相关法律法规，信息安全防护墙逐步加固

有互联网的地方就有数据泄露的风险。社会各界对数据安全问题的关注度在不断提高，国家也在不断通过建立健全相关法律法规、加大违法处置力度来治理信息安全问题。

2018 年 1 月，针对手机应用软件存在侵犯用户个人隐私的问题，工信部要求各互联网企业严格遵守相关法律法规，遵循合法、正当、必要的原则收集使用个人信息，不得收集服务所必需以外的用户个人信息，不得将信息用于提供服务之外的目的，不得非法向他人出售或提供个人信息，同时进一步优化服务协议、用户隐私政策和手机权限调用说明，维护用户合法权益。

2018 年 5 月 1 日，国家标准《信息安全技术个人信息安全规范》正式实施。6 月新出台的《网络安全法》，对于隐私数据被不加节制地获取采取行动，首批打击目标就是黑客、数据交易公司，互联网公司“内鬼”。7 月，工信部针对“部分应用随意调取手机摄像头权限、用户订单信息泄露引发诈骗案件、用户信息过度收集和滥用”等网络数据和用户个人信息安全突出情况开展了调查。9 月，阿里巴巴等 12 家大数据企业在杭州签署《个人信息保护倡议书》，承诺保障用户信息控制权益，不使用“一揽子协议”的方式强迫用户打包授权对个人信息的收集。11 月，国家市场监督管理总局、国家标准化管理委员会对外发布了《信息安全技术公民网络电子身份标识安全技术要求》，结合经济社会信息和通信技术发展的趋势，瞄准信息安全防护控制力下降、公民信息易泄露等安全隐患，将在加强网络产品和服务供应链安全保障、提高公民数字身份认证和网络身份识别技术的安全性、提升网络安全防护效率方面发挥积极作用，筑起信息安全的防护墙。

（二）中国互联网联合辟谣平台上线，治理工作持续推进

网络谣言问题一直是互联网空间治理的重点，2018 年 8 月，中国互联网联合辟谣平台在北京正式上线，该平台是由中央网信办违法和不良信息举报中心主办、新华网承办，旨在为广大群众提供辨识谣言、举报谣言的权威平台，是国家治理网络谣言、打造清朗网络空间的重大举措。同时，由人民网舆情数据中心、腾讯政务舆情部和腾讯“较真”平台联合进行的针对中老年群体易感谣言分析及辟谣工作也在持续推进。

当然，治理网络谣言不可能一蹴而就，也不可能通过一种手段就可以完成。因此，未来仍需进一步推进网络谣言治理工作，从多方面进行努力，综合法律、行政和技术手段，多管齐下，综合施策，确保实效。

（三）网络游戏道德委员会成立，游戏内容监管进一步强化

目前，针对包含“暴力、黑暗、色情、低俗”等不良元素的网络游戏，有关部门已升级管控、强化执法，欲斩断这一黑手。

2018 年 2 月，中宣部、教育部、文化部、国家新闻出版广电总局等多部门联合印发《关于严格规范网络游戏市场管理的意见》（以下简称《意见》），旨在开展针对网络游戏违法违规行为和不良内容的集中专项整治行动。该《意见》从统一思想认识、强力监管整治、落实主体责任等六个方面，对集中规范行动做出了全面部署；强调各相关部门要迅速开展全面排查，重点排查用户数量多、社会影响大的网络游戏产品，对价值导向严重偏差、含有暴力色情等法律法规禁止内容的，坚决予以查处；对内容格调低俗、存在打擦边球行为的，坚决予以整改。

12 月，在中宣部指导下，网络游戏道德委员会在京成立。网络游戏道德委员会由来自有关部门和单位以及高校、专业机构、新闻媒体、行业协会等研究网络游戏和青少年问题的专家、学者组成，负责对可能或者已经产生道德争议和社会舆论的网络游戏作品及相关服务开展道德评议，为网络游戏管理部门提供决策参考，引导网络游戏企业自觉遵守社会公德和职业道德、履行社会责任，始终坚持把社会效益和保护未成年人身心健康放在首位，促进依法管理与以德治理相结合，推动网络游戏行业健康发展。12 月 7 日，网络游戏道德委员会对首批 20 款存在道德风险的网络游戏进行了评议。经对评议结果认真研究，网络游戏主管部门对 11 款游戏责成相关出版运营单位认真修改，消除道德风险，对 9 款游戏做出不予批准的决定。

（四）统一管理版权，“剑网2018”专项行动成效显著

2018 年，有关部门在全国层面统一了全国版权管理工作。2018 年 4 月 16 日，国家新闻出版署（国家版权局）揭牌仪式在京举行。党中央决定中宣部统一管理版权工作，这也充分体现了以习近平同志为核心的党中央对宣传思想和知识产权工作的高度重视，版权工作迎来重要发展新契机。

网络音乐版权生态在 2018 年也持续好转。国家版权局继续推动网络音乐版权秩序不断规范，先后约谈大中型唱片公司和网络音乐服务商，推动腾讯音乐、网易云音乐、阿里音乐等主要网络音乐服务商达成版权合作，各方将 99% 以上独家音乐作品开放授权。国家版权局指导各方完善授权模式，

协调各方合作共赢，推动构建健康有序的网络音乐版权生态，取得进一步积极成效。

此外，2018 年 7 月国家版权局等部门启动打击网络侵权盗版“剑网 2018”专项行动，开展网络转载版权、短视频版权、重点领域版权三项重点整治。专项行动期间，各地版权执法部门将集中力量，快速查办各类网络侵权盗版案件，对人民群众反应强烈、社会危害大的侵权盗版网站，将从严查处并提请相关管理部门依法吊销其电信业务经营许可证或注销 ICP 备案，停止提供网站接入服务等；对涉嫌构成犯罪的，将根据“两法衔接”机制及时移交公安机关立案查处。此次专项行动取得积极成效，15 家短视频平台共下架删除各类涉嫌侵权盗版短视频作品 57 万部。9 月，国家版权局按照打击网络侵权盗版“剑网 2018”专项行动的部署安排，约谈了抖音短视频、快手、西瓜视频、火山小视频、美拍、秒拍、微视、梨视频、小影、56 视频、火萤、快视频、哔哩哔哩、土豆、好看视频 15 家企业，责令相关企业进一步提高版权保护意识，切实加强内部版权制度建设，全面履行企业主体责任。

（五）网络视听发展政策相继发布，行业迎来严厉监管

为进一步维护健康清朗的网络空间，针对目前互联网视听领域乱象，多部门及时出台相关的规范发展政策，为网络视听行业监管提供有力的武器。

2018 年 3 月，国家新闻出版广电总局办公厅发布《关于进一步规范网络视听节目传播秩序的通知》（以下简称《通知》），旨在规范视听节目网站行为。该《通知》要求，坚决禁止非法抓取、剪拼改编视听节目的行为；加强网上片花、预告片等视听节目管理；加强对各类节目接受冠名、赞助的管理；严格落实属地管理责任。2018 年 7 月，国家广播电视总局办公厅发布《关于做好暑期网络视听节目播出工作的通知》，要求相关部门严把节目导向关、内容关，制作传播正能量的青少年节目，保护青少年身心健康。11 月，国家广播电视总局发布《关于进一步加强广播电视和网络视听文艺节目管理的通知》，确保广播电视和网络视听文艺节目健康有序发展，管理追星炒星、高价片酬乱象，遏制过度娱乐化趋势。

与此同时，风头正劲的短视频行业也迎来了严厉监管。2018 年以来，国家相关部门数次约谈各家短视频平台，责令全面整改各类问题。4 月，针对社会舆论强烈关注的“今日头条”“快手”两家网站播出有违社会道德的节目等问题，国家广播电视总局高度重视，严肃约谈两家网站主要负责人。8 月，北京市文化市场行政执法总队按照国家广播电视总局要求，根据《互联网视听节目服务管理规定》，分别对“快手”开办单位——北京快手网络科技有限公司，“今日头条”开办单位——北京字节跳动科技有限公司等存在的问题做出警告和罚款的行政处罚。

（六）新电商法出台，电子商务规范化发展

为了保障电子商务各方主体的合法权益，规范电子商务行为，维护市场秩序，促进电子商务持续健康发展，2018 年 8 月，第十三届全国人民代表大会常务委员会第五次会议通过《中华人民共和国电子商务法》（以下简称《电子商务法》）。新电商法对电商经营和监管给出了明文规定，电商行为将被规范和监管，电商经营者应当办理市场主体登记和税务登记。此外还包括：细化知识产权保护，打击“假货”销售；将微商、直播销售等经营方式纳入监管；禁止平台逼迫商家“二选一”；等等。

作为第一部专门适用电商的法律，《电子商务法》对保护网购消费者权益和规范电子商务行业体系而言，具有极高的意义，为电子商务健康发展奠定法律基础。并且，《电子商务法》的实施，有利于规范“微商”、制约“大数据杀熟”及禁止电商“砍单”等问题，积极维护市场活力与秩序，保护消费者合法权益，规范和促进电子商务持续健康发展。

（七）共享经济监管趋严，规范发展成各方共识

2018 年，共享经济迎来较为严厉的监管。由于部分领域问题的集中性爆发以及一些影响重大的恶性事件出现，监管成为重中之重，监管之严、范围之广前所未有，行政、法律、技术等监管手段多管齐下，规范发展成为各方共识。

2018 年 5 月，国家发展改革委办公厅、中央网信办秘书局、工业和信息化部办公厅联合下发《关于做好引导和规范共享经济健康良性发展有关工作的通知》（以下简称《通知》），提出 11 项要求，推动共享经济健康良性发展。该《通知》明确将审慎出台新的市场准入政策，实施公平竞争审查制度，依法依规落实相关领域的资质准入要求，严肃处理违法违规经营行为。

针对网约车、共享单车等领域暴露的问题，相关部门开展系列专项整治行动，进一步完善政策法规并推进政策落地与执行。5 月，交通运输部发布《出租汽车服务质量信誉考核办法》，进一步完善出租汽车信用管理体系，提升出租汽车服务水平。9 月，交通运输部发布《关于开展网约车平台公司和私人小客车合乘信息服务平台安全专项检查工作的通知》，要求各地交通运输主管部门、公安机关等部门立即组织对本地运营的网约车平台公司和私人小客车合乘信息服务平台开展联合安全大检查，包括加强网约车和顺风车平台驾驶员背景核查、严格督促企业落实安全生产和维稳主体责任、健全完善投诉报警和快速反应机制、严厉打击非法营运行为。2018 年 8 月，北京市自行车电动车行业协会受北京市交通委委托，拟定了《北京市共享自行车运营服务质量考核管理办法》。2018 年第四季度开始对企业进行考核，通过考核评级，让各个企业的共享单车减量。

2018 年共享经济发展的制度环境进一步完善，规范化、制度化和法治化监管框架的逐步建立，为共享经济的良性发展奠定了坚实基础。

（八）政府加速制定管理细则，网贷行业渐入监管细化阶段

2018 年的 P2P“爆雷潮”加速了监管部门出台互联网金融行业细则，推动互联网金融行业更快地迈入监管细化和具体化阶段。

2018 年 7 月，中国互联网金融协会会议特别指出，要加强社会诚信文化建设，加大打击恶意逃废债等行为，维护规范合同的存续效力。为遏制网贷行业逾期恶化提振信心。在此之前，监管部门就发布了《关于促进互联网金融健康发展的指导意见》、《网络借贷信息中介机构业务活动管理暂行办法》、《网络借贷信息中介备案登记管理指引》、《关于做好 P2P 网络借贷

风险专项整治整改验收工作的通知》（网贷整治办函〔2017〕57号文）等文件。据不完全统计，截至2018年3月底，全国共有20个省区市出台了备案登记管理办法、整改验收工作表等备案相关细则。7月初，中国人民银行会同互联网金融风险专项整治工作领导小组有关成员单位召开互联网金融风险专项整治下一阶段工作部署动员会。会议宣布，再用1~2年时间完成互联网金融风险专项整治，化解存量风险，消除风险隐患，初步建立适应互联网金融特点的监管制度体系。同时明确，P2P网络借贷和网络小贷领域清理整顿完成时间，延长至2019年6月。这是自2016年10月互联网金融整治领导小组成立以来，备案工作第三度延期。

实际上，备案工作延期给P2P网贷平台留出了更多的整改时间。可以预见的是，无论P2P网贷平台备案工作何时正式启动，但备案的要求不会放松，一大批不合规的平台将不得不从行业中退出。因此，备案完成后，P2P网贷从业机构数量将大量减少，一批劣质平台的退出将有助于行业良性发展。那些合规经营、实力较强的存量平台，将引领行业持续前行。①

四 互联网治理发展趋势与方向探讨

互联网对未来社会经济发展很重要，同时我们也应该看到，互联网需要更好地治理，未来互联网治理将呈现多主体、多中心趋势，政府发挥主导作用，网民作为参与者与评判者，秉承严管严控宗旨。

首先，网络安全问题的治理需要进一步推进。互联网及智能技术的发展改变了社会发展的方式，未来将是互联网经济时代，经济主体的生产、交换、分配、消费等经济活动，以及金融机构和政府职能部门等主体的经济行为，都越来越多地依赖信息网络，不仅要从网络上获取大量经济信息，依靠网络进行预测和决策，而且许多交易行为也直接在互联网上进行。因此，网

① 张力、吴帆：《P2P平台频“爆雷” 互联网金融的监管与风控》，《网络舆情》2018年7月。

络安全保障工作至关重要，也是互联网治理的重要工作之一。

其次，推动互联网信息规范化发展。2018 年互联网信息服务市场依然呈现高速发展态势，各种新的信息传播方式不断出现，视频网站兴盛、短视频迅速崛起、网络游戏风靡、直播平台“网红”呈井喷发展之势。与此同时，对于泛滥的侵权盗版、低俗媚俗、恶搞内容等不良现象需要继续加强管理，进一步加强在内容、资质、版权、算法等方面的监管。根据网络直播和短视频的特点，在监管方面，可以侧重于“主播真正实名制”、实时在线巡查制、违法举报奖励制等机制的构建，以及平台、主播的失信黑名单制的建立。对于网络游戏，2018 年成立的网络游戏委员会的人员组成、道德评议标准有待进一步明确和不断优化，平衡好产业发展与维护公共利益、保障用户权益之间的关系。

最后，从政府监管走向协同治理，引导共享经济理性发展。作为一种新业态，共享经济有其价值，比如有人认为，共享经济不仅是在做加法，更是在做乘法，以此有效降低创业创新门槛，实现闲置资源充分利用，形成新的增长点，为经济注入强劲动力。事实上，共享经济的发展也得到了市场和消费者的认可，只是在发展过程中面临着立法、监管滞后，安全机制与权益保障机制不完善等问题。未来在积极鼓励共享经济发展的同时，也应针对实践中出现的突出问题，尤其是直接影响群众切身利益的问题，“量身定制”监管制度。随着我国“放管服”改革的持续推进，最大限度地扩大市场准入、鼓励竞争是大势所趋，“鼓励创新、包容审慎”成为我国共享经济领域制度创新的主基调。在这种大背景下，解决共享经济发展中出现的问题并促进其健康可持续发展，迫切要求由原来的政府主导的市场监管转变为政府、平台企业、社会组织等多方共同参与的协同治理。与此同时，共享经济全球化步伐加快，面对不同国家、不同文化、不同规章制度的巨大差异，全球化协同治理需求明显增强，构建网络空间命运共同体日益成为国际社会的广泛共识。

B.2

行政规制的重构：2018年中国互联网法治发展报告*

卢家银　茆　妍**

摘　要：　伴随着互联网与人工智能的快速融合发展，我国的网络法制体系建设持续推进。在中共中央的全面领导之下，我国的各级党政部门全面参与网络空间治理，不仅网络治理主体多元化，而且互联网治理手段与举措也日渐丰富多样，呈现出规范化发展的趋势，中国特色社会主义网络综合治理体系逐步建成。2018 年以来，各级互联网治理主体在现行法律框架下，围绕人工智能规制、政务新媒体管理、网络信息治理和个人信息保护等问题，陆续颁布并实施了一系列法律法规，特别是规范性文件，互联网治理的党政推进路径和意识形态特征愈益明显。在全面推进网络强国建设的过程中，国家、社会和互联网之间的关系亦在新型科技环境中得以重塑。

关键词：　网络治理　网络法治　行政规制　网络强国

2018 年既是大数据与人工智能快速发展的一年，也是我国互联网法制

---

* 本文系国家社科基金一般项目“大数据时代个人信息安全困境与共律体系构建研究”（18BXW114）的阶段性研究成果之一。

** 卢家银，中山大学传播与设计学院副教授、博士生导师；茆妍，中山大学传播与设计学院硕士研究生。

体系化建设持续推进的一年。为全面应对互联网与人工智能融合发展所带来的传播挑战与潜在风险，2018 年以来，我国各级执法部门和政府机构全面落实推进《民法总则》和《网络安全法》等法律法规，继续推动国家治理现代化与网络空间法治化建设。一方面，针对人工智能对网络空间治理的颠覆性影响与冲击，国家和地方层面均开始尝试构建人工智能法律法规和安全监管体系；另一方面，全国人民代表大会常务委员会审议通过的《公共图书馆法》和《电子商务法》正式实施，国务院先后印发《关于推进政务新媒体健康有序发展的意见》和《快递暂行条例》，国家互联网信息办公室相继公布《微博客信息服务管理规定》和《区块链信息服务管理规定（征求意见稿）》，国家宗教事务局颁布《互联网宗教信息管理办法（征求意见稿）》，国家新闻出版广电总局发布《点播影院、点播院线管理规定》，在现行法律法规的框架之下，各级党政部门全面参与互联网治理体系的构建。本文结合网络空间法制化建设的现实发展，重点围绕人工智能规制、政务新媒体管理、网络信息服务治理和个人信息保护四个维度，对 2018 年以来的网络空间法治进程予以检视。

一　人工智能步入治理轨道

人工智能是引领新一轮科技革命和产业变革的颠覆性技术，它对网络产业、社会发展和国家治理等各个领域产生了广泛的冲击和影响，正在形塑和重构社会治理范式与法律关系模式。对此，我国从互联网与大数据发展的现实出发，开始评估及应对人工智能可能造成的潜在冲击与危害。

在国家层面，中共中央政治局 2018 年 10 月 31 日就人工智能发展现状和趋势进行了集体学习。国家主席习近平在主持学习时强调："要深刻认识加快发展新一代人工智能的重大意义，把握好这一发展机遇，处理好人工智能在法律、安全、就业、道德伦理和政府治理等方面提出的新课题。"① 国

① 习近平：《推动我国新一代人工智能健康发展》，《中国信息安全》2018 年第 12 期，第 28 ~29 页。

务院早在 2017 年 7 月 8 日就曾印发《新一代人工智能发展规划》，提出“到 2025 年人工智能基础理论实现重大突破，初步建立人工智能法律法规、伦理规范和政策体系，形成人工智能安全评估和管控能力”，“到 2030 年建成更加完善的人工智能法律法规、伦理规范和政策体系。”① 该规划实施的重要保障措施之一即是“制定促进人工智能发展的法律法规和伦理规范”。2017 年 12 月 14 日，工业和信息化部印发《促进新一代人工智能产业发展三年行动计划（2018—2020 年）》，指出未来三年要“开展人工智能相关政策和法律法规研究，为产业健康发展营造良好环境”。② 2019 年，全国人大常委会亦将与人工智能密切相关的立法列入近五年的立法规划。

在地方层面，为应对人工智能发展所带来的法律伦理挑战，2017 年 7 月 20 日，浙江省人民政府率先印发《浙江省新一代人工智能发展规划》，倡导制定人工智能的规制标准和伦理规范。继浙江之后，广东省于 2018 年 7 月 23 日出台《广东省新一代人工智能发展规划》（以下简称《规划》），将地方实际情况与人工智能发展相结合，对人工智能发展进行系统规划。该《规划》明确提出要健全人工智能法规和建立公开透明的安全监管体系，指出：“加强人工智能法治保障、隐私和产权保护、信息安全以及伦理道德研究，建立伦理与风险审查机制，探索建立保障人工智能健康发展的地方法规和伦理道德框架，规范人工智能安全可控发展。开展与人工智能应用相关法律问题研究，重点围绕智能机器人、自主无人系统、智能医疗等应用基础较好的领域，加快制定相关安全管理法规。”③

与之类似，2019 年 3 月 6 日，湖南省工业和信息化厅发布《湖南省人工智能产业发展三年行动计划（2019—2021 年）》，明确指出：“加大相关政策和法律法规研究，推动建立覆盖产业技术、标准、应用、安全、法律、

① 国务院：《新一代人工智能发展规划》，《科技导报》2018 年第 17 期，第 113 页。

② 《解读〈促进新一代人工智能产业发展三年行动计划（2018—2020 年）〉》，《机器人产业》2018 年第 1 期，第 80～82 页。

③ 《广东省人民政府关于印发广东省新一代人工智能发展规划的通知》，《广东省人民政府公报》2018 年第 23 期，第 7～27 页。

伦理等制度体系。强化知识产权运用和保护，依法惩处侵权行为。建立完善统计监测体系，加强产业发展分析与监测。”① 2019 年 5 月 10 日，深圳市印发的《深圳市新一代人工智能发展行动计划（2019—2023 年）》（以下简称《行动计划》）同样强调“完善法治环境”。该《行动计划》主张未来五年要继续加强对人工智能的规范：“加强人工智能领域的知识产权保护，促进人工智能知识产权转移转化。建立人工智能知识产权联盟，构筑和运营专利池，培养高价值专利。完善人工智能行业标准体系建设，在数据处理标准、基础硬件设施、应用服务和安全隐私等方面探索研究制定技术标准和应用规范。”②

二　政务新媒体管理全面推进

政务新媒体的管理涉及政务公开、官民互动和舆论回应，与社会治理、网络安全和网络强国建设息息相关。它既是新时代党和政府联系、服务和凝聚群众的重要渠道，又是加快转变政府职能、建设服务型政府的重要手段，还是探索社会治理新模式、构建清朗网络空间的重要途径。③ 为进一步推动互联网创新治理，2018 年以来，中央和地方政府相继发布了一系列推进政务新媒体规范运营的政策与规定，总体上推动政务新媒体管理日趋完善。

为推进政务公开的监管方式，2018 年 4 月 24 日，国务院办公厅发布《关于印发 2018 年政务公开工作要点的通知》（以下简称《通知》），进一步强化对政府网站和“两微一端”等政务网络平台的管理，明确要求“推进政府网站集约化建设，丰富信息资源，强化信息搜索、办事服务等功能”。

① 湖南省工业和信息化厅：《湖南省人工智能产业发展三年行动计划（2019—2021 年）》，湖南省工业和信息化厅官网，http：//gxt. hunan. gov. cn/xxgk _ 71033/tzgg/201901/t20190128 _ 5268165. html，2019 年 1 月 28 日。

② 深圳市人民政府：《深圳市新一代人工智能发展行动计划（2019—2023 年）》，深圳市人民政府，http：//wap. sz. gov. cn/zfgb/2019/gb1099 _ 173957/201905/t20190527 _ 17736712. htm，2019 年 5 月 29 日。

③ 许海龙：《不断提升政务新媒体舆论引导能力》，《安徽日报》2019 年 1 月 29 日，第 6 版。

该《通知》指出："充分发挥政务微博、微信、移动客户端灵活便捷的优势，做好信息发布、政策解读和办事服务工作，进一步增强公开实效，提升服务水平。按照'谁开设、谁管理'的原则，落实主体责任，严格内容审查把关，不得发布与政府职能没有直接关联的信息，信息发布失当、造成不良影响的要及时整改。"

在政务新媒体规范化发展问题上，2018 年 12 月 17 日，国务院办公厅印发《关于推进政务新媒体健康有序发展的意见》（以下简称《意见》），提出要积极运用政务新媒体推进政务公开、优化政务服务、凝聚社会共识、创新社会治理。该《意见》要求坚持正确导向的基本原则：增强"四个意识"，坚定"四个自信"，坚决做到"两个维护"，围绕中心，服务大局，弘扬主旋律，传播正能量，讲好中国故事，办好群众实事。该文件在要求推进政务公开的同时，强调"加强政民互动，创新社会治理"。《意见》还规定"严格执行网络安全法等法律法规"和"严格内容发布审核制度，坚持分级分类审核、先审后发，明确审核主体、审核流程，严把政治关、法律关、政策关、保密关、文字关。规范转载发布工作，原则上只转载党委和政府网站以及有关主管部门确定的稿源单位发布的信息，不得擅自发布代表个人观点、意见及情绪的言论，不得刊登商业广告或链接商业广告页面"。

为贯彻落实国务院上述文件精神，湖北省转发了国务院《关于推进政务新媒体健康有序发展的意见》，并强调"谁开设、谁主办"的原则，明确了政务新媒体的建设管理责任。2019 年 4 月 24 日，广东省人民政府办公厅印发《广东省推进政务新媒体健康有序发展实施意见》，开始统筹推动政务新媒体与政府网站等融合发展。该文件要求该省"各政务新媒体主办单位要严格执行网络安全法等法律法规，落实意识形态工作责任制和网络安全责任制，建立健全安全管理制度、保密审查制度和应急预案，提高政务新媒体安全防护能力。各地、各部门要加强对本地区、本部门政务新媒体的日常监管，积极运用技术手段进行实时监控，建立值班值守制度，发现违法有害信息要第一时间处理，发现重大舆情要及时处置并按程序报告相关部门。”[①] 广东省由此全面统筹政务新媒体管理，进一步落实网络意识形态工作责任制，以期通过政务新媒体强化核心价值观的传播。

三　网络信息服务规制形成体系

互联网信息服务治理始终是网络治理的重中之重。2018 年以来，国家网信办及各级互联网管理部门依托《网络安全法》和《互联网新闻信息服务管理规定》等法律法规，围绕微博客信息服务、宗教信息活动、网络电影点播和网络视听节目等出台了一系列规章制度，进一步完善互联网信息服务体系。

为促进微博客信息服务健康有序发展，2018 年 2 月 2 日，国家互联网信息办公室公布了《微博客信息服务管理规定》（以下简称《规定》），该《规定》自是年 3 月 20 日起施行。该《规定》首先明确了网络信息服务提供者的主体责任与法律义务，其中第六条指出：“微博客服务提供者应当落实信息内容安全管理主体责任，建立健全用户注册、信息发布审核、跟帖评论管理、应急处置、从业人员教育培训等制度及总编辑制度，具有安全可控的技术保障和防范措施，配备与服务规模相适应的管理人员。微博客服务提供者应当制定平台服务规则，与微博客服务使用者签订服务协议，明确双方权利、义务，要求微博客服务使用者遵守相关法律法规。”[②] 其次，微博客服务提供者除了按照分级分类管理原则向网信部门备案外，还须按照“后台实名、前台自愿”的原则，对微博客服务使用者进行基于组织机构代码、身份证件号码、移动电话号码等方式的真实身份信息认证、定期核验。微博客服务使用者不提供真实身份信息的，微博客服务提供者不得为其提供信息发布服务。最后，《微博客信息服务管理规定》第十二条还强调了网络信息传播的法律底线：“微博客服务提供者和微博客服务使用者不得利用微博客

① 《广东省人民政府办公厅关于印发广东省推进政务新媒体健康有序发展实施意见的通知》，广东省人民政府官网，http：//www. gd. gov. cn/zwgk/wjk/qbwj/ybh/content/post_ 2284983. html，2019 年 4 月 27 日。

② 《〈微博客信息服务管理规定〉发布》，《中国信息安全》2018 年第 3 期，第 22 页。

发布、传播法律法规禁止的信息内容。微博客服务提供者发现微博客服务使用者发布、传播法律法规禁止的信息内容，应当依法立即停止传输该信息、采取消除等处置措施，保存有关记录，并向有关主管部门报告。”①

为规范互联网宗教信息服务活动，2018 年 9 月 10 日，国家宗教事务局发布了《互联网宗教信息管理办法（征求意见稿）》，旨在促进宗教和睦与社会和谐。该文件既禁止境外组织或者个人及其在境内成立的组织在境内从事互联网宗教信息服务，也要求互联网宗教信息服务不得含有违反国家法律法规的内容和攻击国家宗教政策法规的内容。该“征求意见稿”第十八条规定：“任何组织或者个人不得在互联网上以文字、图片、音视频等方式直播或者录播拜佛、烧香、受戒、诵经、礼拜、弥撒、受洗等宗教活动。”②对于从事互联网宗教信息服务者，则要求其加强对服务内容和传播平台的管理，发现处理违法和不良信息，应当立即采取停止传输、消除该信息等处置措施，以防止信息扩散。

为规范区块链信息服务活动，国家互联网信息办公室于 2018 年 10 月 19 日发布《区块链信息服务管理规定（征求意见稿）》，以期促进区块链信息服务健康有序发展并保护公民、法人和其他组织的合法权益。该“征求意见稿”建立了区块链信息服务的审核同意制，其第七条指出：“基于区块链从事新闻、出版、教育、医疗保健、药品和医疗器械等互联网信息服务，依照法律、行政法规以及国家有关规定须经有关主管部门审核同意的，在履行备案手续前，应当依法经有关主管部门审核同意。”③ 在此基础上，《区块链信息服务管理规定（征求意见稿）》禁止区块链信息服务提供者和使用者利用区块链信息服务制作、复制、发布、传播法律法规禁止的信息内容和从事法律法规禁止的活动。并且，与《网络安全法》的规定相一致，该“征

① 国家互联网信息办公室：《微博客信息服务管理规定》，中国网信网，http：//www.cac.gov.cn/2018－02/02/c_ 1122358726.htm，2018 年 2 月 2 日。

② 《国家宗教事务局就〈互联网宗教信息服务管理办法（征求意见稿）〉公开征求意见》，《中国民族报》2018 年 9 月 18 日，第 5 版。

③ 国家互联网信息办公室：《区块链信息服务管理规定（征求意见稿）》，2018 年 10 月 19 日，来源：中国网信网，http：//www.cac.gov.cn/2018－10/19/c_ 1123585598.htm。

求意见稿”第十四条还要求“区块链信息服务提供者应当记录区块链信息服务使用者发布内容和日志等信息，记录备份应当保存六个月，并在相关执法部门依法查询时予以提供”①。

为促进电影产业健康繁荣发展和规范电影产业新业态，2018 年 3 月 6 日，国家新闻出版广电总局发布《点播影院、点播院线管理规定》（以下简称《规定》），对业务许可、经营规范、监督管理等方面提出了一系列具体要求。该《规定》要求点播院线负责对所辖点播影院的制度建设、放映内容和质量、技术系统建设和运行维护、数据报送、人员培训等运营活动实施管理。其第十九条指出：“点播影院应当合理安排由境内法人、其他组织所摄制电影的放映场次和时段，并且放映的时长不得低于年放映电影时长总和的三分之二。”② 对于违反该规定者，将由县级以上人民政府电影主管部门责令限期改正，给予警告，可以并处 3 万元以下的罚款，并追究相应的法律责任。

为保障广播电视和网络视听文艺节目健康发展，遏制过度娱乐化趋势，2018 年 11 月 9 日，国家广播电视总局发布《关于进一步加强广播电视和网络视听文艺节目管理的通知》（广电发〔2018〕60 号，以下简称《通知》）。该《通知》对各广播电视播出机构、网络视听节目服务机构、节目制作机构提出了七项要求，对节目导向问题、内容、演员片酬和责任制等方面做了具体规定，强调了价值引领和以人民为中心的创作导向，强化了主管主办责任和属地管理责任。该《通知》第五条指出：“广播与电视、上星频道与地面频道、网上与网下要坚持统筹管理、统一标准。各级广播电视主管部门要探索建立网台联动的有效管理机制，严把文艺节目的内容关、导向关、人员关、片酬关，存在问题的节目，网上网下均不得播出。”③

---

① 国家互联网信息办公室：《区块链信息服务管理规定（征求意见稿）》，2018 年 10 月 19 日，来源：中国网信网，http：//www. cac. gov. cn/2018 - 10/19/c_ 1123585598. htm。

② 国家新闻出版广电总局：《点播影院、点播院线管理规定》，《国务院公报》2018 年第 14 期，第 42 ~ 45 页。

③ 《国家广播电视总局关于进一步加强广播电视和网络视听文艺节目管理的通知》，国家广播电视总局官网，http：//www. nrta. gov. cn/art/2018/11/9/art_ 113_ 39686. html，2018 年 11 月 9 日。

此外，2018年，实名制在网络直播服务领域全面实施。是年8月1日，全国“扫黄打非”工作小组办公室会同工信部等其他五部门联合下发《关于加强网络直播服务管理工作的通知》，要求网络直播服务提供者落实用户实名制度，加强网络主播管理，建立主播黑名单制度，健全完善直播内容监看、审查制度和违法有害内容处置措施。[①] 2018年10月，国家网信办会同有关部门，针对自媒体账号存在的一系列乱象问题，开展了集中清理整治专项行动。该次专项治理行动从10月20日起，依法依规全网处置“唐纳德说”、“傅首尔”、“紫竹张先生”、“万能福利吧”、“野史秘闻”和“深夜视频”等9800多个自媒体账号。[②] 随后不久，国家网信办又依法约谈了腾讯微信、新浪微博等自媒体平台，对其主体责任缺失和疏于管理所造成的乱象，提出严重警告。腾讯微信、新浪微博相关负责人均表示将认真接受群众和舆论监督，自查自纠、积极整改并加强管理。[③]

四　个人信息保护制度日臻完善

自2017年《民法总则》对个人信息权进行法律确权后，围绕行业差异和重点领域，我国对图书借阅、电子商务、快递服务等个人信息存储与流动频繁的领域强化治理，公民个人信息保护制度日渐完善。

现代网络传播使数字化阅读变为现实，阅读服务的重点正在从现实空间向虚拟空间迅速渗透，针对大数据时代阅读服务中读者的个人信息侵害问题，全国人民代表大会常务委员会审议通过了《中华人民共和国公共图书馆法》（以下简称《公共图书馆法》），该法自2018年1月1日起正式施行。《公共图书馆法》第43条和第50条对读者个人信息保护问题做出具体规定。其中，第

① 刘爽爽：《六部门联合通知：网络直播用户实名　建立主播黑名单》，财新网，http://companies.caixin.com/2018-08-21/101317073.html，2018年8月21日。

② 《国家网信办“亮剑”自媒体乱象　依法严管将成为常态》，中国网信网，http://www.cac.gov.cn/2018-11/12/c_1123702179.htm，2018年11月12日。

③ 《国家网信办“亮剑”自媒体乱象　依法严管将成为常态》，中国网信网，http://www.cac.gov.cn/2018-11/12/c_1123702179.htm，2018年11月12日。

43 条明确了读者个人信息保护的总体原则，该条规定："公共图书馆应当妥善保护读者的个人信息、借阅信息以及其他可能涉及读者隐私的信息，不得出售或者以其他方式非法向他人提供。"① 该规定意味着对读者个人信息的保护上升至国家立法层面，明确提出妥善保护读者个人信息的要求。② 对于公共图书馆及其工作人员出售或者以其他方式非法向他人提供读者的个人信息、借阅信息以及其他可能涉及读者隐私的信息的行为，依据该法第 50 条将由文化主管部门责令改正，没收违法所得，严重者将会被依法追究法律责任。

在电子商务领域，针对用户个人信息被不当收集、利用和盗用的乱象，2018 年 8 月 31 日，第十三届全国人民代表大会常务委员会第五次会议通过《中华人民共和国电子商务法》（以下简称《电子商务法》）。该法在加重电子商务经营者责任义务的同时，加大了对电子商务消费者的保护力度。该法中有多个条款对个人信息保护做出规定，要求电子商务经营者从事经营活动应当遵守法律和商业道德，履行消费者权益保护、网络安全与个人信息保护等方面的义务。《电子商务法》第 23 条明确了电子商务经营者的法定义务，该条规定："电子商务经营者收集、使用其用户的个人信息，应当遵守法律、行政法规有关个人信息保护的规定。"③ 对于消费者对个人信息的处理，该法第 24 条进一步规定："电子商务经营者应当明示用户信息查询、更正、删除以及用户注销的方式、程序，不得对用户信息查询、更正、删除以及用户注销设置不合理条件。电子商务经营者收到用户信息查询或者更正、删除的申请的，应当在核实身份后及时提供查询或者更正、删除用户信息服务。用户注销的，电子商务经营者应当立即删除该用户的信息；依照法律、行政

① 全国人大常委会：《中华人民共和国公共图书馆法》，《中华人民共和国全国人民代表大会常务委员会公报》2017 年第 6 期，第 829 ~ 833 页。

② 王肃之、翟军平：《美、英国家图书馆读者个人信息保护政策的启示》，《图书馆》2019 年第 2 期，第 13 ~ 18 页。

③ 全国人大常委会：《中华人民共和国电子商务法》，《中华人民共和国全国人民代表大会常务委员会公报》2018 年第 5 期，第 580 ~ 588 页。

法规的规定或者双方约定保存的，依照其规定。”[①] 同时该法还规定“有关主管部门应当采取必要措施保护电子商务经营者提供的数据信息的安全”，“对其中的个人信息、隐私和商业秘密严格保密，不得泄露、出售或者非法向他人提供”。[②]

针对当前个人信息保护中技术标准与安全规范操作的缺失，全国信息安全标准化技术委员会发布了《信息安全技术　个人信息安全规范》，并于2018年5月1日起正式实施。该标准有效补充并落实了现有法律法规中的相关原则性规定，旨在遏制个人信息非法收集、滥用、泄露等乱象，以最大限度地保障个人的合法权益和社会公共利益。该规范共十章正文与四份附录，涵盖个人信息收集、保存、使用、共享、转让、公开及处理的全过程，详细具体地明确了个人信息安全的基本原则、合法性要求和授权同意及其例外的情形等。在收集个人敏感信息时，该规范第五条第五款要求“应取得个人信息主体的明示同意。应确保个人信息主体的明示同意是其在完全知情的基础上自愿给出的、具体的、清晰明确的愿望表示”。[③] 该规范第六条第二款还规定：“收集个人信息后，个人信息控制者宜立即进行去标识化处理，并采取技术和管理方面的措施，将去标识化后的数据与可用于恢复识别个人的信息分开存储，并确保在后续的个人信息处理中不重新识别个人。”[④]

另外，对于个人信息泄密的“重灾区”之一快递行业，国务院于2018年2月7日通过了《快递暂行条例》（自2018年5月1日起施行，以下简称《条例》），以促进快递业健康发展和保障快递用户合法权益。该《条例》专门规定用户个人信息保护，对于出售或非法提供快递服务过程中知悉的用户

---

① 全国人大常委会：《中华人民共和国电子商务法》，《中华人民共和国全国人民代表大会常务委员会公报》2018年第5期，第580～588页。

② 全国人大常委会：《中华人民共和国电子商务法》，《中华人民共和国全国人民代表大会常务委员会公报》2018年第5期，第580～588页。

③ 《国家标准〈信息安全技术　个人信息安全规范〉获批发布》，《中国信息安全》2018年第2期，第23页。

④ 国家标准化管理委员会：《信息安全技术　个人信息安全规范》，GB/T 35273－2017，2018年5月1日。

信息等违法行为，要求违法者承担严格的法律责任。该《条例》第三十四条规定："经营快递业务的企业应当建立快递运单及电子数据管理制度，妥善保管用户信息等电子数据，定期销毁快递运单，采取有效技术手段保证用户信息安全。经营快递业务的企业及其从业人员不得出售、泄露或者非法提供快递服务过程中知悉的用户信息。发生或者可能发生用户信息泄露的，经营快递业务的企业应当立即采取补救措施，并向所在地邮政管理部门报告。"① 违反该规定者，构成犯罪的，将依法追究刑事责任，造成人身、财产或者其他损害的，依法承担赔偿责任。

值得注意的是，针对个人信息保护专门立法的呼声日渐高涨。对个人信息的直接立法保护已成为社情民意的集中体现，通过立法加强个人信息保护已成为保护公民隐私和生命财产安全、规范网络健康有序发展的必然要求。② 2018 年 9 月 10 日，在全国人大常委会公布的《十三届全国人大常委会立法规划》中，个人信息保护法被列入第一类项目，即条件比较成熟、任期内拟提请审议的法律草案，这意味着个人信息保护的专门立法已步入制法日程。③

五　结语

总体而言，2018 年以来，在中共中央的领导之下，我国立足现行法律法规，出台实施《公共图书馆法》和《电子商务法》，相继颁布《快递暂行条例》、《微博客信息服务管理规定》和《区块链信息服务管理规定（征求意见稿）》等行政法规与各类规范性文件，围绕人工智能规制、政务新媒体管理、网络信息治理和个人信息保护等问题，全面推进网络空间治理的行政规制体系构建。伴随着中国特色社会主义法律体系的全面建设，我国在网络

① 国务院：《快递暂行条例》，《中华人民共和国国务院公报》2018 年第 10 期，第 11～17 页。

② 王春晖：《"个人信息保护法"应突出对"个人隐私权"的保护》，《人民邮电报》2019 年 3 月 11 日，第 3 版。

③ 《十三届全国人大常委会立法规划（共 116 件）》，中国人大网，http：//www.npc.gov.cn/npc/xinwen/2018－09/10/content_ 2061041.htm，2018 年 9 月 10 日。

空间治理领域取得一系列突破，不仅各级党政部门积极参与互联网治理，治理主体多元回归，而且互联网治理手段与举措日渐丰富多样，呈现出规范化发展的趋势。2018 年以来，在中共中央的有力领导之下，依法治国、依法行政和依法治网在行政化与法规化齐头并进的治理路径中，持续推动和快速发展。在党政部门的有力推动下，我国互联网治理的中国特色和意识形态特征愈益明显，国家对互联网空间的政治治理与行政规制迅速获得了法制依托，法治国家、法治政府与互联网法制一体化建设逐步加强，社会主义网络信息安全法制治理体系逐步建成。在该过程之中，国家、社会和互联网之间的关系亦在新型科技环境、社会制度和法律文化中得以重构。

B.3
2018年中国互联网文化发展报告

李慧芳　付晓燕*

摘　要：　本文整合分析2018年中国政府治理互联网文化产业的相关政策，并结合CNNIC、QuestMobile、iiMedia、极光数据等调查机构的年度数据调查报告，各个领域的公司年度财报以及各大媒体对2018年度中国互联网文化行业发展的数据解读和趋势分析等内容，整合描绘出2018年中国互联网文化产业的整体发展态势。2018年“互联网+”对中国优秀文化发展和传播的力量受到中央高度重视，各个文化领域与互联网的结合更加紧密，其中“社交+”和“直播+”的火热，成为不同领域跨界的重点。

关键词：　“互联网+”　文化产业　网络文化

根据CNNIC最新发布的《中国互联网络发展状况统计报告》，截至2018年12月，我国网民规模为8.29亿，全年新增网民5653万，互联网普及率达59.6%；我国手机网民规模达8.17亿，全年新增手机网民6433万，其中网民中使用手机上网的比例高达98.6%。[①] 互联网已经成为现代人日常生活必不可少的媒介，互联网与各个领域结合呈现出的“互联网+”趋势已然是当代不可逆的潮流。

---

* 李慧芳，中山大学传播与设计学院研究生；付晓燕，中山大学传播与设计学院副教授。

① 第43次《中国互联网络发展状况统计报告》，CNNIC中国互联网络信息中心，http://www.cnnic.net.cn/hlwfzyj/hlwxzbg/hlwtjbg/201902/t20190228_70645.htm，2019年2月28日。

一　2018年中国“互联网＋文化”发展政策

（一）国家高度重视网络助推社会主义文化发展的力量

习近平在党的十九大报告中，强调坚定文化自信，推动社会主义文化繁荣兴盛，同时十九大报告提出新时代文化建设的目标，坚持中国特色社会主义文化发展道路，激发全民族文化创新创造活力，建设社会主义文化强国。2018 年，党和国家对于社会主义文化发展的探索更进一步。

2018 年 3 月，全国两会（第十三届全国人民代表大会第一次会议和中国人民政治协商会议第十三届全国委员会第一次会议）期间，各级人大代表对于坚定文化自信及提高国家文化软实力建言献策，并高度重视“互联网＋”对社会主义文化发展的推动力量。正如文化和旅游部部长雒树刚所说：“文化与互联网有着天然的亲和力、强大的融合力。我们已经难以想象，文化新发展可以离开互联网；我们同样难以想象，互联网发展可以缺少文化的助力。”①

2018 年 8 月，习近平在全国宣传思想工作会议上再次强调坚持文化自信，并指出需要科学认识网络传播规律，提高用网治网水平，使互联网这个最大变量变成事业发展的最大增量，利用好风清气正的网络空间，讲好中国故事、传播好中国声音。在文化体系发展方面，习近平指出，要完善公共文化服务体系，健全现代文化产业体系和市场体系，推动各类文化市场主体发展壮大，培育新型文化业态和文化消费模式，深化文化体制改革，不断激发文化创新创造活力。②

通过 2018 年的重要国家会议的论述可以看出，党和国家对于“互联

---

① 张明宇：《文化部：五方面着力推动中国网络文化繁荣发展》，搜狐网，http://www.sohu.com/a/299845254_100189169，2019 年 3 月 8 日。

② 张洋：《举旗帜聚民心育新人兴文化展形象　更好完成新形势下宣传思想工作使命任务》，人民网，http://media.people.com.cn/n1/2018/0823/c40606－30245183.html，2018 年 8 月 23 日。

网 + 文化”的重视，意味着中国文化产业的发展将在“互联网 + ”这一助推器的推动下，呈现出新活力和新趋势。

（二）立法执法并行，规范互联网文化行业

在如今的信息时代，飞速发展的互联网已经无缝融入当代人的日常生活，无论是学习工作还是生活娱乐，每个人都通过互联网完成与这个世界的联系，互联网本身已经成为当代人的生活方式。在网络给当代人带来无限丰富的网络文化生活的同时，低俗信息、社会谣言、低端思想等风险和危害也充斥在网络世界中。

CNNIC 最新发布的《中国互联网络发展状况统计报告》显示，截至 2018 年 12 月，我国手机网民规模达 8.17 亿，全年新增手机网民 6433 万，其中网民中使用手机上网的比例高达 98.6%；QuestMobile 发布的《中国移动互联网 2018 年度大报告》数据显示，中国移动互联网用户月人均单日使用时长为 341.2 分钟，长达 5 个多小时，同比净增长 62.9 分钟。①

网络已经延伸成为当代人的一种“器官”，是人们与外界交流必不可少的媒介。随着人们对互联网的使用增多，国家也更加重视对互联网的监管和治理。为了进一步净化网络空间，使互联网成为更加健康有序的传播平台，2018 年有关政府部门出台了一系列针对互联网文化发展的法律法规。2018 年 2 月 12 日，国家广播电视总局审议通过《点播影院、点播院线管理规定》；3 月 16 日，国家新闻出版广电总局办公厅发布《关于进一步规范网络视听节目传播秩序的通知》；11 月 9 日，国家广播电视总局发布《关于进一步加强广播电视和网络视听文艺节目管理的通知》，这些法规和通知旨在进一步规范互联网文化行业行为，促进互联网文化产业的健康繁荣发展。②

除了颁布法规政策，政府部门针对互联网文化行业的严格执法也在进

① 《QuestMobile 中国移动互联网 2018 年度大报》，QuestMobile 移动大数据研究院，http://www.questmobile.com.cn/research/report-new/58，2019 年 1 月 22 日。

② 赵小飞、金昱伶：《2018 年国内十大互联网治理政策盘点》，暨南大学新媒体与传播生态研究中心，http://kuaibao.qq.com/s/20181230G17IJS00?refer=spider，2018 年 12 月 30 日。

行。2018 年 9 月，国家版权局进行“剑网 2018”打击侵权盗版专项行动，约谈了抖音短视频、美拍、哔哩哔哩等 15 家视频平台，责令企业提高版权意识；12 月，网络游戏道德委员会成立，并针对首批 20 款存在道德风险的网络游戏进行了评议，对 9 款游戏做出不予批准的决定。①

政府层面的立法执法齐头并进，使过度娱乐化和低俗化的视听节目、侵权盗版的文化产品和存在道德风险的网络游戏等互联网文化行业的乱象，得到了整治和规范。通过市场的筛选和政府的监管，网络空间的健康清朗得到了维护。

二 2018年中国网络文化产品的发展状况

（一）“社交 +”时代已开启，小程序引流优势明显

根据 CNNIC 最新数据，截至 2018 年 12 月，即时通信用户规模达 7.92 亿，较 2017 年底增长 7149 万，占网民整体的 95.6%。手机即时通信用户达 7.8 亿，较 2017 年底增长 8670 万，占手机网民的 95.5%。②

在即时通信的软件应用里，微信突破 10 亿用户数量成为中国排名第一的社交软件。根据腾讯 2018 年全年财报，截至 2018 年底，微信及其海外版的合并月活跃账户数增至约 10.98 亿，同比增长 11%；日发送微信消息 450 亿条，较 2017 年增长 18%；每天音视频通话次数达 4.1 亿次，较上年增长 100%；朋友圈用户阅读人数每日可达 7.5 亿。值得注意的是，由于已有用户数量的庞大，微信用户的增长速度正在减缓，而微信的小程序在 2018 年实现井喷式发展，2018 年微信小程序的应用数量超过 100 万，已覆盖 200 多个细分行业，日活跃用户达到 2 亿。③

---

① 韩丹东：《回顾 2018 中国互联网：依法治理推动互联网健康发展》，人民网，http://media.people.com.cn/n1/2018/1225/c40606-30485260.html，2018 年 12 月 25 日。

② 第 43 次《中国互联网络发展状况统计报告》，CNNIC 中国互联网络信息中心，http://www.cnnic.net.cn/hlwfzyj/hlwxzbg/hlwtjbg/201902/t20190228_70645.htm，2019 年 2 月 28 日。

③ 《一图读懂腾讯 2018 年财报：业务多元，to B 强劲！》，腾讯，https://mp.weixin.qq.com/s/jwMTYjkenLIiqFRU7CIkfw，2019 年 3 月 21 日。

CNNIC 数据显示，截至 2018 年 12 月，微信朋友圈、QQ 空间用户使用率分别为 83.4%、58.8%；微博使用率为 42.3%，较 2017 年底上升了 1.4 个百分点。中国社交软件用户的网络交友范围依旧以强联结为中心，根据智研咨询《2018—2024 年中国社交软件行业市场现状分析研究报告》，在微信、QQ、微博、陌陌、贴吧等社交软件的使用中，"只和熟人交往"的用户占比最高，达 57.5%，以熟人交往为主的微信、QQ 等的用户规模和用户活跃度远远高于倾向陌生人社交的微博和陌陌。①

相对于熟人社交帮助人们维持已有社交关系，陌生人领域的社交 App 可以帮助用户开拓新的交际圈，在市场上也占据一席之地。2018 年陌陌全年财报显示，2018 年陌陌全年净营收达到 134.084 亿元，同比增长 51%；2018 年 12 月，陌陌月度活跃用户为 1.133 亿，环比增长 2.5%。② 2018 年新浪微博第四季度及全年财报显示，微博 2018 年净营收 4.819 亿美元，同比增长 28%；月活跃用户数 12 月达到 4.62 亿，12 月的日均活跃用户数突破 2 亿关口。③

网民对社交媒体的依赖使用，使得社交软件拥有大批活跃用户流量且用户黏性极强，社交应用已经不限于通信功能的提供，开始成为各类应用场景连接用户实现跳转和变现的平台，"社交 +"时代已经开启。

一方面，衣食住行乐各领域的应用以社交媒体为搭载平台，以"社交 +"的形式为人们的使用开辟了更便捷的通道，微信的小程序功能就是这一方式的典型。以"社交 + 电商"为例，拼多多与微信合作，借助小程序在微信用户里发掘更多的潜在用户，拼多多的拼团模式和好友砍价利用微信的社交关系实现了成功的用户引流，这些都直接缩短了拼多多的用户变现

① 《2018—2024 年中国社交软件行业市场现状分析研究报告》，智研咨询，https://wenku.baidu.com/view/2bb608b3185f312b3169a45177232f60dccce741.html，2018 年 5 月 23 日。

② 《陌陌 2018 全年营收 134.08 亿净利润 34.62 亿》，TechWeb，http://www.techweb.com.cn/internet/2019-03-12/2727048.shtml，2019 年 3 月 12 日。

③ 《微博发布 2018 年第四季度及全年财报》，新浪科技，https://tech.sina.com.cn/i/2019-03-05/doc-ihsxncvh0033063.shtml，2019 年 3 月 5 日。

路径。另一方面，社交功能融入各类应用以增加其用户黏度已经成为不可逆的趋势潮流。以网络游戏社交为例，《极光大数据：2018 年年度手机游戏行业数据报告》显示，2018 年王者荣耀全球营收达到了 19.3 亿美元，其市场渗透率以 17.36% 位居中国手游类 App 榜首，用户规模达 6.13 亿，成为唯一月活跃用户破亿的网络游戏。无论是以 QQ、微信为基础搭建的熟人交往通道，还是与陌生人组队结识新好友的方式，王者荣耀已经成熟的社交系统是其能够成为 2018 年度“国民游戏”的重要条件。①

（二）网络综艺制作更为精良，市场更为规范化

相比于发展进入瓶颈期的电视综艺，网络综艺近几年发展快速，无论是在题材、制作还是内容方面都在不断提升，如今网络综艺进入激烈的竞争时期，各大网络视频平台都争相探索更适合用户需求和时代发展的网络综艺节目。网络视频相对于电视节目更为自由创新的内容，极大丰富了人们的娱乐文化生活。截至 2018 年 12 月，网络视频用户规模达 6.12 亿，占网民整体的 73.9%；手机网络视频用户规模达 5.90 亿，占手机网民的 72.2%。②

2018 年网络视频平台新上线的网络综艺共计 162 部，同比下滑约 2%，网络综艺的投资同比增加超过 58%，投资规模高达 68 亿元③，大量资金注入网络综艺制作。同时各大视频平台更加注重节目内容质量的提升，网络综艺制作团队更加专业化，加上政府层面对网络视频内容的监管收紧，2018 年网络综艺在题材创新、内容精品、制作水准方面取得较大成就。网络综艺节目播放总量和单剧播放量均有大幅度增长。

根据艺恩网发布的《2018 年中国网络综艺市场白皮书》数据，2018 年新播网络综艺题材占比排名前三位的分别是音乐、偶像养成、情感，总

① 《极光大数据：2018 年年度手机游戏行业数据报告》，极光数据，https：//www.jiguang.cn/reports/356，2018 年 11 月 20 日。

② 第 43 次《中国互联网络发展状况统计报告》，中国互联网络信息中心（CNNIC），http：//www.cnnic.net.cn/hlwfzyj/hlwxzbg/hlwtjbg/201902/t20190228_70645.htm，2019 年 2 月 28 日。

③ 《艺恩发布网络综艺市场白皮书 2019 年网综将迎来更强政策监管》，中国报告网，http：//news.chinabaogao.com/wenti/201901/012939D642019.html，2019 年 1 月 29 日。

体来看娱乐与文化同步发展；2018 年新播电视综艺题材则以文化、竞技和音乐为主流。各大视频网站深度挖掘用户需求，探索不同题材的综艺内容，其中偶像养成类节目成绩突出，腾讯视频出品的《创造 101》《明日之子 2》在 2018 年度网络综艺节目观看度排名前两名，爱奇艺推出的《偶像练习生》同样具备极高的网络话题度和媒体热度，与《创造 101》一起成为年度现象级偶像养成爆款节目；同时优酷平台 2018 年在小众题材领域开辟一番天地，其推出的《这！就是铁甲》《这！就是街舞》《这！就是灌篮》《这！就是歌唱》等一系列专业团队竞技真人秀节目凭借其创新题材和优质内容收获了良好口碑，打造出属于自己的“这！就是”系列节目品牌。①

与此同时，专注文化类的网络综艺精品频出，2018 年主流视频网站共上线 10 档文化类网络综艺节目，虽然观看度和网络热议度不如其他娱乐综艺，但凭借其制作精良的节目内容获得了不错的口碑，成为市场中增长用户文化知识、满足用户精神文化需求的不可小觑的清流。其中腾讯视频的《一本好书》在好评度、观看度和播映指数上领先于其他节目，优酷的《了不起的匠人 3》延续前两季的优秀口碑，经过三季的优良开发最终形成了专属的节目品牌。②

2018 年包括网络综艺在内的网络视听内容是国家政策调控的重点，国家广播电视总局针对规范网络视听业，出台二十多个规范性文件，网络视听节目的规整被纳入互联网管理全国“一盘棋”工作格局，在抵制节目价值观过度娱乐化、禁止恶搞红色经典和英烈人物、遏制偶像养成类节目炒作明星、严格控制影视明星子女参与的综艺娱乐节目、严格控制节目嘉宾片酬、坚决打击收视率和点击率造假行为等方面进行全面严格管理，包括网络综艺在内的网络视听市场得到进一步规范。

---

① 《2018 年中国网络综艺市场白皮书》，艺恩网，http：//www. entgroup. cn/report/f/2818209. shtml，2019 年 1 月 28 日。

② 《2018 年中国网络综艺市场白皮书》，艺恩网，http：//www. entgroup. cn/report/f/2818209. shtml，2019 年 1 月 28 日。

（三）短视频行业调整发展模式，加快海外进军步伐

近几年短视频搭乘了移动互联普及的便利车，到2018年短视频行业发展极为迅速。一方面短视频用户不断增加，截至2018年12月，短视频用户规模达6.48亿，用户使用率为78.2%；① 另一方面，各方平台入驻短视频市场，今日头条、百度、腾讯、阿里巴巴、新浪微博在短视频领域持续发力，网易、搜狐等也纷纷推出新的短视频应用，仅2018年上半年，应用市场上就有超过100个短视频应用。② 爆发式增长的视频内容数量使得平台自身的监管难度大大增加，行业的平台和内容都处于野蛮生长状态，低俗媚俗、盗版侵权、负面导向的视频内容出现在各个平台上，相关政府监管部门对此高度重视。

2018年4月10日，今日头条旗下短视频平台内涵段子因其格调低俗、导向问题被永久关停；2018年8月，北京市文化市场行政执法总队根据《互联网视听节目服务管理规定》，针对今日头条和快手两家短视频网站播出劣质节目等问题，做出警告和罚款的行政处罚。③ 通过政府部门的一系列整治，短视频行业的不良行为得以遏制，同时行业自身也更加注重企业主体的管理和约束作用。

首先在内容方面加强了审核力度，短视频行业转向以优质内容为核心的发展模式，内容更具创新性和多元化，特色优质的内容成为行业竞争的关键。同质化内容已经失去生存活力，具备专业度的视频内容成为竞争核心，短视频平台与生产优质内容的媒体机构合作，扶持具备内容生产能力的视频达人，由此保证平台优质专业生产内容的供应，进而带动用户生产内容的优质化，以此来提高全平台的视频内容质量。

---

① 第43次《中国互联网络发展状况统计报告》，中国互联网络信息中心（CNNIC），http://www.cnnic.net.cn/hlwfzyj/hlwxzbg/hlwtjbg/201902/t20190228_70645.htm，2019年2月28日。

② 《艾媒报告丨2018~2019中国短视频行业专题调查分析报告》，艾媒网，http://www.iimedia.cn/c400/63582.html，2019年2月3日。

③ 韩丹东：《回顾2018中国互联网：依法治理推动互联网健康发展》，人民网，http://media.people.com.cn/n1/2018/1225/c40606-30485260.html，2018年12月25日。

在用户方面，企业注意到了未成年人使用的问题，对用户进行了使用时长的制约。2018 年 4 月，抖音推出反沉迷系统，快手推出家长控制模式，当用户连续使用达到一定时长，平台会对应用进行锁定，防止用户过度使用陷入沉迷。

此外，2017 年国内短视频应用进军海外市场并站稳脚跟，2018 年其海外拓展取得突破性进展。国内短视频的海外市场目前主要集中在东南亚、东亚、美洲、中东地区，和国内一样呈现出“两超多强”的格局，位于第一梯队的抖音和快手短视频平台的活跃用户数领先其他平台。根据 Sensor Tower 公布的数据，2018 年第一季度，抖音海外版 Tik Tok 是 Apple Store 全球下载量最高的 iOS 应用，高达 4580 万次。快手海外版 kwai 不甘示弱，在俄罗斯、土耳其、印尼、泰国等地有过 Google Play 和 Apple Store 榜单第一的成绩。①②

（四）网络文学泛娱乐化趋势明显

互联网在为人类生活提供便利的同时，也改变了人们的生活习惯，其中包括日常阅读习惯。随着人们生活节奏的加快，越来越多的人不再坚持传统的纸质阅读方式，转向选择以互联网为核心、以电子屏幕为载体的数字阅读。截至 2018 年 12 月，网络文学用户规模达 4.32 亿，较 2017 年底增加 5427 万，占网民总体的 52.1%。手机网络文学用户规模达 4.10 亿，较 2017 年底增加 666 万，占手机网民的 50.2%。③

网络文学的快速发展带动了相关企业的迅速壮大，其中阅文集团和掌阅已经发展成为网络文学行业的龙头企业，成为国内网络文学数字阅读与优质 IP 的领导者。阅文集团构建泛娱乐全产业链，通过整合腾讯文学、原盛大

① 《在海外迅速崛起的快手和抖音，能否撼动 Instagram 巨无霸地位?》，刺猬公社，http://www.baijingapp.com/article/17260，2018 年 7 月 10 日。

② 叶探花：《海外火爆的短视频 App 一半都是中国的!》，ZAKER，http://www.myzaker.com/article/5ae0607f5d8b5463b368ae18/，2018 年 4 月 25 日。

③ 第 43 次《中国互联网络发展状况统计报告》，中国互联网络信息中心（CNNIC），http://www.cnnic.net.cn/hlwfzyj/hlwxzbg/hlwtjbg/201902/t20190228_70645.htm，2019 年 2 月 28 日。

文学两大原创优势，在文学内容、作者和 IP 价值上是行业内实力最强的文学集团。

2018 年网络文学整体呈现出泛娱乐化的发展趋势，行业变化的主要特征是跨界内容的布局和版权营收的提升。网络文学以 IP 形式在影视、动漫、游戏等多个领域跨界合作，实现全产业链开发。以影视领域为例，网络文学 IP 改编剧《香蜜沉沉烬如霜》《知否？知否？应是绿肥红瘦》《将夜》《如懿传》《天盛长歌》等多款作品播出后话题度极高，在口碑、热度、流量方面均收获颇丰。其中阅文集团在 2018 年共有 15 部网文 IP 作品改编成为影视作品，为全网贡献了超 700 亿的总播放量。阅文集团公布的 2018 全年业绩报告显示，2018 年实现总营收 50.4 亿元，同比增长 23%，全年经营利润达 11.15 亿元，较上年同期增长 81.4%。其中值得注意的是，版权运营业务及其他同比激增 100%，增至 12.1 亿元。截至 2018 年 12 月，阅文月度活跃用户数突破 2.14 亿户，同比增长 11.5%；而用户平均月付费额达 24.1 元，同比增长 8.1%。[①] 伴随居民可支配收入的增长和网民素质的提高，中国用户的付费意识逐渐提高，付费习惯正逐渐养成。

网络文学出海近年来进展迅速，中国网络文学在海外圈粉无数，有业内人士提出，网络文学出海已到达 3.0 时代。从最初简单的海外出售版权，到海外平台搭建与网文内容输出，再到目前海外原创内容上线及 IP 内容输出，网络文学出海的模式在不断更新。网络文学内容向外输出的同时，也有海外网络文学的作者入驻国内市场。根据阅文集团旗下海外门户起点国际的数据，2018 年国内网络文学的海外作者已超过 12000 人。[②]

（五）网络教育移动化进程加快，市场进一步细化

截至 2018 年 12 月，我国在线教育用户规模达 2.01 亿，较 2017 年底增

① 《阅文集团发布〈2018 网络文学发展报告〉》，东方新闻，http：//mini.eastday.com/a/190225023431422.html，2019 年 2 月 25 日。

② 《2018 网络文学发展报告发布　新生代用户带来行业新趋势》，人民网，http：//media.people.com.cn/n1/2019/0226/c14677 -30902850.html，2019 年 2 月 26 日。

加4605万，年增长率为29.7%；在线教育用户使用率为24.3%，较2017年底增加4.2个百分点。手机在线教育用户规模达1.94亿，较2017年底增长7526万，增长率为63.3%；手机在线教育用户使用率为23.8%，较2017年底增长8个百分点。①

移动设备的普及和在线移动技术的更新发展为在线教育提供了更便捷的渠道，在线教育的移动化和碎片化有所深化。截至2018年12月，通过手机接触在线教育的用户占整体在线教育用户的96.5%，较2017年底增长19.9个百分点。② 其中拥有巨量用户的微信平台在用户引流、社群运营和平台搭建等方面具备独特的优势，更多的在线教育机构开始注重微信平台的服务拓展，通过微信公众号、微信小程序等附属工具为用户提供服务，并通过微信朋友圈和微信群的社交转发行为来进行用户引流。

其中英语流利说平台推出的打卡分享机制在利用微信进行人际传播的途径上取得了突出成就，该机制鼓励用户把所学的在线教育产品分享到社交平台，通过多天连续打卡分享即可获得课程费用返现。该平台旗下的流利阅读产品通过该机制在微信朋友圈形成了“病毒式”传播，“社交+”教育在英语流利说这里得到了最大的体现。根据英语流利说2018年第四季度财务报告，流利说2018年全年净收入为6.37亿元，同比上涨284.9%；截至2018年12月31日，流利说累计注册用户数正式突破一亿，两年间涨幅超过220%。其中2018年全年付费用户数量达到250万，同比增长206%。③

除了微信外，网络直播技术也成为在线教育行业实现高质量服务的一大

① 第43次《中国互联网络发展状况统计报告》，中国互联网络信息中心（CNNIC），http://www.cnnic.net.cn/hlwfzyj/hlwxzbg/hlwtjbg/201902/t20190228_70645.htm，2019年2月28日。

② 第43次《中国互联网络发展状况统计报告》，中国互联网络信息中心（CNNIC），http://www.cnnic.net.cn/hlwfzyj/hlwxzbg/hlwtjbg/201902/t20190228_70645.htm.，2019年2月28日。

③《财报解读丨英语流利说2018年第四季度净亏损1.57亿元，同比增加44.57%》，艾媒网，http://www.iimedia.cn/c460/63714.html，2019年2月27日。

助力。技术层面的革新使得线上直播课堂可以进一步还原线下学习模式，多种线上互动形式满足不同用户需求，让师生双方突破时空限制实时交流互动。线上课堂效果得到市场认可，甚至有更多用户认为直播课程的形式趣味性更强。根据艾媒网《2018 中国在线教育行业白皮书》数据，在使用过直播课程形式的在线教育用户中，37.6%的用户认为直播形式的最大优势在于学习趣味性更强；36.1%的用户认为能结识新同学、新朋友；23.3%的用户认为课程完成度更高。[①] 另外，新兴的人工智能技术正在不断融入在线教育，成为行业 2018 年的关键词。人脸识别技术、AI 老师、智能作业批改等人工智能技术已经被成功运用到在线教育的多元场景中，用户体验随之提升。

在线教育市场呈现出两个方向的发展趋势，一方面，综合性的学习平台持续发展，提供更多种类的在线教育产品和服务，以满足不同用户的学习需求。这种类型的平台以网易云课堂、沪江网校、新东方在线等头部企业最为典型。另一方面，在线教育市场不断细分，垂直性平台的专业性增强以更具针对性地服务特殊用户群体。[②]

以 VIPKID、51Talk 为代表的在线互动学习平台专注少儿英语培训，牢牢抓住孩子英语学习的趣味性培养和家长的教育心理，近几年飞速发展。其中 VIPKID 在 2018 年 4 月再次引入战略投资 5 亿美元，成为在线教育市场上最受投资者欢迎的独角兽。根据中科院发布的《2017 年中国在线少儿英语教育白皮书》，VIPKID 一家独占 55%的市场份额，这意味着每两个接受在线英语教育的儿童就有一个选择 VIPKID 平台。[③] 除此之外，少儿编程也是在线教育行业 2018 年新的融资热点。其中，编程猫和傲梦编程分别获得 3

① 《艾媒报告 | 2018 中国在线教育行业白皮书》，艾媒网，http://www.iimedia.cn/c400/63080.html，2018 年 12 月 3 日。

② 《艾媒报告 | 2018 中国在线教育行业白皮书》，艾媒网，http://www.iimedia.cn/c400/63080.html，2018 年 12 月 3 日。

③ 《2018 年中国独角兽企业成长趋势解读之一——VIPKID：少儿在线英语培训市场上的领导者》，前瞻经济学人，https://www.qianzhan.com/analyst/detail/220/190211-9cb1a69b.html，2019 年 2 月 12 日。

亿元和1.2亿元的融资，在该领域占据领先优势。随着科技的进一步发展和新一代家长接受教育水平的提高，少儿的科技意识和电脑技术培训受到更多重视，未来少儿编程的市场发展前景不可限量。[①]

（六）网络游戏发展稳定，国内外战略性合作实现共赢

截至2018年12月，我国网络游戏用户规模达4.84亿，占整体网民的58.4%，较2017年底增长4224万。手机网络游戏用户规模达4.59亿，较2017年底增长5169万，占手机网民的56.2%。[②] 根据中国音数协游戏工委（GPC）、伽马数据（CNG）联合发布的《2018年中国游戏产业报告》，中国游戏市场实际销售收入高达2144.4亿元，同比增长5.3%，占同期全球市场比例约为23.6%。[③]

虽然网络游戏的用户和营收仍在不断增长，但是经过多年的快速发展，网络游戏行业已经走向成熟，步入相对稳定的发展阶段。一方面，中国游戏市场的实际销售收入同比增速不断放缓，2018年已下降至个位数。其中占据大头的移动游戏市场的实际销售收入增长进一步放缓，网络直播客户端游戏和网页游戏市场的同比份额进一步减少。另一方面，游戏产业用户已经达到一定规模，增长速度同样大不如前。

在市场份额方面，腾讯始终处于领头羊地位，一家独大。2018年腾讯全年的网络游戏营收为1040亿元，同比增长6%，占据全国网络游戏市场的半壁江山。其中，智能手机游戏业务收入778亿元，同比增长24%，PC端游戏收入为506亿元，同比下降8%。[④] 在移动游戏领域，腾

① 《艾媒报告丨2018中国在线教育行业白皮书》，艾媒网，http://www.iimedia.cn/c400/63080.html，2018年12月3日。

② 第43次《中国互联网络发展状况统计报告》，中国互联网络信息中心（CNNIC），http://www.cnnic.net.cn/hlwfzyj/hlwxzbg/hlwtjbg/201902/t20190228_70645.htm，2019年2月28日。

③ 企查查：《2018游戏报告首发：市场收入2144.4亿元，手游增15.4%》，雪球，https://xueqiu.com/7152922391/118639465，2018年12月21日。

④ 孙冰：《腾讯发布2018年Q4及全年财报：游戏占比继续下滑，云收入翻倍》，中国经济周刊，https://baijiahao.baidu.com/s?id=1628690240260720138&wfr=spider&for=pc，2019年3月22日。

讯游戏的用户规模及渗透率遥遥领先其他游戏公司。根据极光数据，2018 年 10 月，腾讯旗下手游用户规模达到 3.80 亿，渗透率为 34.6%；而另一网游巨头企业网易旗下的手游同期用户规模仅有 0.42 亿，渗透率为 3.8%。①

对比国内行业的减速发展，国产网络游戏的海外市场愈发明朗，2018 年国内大型游戏公司与国外游戏开发商的合作日益紧密。2018 年，腾讯与东南亚游戏公司 Garena、Sea 合作，共同开辟海外市场；完美世界与美国维尔福软件公司共同推出“STEAM 中国”项目，达成战略合作。另外，海外游戏市场也成为中国游戏企业重要的营收来源，2018 年中国自主研发的网络游戏海外市场实际销售收入达 95.9 亿美元，同比增长 15.8%。②

针对网络游戏带来的不良社会影响，政府和游戏企业共同发力促进社会共治局面初步形成。2017 年 12 月中宣部、教育部、文化部、国家新闻出版广电总局等多部门联合印发《关于严格规范网络游戏市场管理的意见》，经过 2018 年的整顿行动，行业环境更加健康清朗。同时，游戏公司发挥主体作用，利用实名认证、人脸识别、未成年人消费提醒等技术手段对未成年游戏用户的游戏市场和游戏付费行为进行干预管理，以防止未成年人过度沉迷游戏。

（七）网络直播行业重新洗牌，跨界合作成为发展突破口

截至 2018 年 12 月，网络直播用户规模达 3.97 亿，较 2017 年底减少 2533 万，用户使用率为 47.9%，较 2017 年底下降 6.8 个百分点。③ 在网络直播的四个主要细分内容领域内，除了游戏直播的用户使用率基本稳定，体育、真人秀和演唱会直播的用户使用率都处于下降趋势。在经历行业的流量

---

① 《2018 年网络游戏市场竞争现状与发展趋势分析　腾讯、网易引领市场》，前瞻经济学人，https://www.qianzhan.com/analyst/detail/220/190114-8d641e65.html，2019 年 1 月 14 日。

② 《2018 中国游戏行业报告：总收入 2144 亿元占全球 23.6%》，新浪科技，https://tech.sina.com.cn/i/2019-01-04/doc-ihqhqcis3156875.shtml，2019 年 1 月 4 日。

③ 第 43 次《中国互联网络发展状况统计报告》，中国互联网络信息中心（CNNIC），http://www.cnnic.net.cn/hlwfzyj/hlwxzbg/hlwtjbg/201902/t20190228_70645.htm，2019 年 2 月 28 日。

和用户红利期后，网络直播行业整体发展同比降速，进入转型调整期，市场份额马太效应明显。①

位于第一梯队的头部平台在资本的助力下继续领先国内市场，其中虎牙直播和斗鱼直播获得了腾讯的投资，虎牙直播和映客直播在2018年先后完成企业上市。第二梯队的直播平台在市场的激烈竞争下，开始抱团取暖谋求生存。欢聚旗下的YY直播与小米直播、花椒直播与六间房进行了资源整合。而随着网络直播市场面临政府监管收紧，加上其自身的运营弊端逐渐显现，大量位于第三梯队的中小型直播平台被淘汰，新的平台进入市场，整个行业开始重新洗牌。②

值得一提的是，虽然网络直播平台2018年整体发展形势较为严峻，但“直播+”的互联网形式在各个领域备受欢迎。其中网络游戏和休闲娱乐是网络直播的主要内容，各大平台深耕多种类型用户需求，继续细化市场定位，把直播形式拓展到电商、教育、公益、政务等多个细分领域。“直播+”模式的火热实现了直播平台和其他领域的双赢，一方面其他领域内容在直播平台的呈现有利于网络直播内容和产品的创新，增加已有用户的同时为行业挖掘更多的潜在用户；另一方面，直播形式的即时和互动特点也为其他行业的传播创造了新的亮点和传播优势。

技术层面的发展提升了直播平台的用户体验。直播内容画质的清晰度不断提高，2018年上半年，网络直播清晰度达到超清及以上的内容占比接近60%。美颜、小游戏以及AR特效更新了直播的玩法，算法推荐的精准化提高了用户的使用黏性和忠实度。③

① 《2018年网络直播行业监管力度加大　直播行业“冰火两重天”》，前瞻经济学人，https：//www.qianzhan.com/analyst/detail/220/181030-b36e31e7.html，2018年10月30日。

② 《2018网络直播冰火两重天：头部风光　中小平台挣扎》，TechWeb，https：//www.cnbeta.com/articles/tech/803539.htm，2018年12月30日。

③ 《艾媒报告|2018~2019中国在线直播行业研究报告》，艾媒网，http：//www.iimedia.cn/c400/63478.html，2019年1月23日。

结语：全方位转型升级的互联网文化产业

在数字技术发展远远超出想象的时代，网络文化产业的发展空间在政策和技术升级的加持下不断拓展，2018 年中国的互联网文化产业的各个方面都取得了丰硕的发展成果。经过 2018 年全年的监管和治理，互联网文化领域的不良行为得到了纠正，违规内容得到了清理，整体环境得到了净化。

与此同时，未来互联网领域的同质化现象会更加明显，网络用户群体的年轻化及其需求的易变性将会进一步给产业调整带来压力，互联网行业竞争造成的过度投资需求，以及产业内各个领域井喷式的飞速发展引起的秩序问题等，都是互联网文化产业将要面临的时代挑战。①

因此，文化产业需要更好地掌握互联网思维，重新构造产业形态，根据“互联网 +”的时代特点不断更新发展模式，运用互联网新技术进行产业升级，切实把握好跨界合作和跨平台合作的“平台为王”红利期，实现包括发展认知、技术运用、产品设计在内的转型升级，进而实现全方位增强互联网文化产业的核心竞争力，增强中国的文化软实力和文化自信。②③

---

① 陈少峰、侯杰耀：《互联网文化产业的挑战与对策》，《北京联合大学学报》2016 年 4 日 20 日。

② 王林生：《互联网文化新业态的产业特征与发展趋势》，《甘肃社会科学》2017 年 9 月 25 日。

③ 陈少峰：《“互联网 + 文化产业”的价值链思考》，《北京联合大学学报》2015 年 10 月 20 日。

网络空间安全

Cyberspace Security

B.4

新时期网络意识形态安全及其治理策略

丁存霞*

摘　要： 网络意识形态安全已然是当前网络安全治理工作的重要内容之一，其关乎社会稳定和长治久安，是维护国家政治安全的关键。面对国内国外网络意识形态安全威胁日益突出的客观形势，维护网络意识形态安全，既是维系国家安全的必要之举，也是推动国家发展的重要保障。针对当前我国网络意识形态安全面临的严峻形势，我国需系统探索新时代网络意识形态的治理问题，确保网络意识形态安全。

关键词： 网络意识形态　安全　治理措施

* 丁存霞，博士，中山大学传播与设计学院、中山大学互联网与治理研究中心副研究员。

伴随着网络技术的迅速发展，网络与意识形态紧密地融合在一起，便催生了网络意识形态。在新的历史时期，“谁掌握了网络，谁就抢占了意识形态斗争制高点，谁就把握住了信息时代国家安全和发展的命脉”。① 网络成为舆论斗争的主战场和最前沿。“没有网络安全就没有国家安全。”② 正如马克思所说的：“如果从观念上来考察，那么一定的意识形式的解体足以使整个时代覆灭。”③ 网络意识形态安全已然是当前网络安全治理工作的重要内容之一，其关乎社会稳定和长治久安，是维护国家政治安全的关键。网络意识形态安全治理亦是国家安全战略的重要组成部分，是贯彻习近平总书记网络安全观、总体国家安全观和网络强国战略的重要途径。因此，维护网络意识形态安全刻不容缓，我们要正视网络意识形态安全治理的现实挑战，探寻网络意识形态安全治理的有效策略，切实加强网络意识形态安全治理，营造清朗的网络意识形态安全环境。

一　网络意识形态安全释义

网络意识形态作为信息时代的产物，它不是线下意识形态在网络中的简单移植和再现，也不是线上意识形态形式与内容的简单结合，而是高度融合线上线下意识形态而形成的网络社会时代的全新样态。

（一）网络意识形态

网络信息技术的迅猛发展，使越来越多的国家逐渐将网络虚拟空间视为新的主权空间，网络空间的公共性危机使人们看到了网络安全对于国家安全的重要性。意识形态则是网络空间安全的防火墙，也是国家安全的安全阀。“意识形态”一词最早见于特拉西的《意识形态概论》一书，后经马克思和

---

① 全国干部培训教材编审指导委员组织：《推动社会主义文化繁荣兴盛》，人民出版社，2019，第 56 页。

② 《习近平谈治国理政》第一卷，外文出版社，2018，第 198 页。

③ 《马克思恩格斯文集》第八卷，人民出版社，2009，第 170 页。

恩格斯的吸收与创新，形成了作为社会性意识具体形式的马克思主义意识形态理论。意识形态工作是在特定的场域中展开的。网络意识形态是随着科技的快速发展而形成、发展起来的意识形态新样态。网络意识形态作为信息时代的产物，它并不是社会意识形态在网络空间的简单反映和植入，更不单指网络空间的意识形态，而是在现实社会与网络社会、现实个体与网络个体高度融合过程中形成和发展起来的，并在一定条件下作用于现实社会。将网络意识形态简单地归为网络空间中传统的意识形态或是阶级意识对网民的价值引导，都是片面的，都未全面合理地概括出网络意识形态的本质属性。

所谓网络意识形态，是指虚拟空间中社会意识形态的新表现，是观念上层建筑在虚拟空间的反映和表现。网络意识形态不是局限于网络所具有的意识形态属性和意识形态功能，而是特指网络本身内在的意识形态，本质上还是意识形态，是内生性社会意识，核心仍然是具有导向性的价值观念。意识形态具有的阶级性，赋予了网络意识形态特有的思想导向和价值引导功能；网络呈现出的虚拟性、自由性、快捷性、交互性、开放性，使得网络成为新时代意识形态话语传播的新途径。因此网络意识形态同时具有意识形态的特性和网络的特性，这是区别于传统社会意识形态的重要特性。

网络信息技术的发展和应用使意识形态工作的形式变得丰富，革新了意识形态工作的方法，拓展了意识形态的治理领域。人类的生活越来越受互联网的主导，不管是个人、企业、政府，还是国家，都通过互联网技术连接在互联网空间中，形成新的空间互动。人们在互联网和信息技术所塑造的网络虚拟空间内成为网络化、数字化存在，直接或间接地面对着真假美丑、是非善恶这些现实世界存在的矛盾冲突，特别是西方国家利用其掌握的技术优势和话语优势，鼓吹所谓的“网络自由”，实际上推行的是政治霸权、文化霸权、数字霸权，企图把西方价值观无障碍地渗透中国，企图分化社会主义意识形态主导权，这种无硝烟的斗争由此更加隐蔽和激烈。国家安全有传统与非传统之别，传统国家安全以军事安全为主，但是随着社会、政治环境的变化，非传统国家安全不断涌现，如意识形态安全。

（二）网络意识形态安全

国家安全是一个国家生存和发展的基础，保障国家安全是每一个主权国家所追求的目标。处在网络信息化时代，网络安全已成为国家安全的重要内容。习近平曾用“牵一发而动全身”“没有网络安全就没有国家安全”① 形象地说明网络安全和国家安全间的关系。

意识形态安全是总体国家安全的重要方面，网络意识形态安全是意识形态安全工作的重中之重。“互联网是一个社会信息大平台，亿万网民在上面获得信息、交流信息，这会对他们的求知途径、思维方式、价值观念产生重要影响，特别是会对他们对国家、对社会、对工作、对人生的看法产生重要影响。”② 由此而言，网络意识形态虽产生于虚拟空间，但与现实意识形态之间并没有十分明显的界限，现实意识形态可以在网络意识形态中得到反映和表现，网络意识形态又通过社会行为对现实意识形态发挥直接的作用，它们共同组成现代社会意识形态的基本领域。因此，网络意识形态安全问题是伴随着网络意识形态的出现而出现的，从一般意义上说，网络意识形态安全是指一个国家的主导意识形态在网络领域中受到本国人民的拥护，同时有效抵御外来势力的恶意入侵，引领网络舆论和其他各种思潮发展方向，并且不受威胁和消解的稳定状态。在我国意识形态领域处于主导地位的一定是社会主义意识形态，“马克思主义是我们立党立国的根本指导思想，是社会主义意识形态的旗帜和灵魂”。③ 从这个意义上来说，维护我国网络意识形态安全实则是：增强马克思主义意识形态在网络领域中的建设和发展，保障马克思主义在网络意识形态领域中的主导地位，为中国特色社会主义事业发展提供健康稳定的网络环境。

---

① 《习近平谈治国理政》第一卷，外文出版社，2018，第 198 页。

② 《习近平谈治国理政》第二卷，外文出版社，2018，第 335 页。

③ 李辉、许文贤：《中国化马克思主义：教育概论》，人民出版社，2005，第 333 页。

网络是一把双刃剑，网络发展给一个国家、民族的意识形态建设带来了机遇，同时也带来挑战。意识形态安全不等同于传统安全，网络意识形态安全问题本身具有非传统安全意义，主要表现在如下三个方面：一是网络意识形态安全属于广义上的安全。“和平不等于安全”，从广义安全来讲，这句话是非常有道理的，和平只是没有战争的状态，安全是更为广义的概念，和平仅仅是安全的一部分。意识形态安全应该满足以下条件：客观上没有威胁，主观上没有恐惧，同时，主体间没有冲突。网络意识形态安全更多地与现实社会中出现的社会转型、观念完善、文化冲突以及认同危机等紧密相连，无论是从内涵还是外延来看，网络意识形态具有一定的广泛性。二是网络意识形态安全属于复合型安全。网络意识形态安全不仅关注国家层面的安全问题，还关注社会和个人层面的安全问题。三是意识形态安全是多维度安全。传统安全与非传统安全是动态的概念，而在网络空间，两者却是可以相互转换的多维度概念。在过去，网络意识形态安全问题更多地表现为现实问题在网络空间的发酵而产生网络线上的问题，今天这是一个复合多维的问题，不仅表现为线上意识形态安全问题，而且通过网络的发酵再转回和影响现实，使现实问题不断扩大，其危险性更强，形成线上线下双重效应，网络意识形态安全问题，在一定的条件下，可能会转变为政治安全、国家安全问题，如果问题激化，仍需军事力量的干预，甚至升级为区域性的战争。总之，我们不能把意识形态安全作为传统安全并用传统方法来对待，它不同于军事安全、政治安全，尤其是网络意识形态安全问题更是凸显了我国国家安全形势的新特点、新挑战和新趋势。因此，深入研究网络意识形态安全已成为在总体国家安全观的指引下，推进实现中华民族伟大复兴中国梦的重要任务。

二　新时期网络意识形态安全面临的新问题

自20世纪90年代以来，随着信息技术的不断发展和网民数量的日益增多，我国已迅速崛起为世界的网络大国。毋庸讳言，网络的兴起和发展为意识形态工作开辟了新的模式和路径，但与此同时，也带来了诸多新的问题和挑战，尤其是网络意识形态安全问题。2019 年 2 月 28 日，中国互联网络信息中心（CNNIC）在京发布第 43 次《中国互联网络发展状况统计报告》，报告显示，截至 2018 年 12 月，我国网民规模达 8. 29 亿，互联网普及率达 59. 6%，较 2017 年底提升 3. 8 个百分点，全年新增网民 5653 万（见图 1），超过亚洲和全球的平均水平，我国拥有世界上数量最多的网民，网络意识形态安全工作比世界上任何一个国家都要复杂。

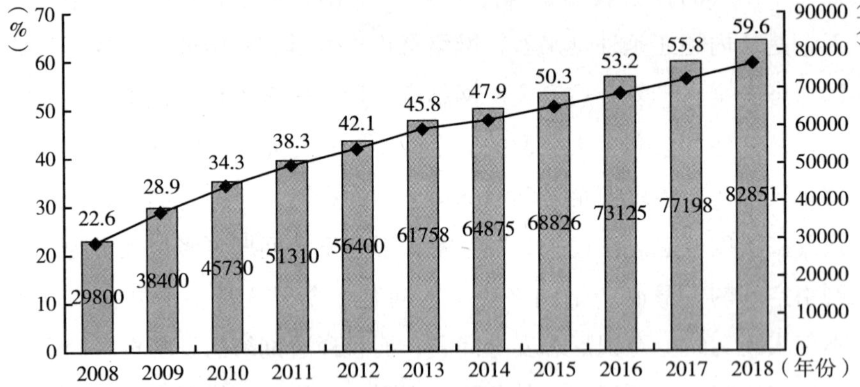

图 1　网民规模和互联网普及率

我国网民数量的不断增多，一方面说明在进入全面网络化、信息化时代，我国的网络事业取得了巨大成就；另一方面也要看到，由于网络的开放性、便捷性，网络已经渗透人们日常生活的方方面面，影响人们的生活方式和思维方式。庞大的网民群体以及网络虚拟世界与社会现实世界的互动关系都对我们加强网络意识形态安全提出了客观要求。具体而言，新时代，我国网络意识形态安全面临的新问题有中西方网络意识形态博弈力量相差悬殊与危险系数的不断增大、网络意识形态行政治理能力相对不足、网络基础设施建设薄弱、管理相对滞后、网络技术人才储备与培育不足、网络核心技术研发与应用落后以及网络话语权较弱等。

（一）我国网络意识形态危险系数增大

意识形态博弈是客观存在的，只要国际上存在着不同的社会制度，国家内存在着不同的阶级阶层，就会存在不同意识形态的博弈。毋庸讳言，当今“网络是西方价值观出口到全世界的终端工具”①，西方敌对势力和暴恐分子正在破坏性地利用信息技术优势及最新发展成果，对我国主流意识形态进行加紧渗透，对我国热点敏感问题进行大肆炒作，并利用互联网扩散以期形成网络舆论风暴，加剧中国的社会调控风险。2019 年 2 月 28 日中国互联网络信息中心（CNNIC）在京发布的第 43 次《中国互联网络发展状况统计报告》显示：2018 年 CNCERT 监测发现我国境内感染网络病毒的终端累计 616 万个，较 2017 年的 2095 万个下降 70.6%（见图 2）。

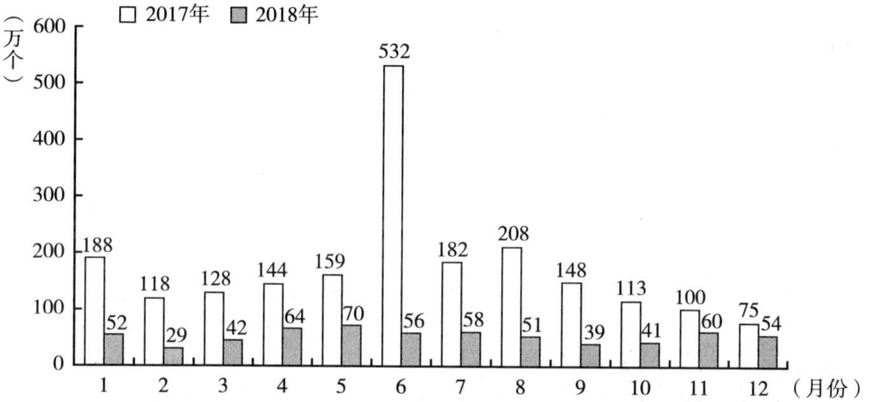

图 2　2017 年、2018 年每月境内感染网络病毒终端数

资料来源：CNCERT 互联网安全威胁报告，2018 年 12 月。

2018 年 CNCERT 监测发现我国境内被篡改的网站数量累计 23459 个，较 2017 年的 60684 个下降 61.3%（见图 3）。

① 〔英〕安德鲁·查德威克：《网络政治学：国家、公民与新传播技术》，任孟山译，华夏出版社，2010，第 24 页。

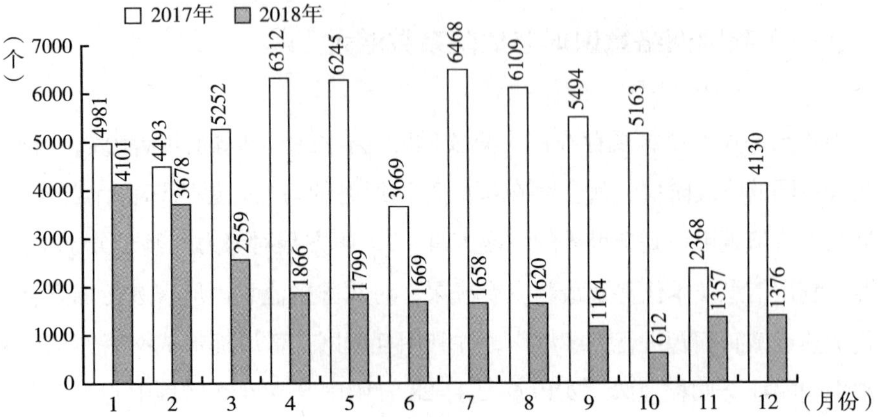

图 3　2017 年、2018 年每月境内被篡改的网站数量

资料来源：CNCERT 互联网安全威胁报告，2018 年 12 月。

2018 年 CNCERT 监测发现我国境内被植入后门网站数量累计 31790 个，较 2017 年的 43928 个下降 27.6%（见图 4）。

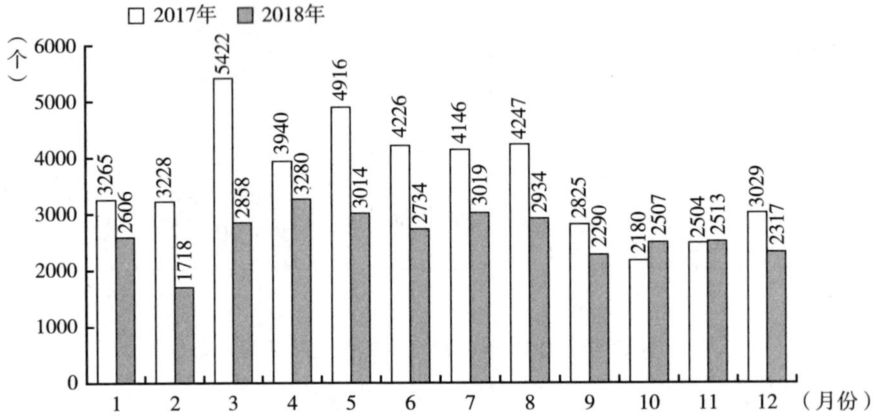

图 4　2017 年、2018 年每月境内被植入后门的网站数量

资料来源：CNCERT 互联网安全威胁报告，2018 年 12 月。

当前，世界各国大数据发展很不均衡，西方垄断了网络核心资源，以美国为首的西方国家拥有对全球互联网的信息掌控权。作为支持互联网运行的最核心技术域名根服务器，全球仅13台，美国就独占10台（1主9辅），另外3台分别设在其盟国英国、瑞典和日本。同时，美国几乎掌控全球信息技术产品硬软件核心部分的生产。这使西方发达国家在信息传播方面具备了绝对的优势，西方发达国家利用这种绝对优势，单向度输出信息源。可见，全球网民在享受这些数据库服务带来的便利的同时，必然会受到西方意识形态的渗透和侵袭。目前，随着网络技术的发展，网络意识形态危险系数不断增大。

（二）我国网络意识形态安全话语战术有待提升

话语，简单来说，就是用来表达思想的语言。新时代，国内外舆论环境复杂多变，网络意识形态话语建设面临着新问题。党的十九大报告指出："意识形态领域斗争依然复杂，国家安全面临新情况。"① 网络意识形态通过网络话语表达。伴随网络先进传播技术的发展，网络普及率逐年上升，新媒体蓬勃发展，全媒体的时代已悄然而至。习近平总书记在2019年1月第十二次集体学习会议上强调："全媒体不断发展，出现了全程媒体、全息媒体、全员媒体、全效媒体，信息无处不在、无所不及、无人不用，导致舆论生态、媒体格局、传播方式发生深刻变化。"网络用语的自由化趋势显著，使网络表达随意化，这给西方意识形态渗透提供了可乘之机。长期以来，社会思潮多元化，网络论争对抗化，政治谣言公开化。社会出现一些错误观点、有害思潮、模糊认识，诸多负面的网络话语对政治体系进行"舆论绑架"，使我国主流思想网络话语权受到影响。这为我们全方位掌握网络话语权增加了难度。

（三）我国网络意识形态行政治理能力有待提高

中国早期的网络是在商业和资本的推动下逐步发展起来的，网络意识形态安全起初并未受到根本的重视，网络意识形态安全治理相对缺位。网络意

① 《决胜全面建成小康社会　夺取新时代中国特色社会主义伟大胜利——在中国共产党第十九次全国代表大会上的报告》，人民出版社，2017，第9页。

识形态安全治理滞后于现实就成为常态，无疑带来了许多难以克服的问题和困难。近年来我国在网络安全治理方面确已取得不小的成效，但网络意识形态安全的诸多威胁依然存在。2019 年 4 月 16 日，国家互联网应急中心发布了《2018 年我国互联网网络安全态势综述》。该报告从网络安全法律法规、网络安全威胁治理、勒索软件威胁、APT 攻击、云平台安全、拒绝服务攻击、工业控制系统安全、恶意移动应用和数据安全共九个方面对 2018 年我国互联网网络安全状况进行了总结。该报告还对网络安全趋势进行了四点预测，认为 2019 年带有特殊目的和针对性更强的网络攻击、国家关键信息基础设施安全、个人信息与数据安全、5G 与 IPv6 等新技术安全依然值得关注。[①] 另外，网络意识形态由单一主体管理，多元主体管理的格局尚未形成。政府一元管理的工作模式中将重点集中于网络监测和管控，而在舆情的研判、舆论的引导和危机预防与应对等方面往往具有滞后性。新时代，政府传统的网络意识形态管理模式已无法适应网络社会需要，这种管理模式致使相关政策制度和法律法规滞后于网络意识形态安全治理。

三　新时期网络意识形态安全治理策略

面对国内国外网络意识形态安全威胁日益突出的客观形势，维护网络意识形态安全既是维系国家安全的必要之举，也是推动国家发展的重要保障。针对当前我国网络意识形态安全面临的严峻形势，我们需系统探索新时代网络意识形态的治理问题，确保网络意识形态安全。具体应从以下几个方面着手。

（一）加快核心技术突破，增强网络意识形态的风险防范能力

“互联网的核心技术是国之重器，是我们最大的‘命门’，核心技术受制于人是我们最大的隐患。”[②] 无论何时，网络技术都不仅是一场科技层面

① 国家互联网应急中心：http：//www. cac. gov. cn/2019 －04/17/c_ 1124379080. htm。
② 《习近平新时代中国特色社会主义思想三十讲》，学习出版社，2018，第 260 页。

的竞争，而且是国家意识形态层面的竞争。面对网络意识形态斗争过程中西方大行核心技术霸权的态势，我国必须加速发展网络信息技术，加快核心技术突破。面对当前形势，我国必须加快研制信息系统所需要的关键性硬软件，特别是要重点突破互联网搭建技术、大数据技术、微电子技术、信息传输技术、“破网”技术和无线网络攻击技术的制约，以及将这些技术应用在意识形态安全领域。网络是信息技术发展的产物，管控网络意识形态安全和防范网络意识形态渗透，首先应从技术层面做好防范。放眼全球，各个国家都在通过提升网络技术加大本国意识形态的传播力度。与西方国家相较而言，我国的网络信息技术处于弱势，涉及信息安全核心技术的软硬件自主可控能力较低，关键核心技术有待投入更大的努力去突破。就此而言，要争得信息化技术的主导权和控制权，就必须尽快在核心技术上取得突出进展，加快信息技术的研发、运用和创新，主动利用先进技术来认真鉴别、严格控制、审查和筛选外来信息，及时防止错误、虚假、垃圾、有害信息的渗透和干扰。掌握竞争和发展的主动权，保障国家经济安全、国防安全、意识形态安全。

（二）依法治网，推进网络意识形态安全治理法制化

无规矩不成方圆，网络空间绝不是法外之地，网络意识形态安全需要依靠法规制度作为保障，要探索建立适应网络社会的法律法规和执法方式，强化执法力度，推进网络意识形态安全治理法制化。目前，我国高度重视网络安全，出台了一系列相关法律法规，推动网络空间的法治化进程。但网络空间的法治化进程是一个漫长的过程，任重而道远。推进完善网络空间法治化建设是确保网络意识形态安全治理顺畅运行的基本保证。“法律是最优良的统治者。”① 当道德规范已经无法维护网络秩序和安全的时候，法律就成为维护网络意识形态安全的最后一道防线。网络意识形态安全的法治化必须

① 亚里士多德：《政治学》，吴寿鹏译，商务印书馆，1981，第171页。

“立足国家安全，增强法治思维，完善法律制度，建设法治文化”①，紧紧围绕当前中国网络意识形态的特点，完善网络信息法规。政府相关部门要加强大数据产业法律法规建设，构建完善的监督管理体系，对大数据舆情的用途、使用方式、使用范围等都要做出明文规定。譬如，要对网络平台、用户、域名等进行严格审核，加强网络用户的制度规约，对散布谣言、传播腐朽思想的信息源头要进行问责处理，确保意识形态工作部门在网络空间意识形态话语权建设方面的公信力，提高意识形态话语体系传播的实效性。建立更加合理的网络信息安全体系和法律规范，落实信息安全等级保护、推进网络意识形态安全风险评估。最终在道德和法律双重环境下，形成对主流意识形态的有效保护。同时，要加大对前沿技术和具有国际竞争力的关键核心技术的投入力度，加强网络领域核心信息技术设备攻坚战略，在重点核心领域取得突破，确保掌握网络的关键技术。

（三）推动媒体融合发展，加强网络意识形态话语权建设

在全媒体时代，面对我国网络意识形态安全出现的新情况新问题，“我们要因势而谋、应势而动、顺势而为，加快推动媒体融合发展，使主流媒体具有强大传播力、引导力、影响力、公信力，形成网上网下同心圆，使全体人民在理想信念、价值理念、道德观念上紧紧团结在一起，让正能量更强劲、主旋律更高昂。”“各级党委和政府要从政策、资金、人才等方面加大对媒体融合发展的支持力度。各级宣传管理部门要改革创新管理机制，配套落实政策措施，推动媒体融合朝着正确方向发展。各级领导干部要增强同媒体打交道的能力，不断提高治国理政能力和水平”②。必须强化主流意识形态的话语引领力，要善于运用科学理论回应各种错误思潮和理论，确保网络话语与主流意识形态话语同频共振，实现全体网民的同心效应。要在理论上提高理论的“供给力”和对社会现实问题的“解释力”。主流意识形态要及

① 谢晓娟、全国峰：《网络空间法治化建设的路径分析》，《马克思主义研究》2016 年第 8 期。

② 习近平：《推动媒体融合向纵深发展　巩固全党全国人民共同思想基础》，http：//www.cac.gov.cn/2019－01/25/c_ 1124044176.htm。

时用马克思主义的立场、观点、方法对网络中存在的偏激甚至错误社会思潮进行有力回击。这就要求党报、党刊、党台、党网等主流媒体必须紧跟时代，大胆运用新技术、新机制、新模式，加快融合发展步伐，实现宣传效果的最大化和最优化。加强传播手段建设和创新，发展各类新媒体，积极发展各种互动式、服务式、体验式新闻信息服务，实现新闻传播的全方位覆盖、全天候延伸、多领域拓展，使党的声音直接进入各类用户终端，努力占领新的舆论场。推动媒体融合向纵深发展，做大做强主流舆论，牢牢占据舆论引导、思想引领、文化传承、服务人民的传播制高点，让党的声音传得更开、传得更广、传得更深入。

（四）加强国际合作，共建网络空间命运共同体

网络空间命运共同体是构建人类命运共同体的网络延伸。“互联网是人类的共同家园……让我们携起手来，共同推动网络空间互联互通、共享共治，为开创人类发展更加美好的未来助力”[①]。网络命运共同体旨在架起友好国家间网络共同发展、共创共享的桥梁，是国际共同解决网络安全问题的利益共同体，是全球网络治理的中国方案，是世界发展趋势和潮流，需要各国的共同担当。维护网络安全是一个系统工程，无论是在网络空间，还是在现实世界，其推动主体都是人民，必须融合个人、社会、国家各方面的力量。依靠人民群众的智慧和力量来维护网络安全、促进国家信息化的发展。“网络安全为人民，网络安全靠人民，维护网络安全是全社会共同责任，需要政府、企业、社会组织、广大网民共同参与，共筑网络安全防线。”[②] 最大限度地调动人民群众的积极性和创造性网络安全维护体系。只有网民群体参与，才能加强网络风险的抵御能力。同时，要科学把握网络安全和信息化发展的关系。“网络安全和信息化发展是‘一体之两翼、驱动之双轮’”[③]的辩证关系，“网络安全与信息化是相辅相成的。安全是发展的前提，发展

① 习近平：《在第二届世界互联网大会开幕式上的讲话》，《人民日报》2015 年 12 月 17 日。
② 习近平：《在网络安全和信息化工作座谈会上的讲话》，人民出版社，2016，第 16 页。
③ 《国家信息化发展战略纲要》，人民出版社，2016，第 8 页。

是安全的保障，安全与发展要同步推进”。[①] 另外，在网络意识形态安全治理过程中，充分尊重各类网络主体的地位至关重要，要吸收社会组织和广大网民参与治理，保证社会组织、广大网民民主管理、民主监督，形成多元主体的治理格局。除了政府部门之外，互联网企业、网民也是网络意识形态安全治理的重要参与者，治理主体多元化有助于提高网络意识形态治理效率，加强各主体在网络意识形态安全治理中的责任意识，从而使治理进入良性循环，走出一条齐抓共管、良性互动的新路。

① 习近平：《在网络安全和信息化工作座谈会上的讲话》，人民出版社，2016，第16页。

B.5

碎片化向系统化的过渡：2018年中国个人信息安全保护发展报告

陈　科*

摘　要： 2018年以来，我国个人信息安全的风险呈加剧态势，表现在大规模的个人信息泄露和算法歧视的显现，个人信息安全的立法工作正从碎片化向系统化过渡。2018年我国相继颁布了三部关于个人信息保护的法规和标准，对个人及企业的信息安全及治理提供具体指南。我国《个人信息保护法》也在2019年进入立法规划，针对数据安全、网络安全审查和App违法违规行为认定等方面相继推出新规，对公民极为关切的个人数据信息被非法收集、使用等法律问题做出回应。因当前个人信息权受侵害案例增多，个人信息保护中存在的概念争议、取证举证难等问题也开始凸显，公益诉讼或集体诉讼等司法救济措施也在进一步探索中。比照欧盟及美国的个人信息及个人隐私保护的新法案，印度及巴西的相关立法也给予我国极大启示。

关键词： 个人信息安全　个人信息权　个人信息保护法　算法歧视

2018年是世界范围内个人信息泄露程度加剧和个人信息安全立法加速

* 陈科，博士，讲师，华中师范大学新闻传播学院。

推进的一年，被称为个人信息泄露披露元年，也直接导致2019年我国“公众隐私保护意识”全面觉醒。大规模数据的直接泄露，使得侵犯公民个人隐私的犯罪行为日益增多，严重侵害公民的人身财产安全，扰乱社会良好的公共秩序、引发社会信任危机。人工智能的算法歧视也深嵌个人的日常生活，使得“算法黑箱”及数据正义等问题呈现在世人面前。我国在个人信息保护的立法方面加速推进，从对一系列公民迫切关注的个人数据信息被非法收集、使用等法律问题做出回应，到配套《网络安全法》出台了一系列规范个人信息安全及企业数据管理的规定办法，都为《个人信息保护法》的出台进一步廓清边界。2018年欧盟颁布的《通用数据保护条例》开始生效，美国颁布《2018年加州消费者隐私法案》，欧美对个人信息及隐私保护，对各国企业的数据监管带来不少影响和启示。随着我国公民个人信息权受侵害的案例不断增加，个人信息保护中存在着的概念争议、取证举证难等问题也开始凸显，个人信息保护及司法救济措施也在进一步探索中。

一　从直接泄露到算法歧视：个人信息安全风险加剧

1. 大规模数据泄露及风险感知

据不完全统计，2018年的每个季度我国都发生了规模巨大的数据泄露事件。1月，百度旗下手机百度、百度浏览器被指控侵犯个人信息隐私；3月，Facebook上至少700万条用户信息被泄露；支付宝因个人信息保护方面的违法行为被罚；4月，饿了么、美团、百度外卖等多家外卖平台的用户信息均在某些QQ群中售卖；6月，圆通快递10亿条个人数据在暗网上被打包出售；前程无忧网中195万条个人求职简历泄露；8月，华住集团旗下多个连锁酒店的5亿条用户数据在暗网售卖；11月，移动社交平台陌陌被曝有3000万条用户数据在暗网上被售卖；中国消费者协会发布的《100款App个人信息收集与隐私政策测评报告》显示，开展测评的100款App中多达91款列出的权限涉嫌“越界”，即存在过度收集用户个人信息的问题；11

月万豪国际集团旗下喜达屋酒店的客房预订数据库被黑客入侵，多达5亿人次的详细信息可能遭到泄露；12月，一个包含202730434名中国求职者信息的数据库被公开。如此触目惊心的个人信息泄露案件，使得2018年被称为个人信息泄露披露元年。

近两年全国大型网民权益调查显示，我国半成网民认为个人信息泄露情况严重，对个人信息安全保护满意度低。我国《2018年网民网络安全感满意度调查报告》显示：网络信息泄露、未成年人沉迷网络游戏已经成为我国网民最迫切希望解决的两大问题。网民对当前网络个人信息保护状况的满意度较低：近五成网民认为不好，1/4的网民认为非常不好。网民对使用网络应用时个人信息安全存在较多疑虑：过半数的网民表示进行网络购物、社交聊天时个人信息泄露的风险更大；近四成的网民认为手机App、搜索引擎不够安全；三成多的网民认为利用网络进行云盘存储、投资理财不够安全；两成的网民认为使用影音娱乐不够安全；一成半左右的网民认为使用新闻资讯、地图导航App，玩网络游戏不够安全。

网络安全治理诉求与网络安全法律知识缺乏形成强烈对比。我国近九成的网民认为加强网络安全治理工作很有必要，但有超过一半的网民基本不知道《网络安全法》及其内容，而仅有5%左右的网民对《网络安全法》非常熟悉。

公众的网络安全感知与对网络违法的辨析还有很大距离。我国网络安全问题类型多、社会影响大，这些网络安全问题与网络违法犯罪行为有着非常密切的关联，严重影响我国网络空间及网民个人信息的安全，但网民对网络违法信息真假难辨。网民在被问到个人遇到过哪些网络安全问题时，在18个网络安全问题选项中，选择比例超过10%的有16个之多，表明这些问题都在很大程度上影响了网民的日常上网行为。有五成以上网民表示遇到过网络色情、网络谣言和诽谤、网络诈骗等问题，近四成网民表示遇到过网络赌博和网络盗版侵权等问题，1/3左右网民曾遇到私人浏览信息被收集并泄露、网络账户信息泄露、网络骚扰、网络支付陷阱、网络传销等问题。[①]

2. 数据的自动化处理暗藏数据歧视的风险

微博的“算法事件”将算法歧视问题推到前台。2018 年 11 月，IG 战队参赛《英雄联盟》S8 世界总决赛并夺冠，战队老板王思聪随即在微博抽奖，随机抽 113 位用户并每人发放一万元现金作为奖励。但抽奖结果出乎意料，获奖名单中有 112 名女性获奖者和 1 名男性获奖者，然而官方数据显示，所有参与用户的男女比率是 1∶1.2，性别比并不存在巨大差异。于是网友开始质疑微博的抽奖算法，抽奖算法是否将很多用户判断为“机器人”或“垃圾用户”，人们也开始质疑算法背后的“公正性”，觉察到更多的利益分配和大数据直接相关，而谁也不想被大数据自动判断为“歧视对象”。[②]

从个性化推送到信用评分，从购物指数到用大数据“杀熟”，算法已经深深嵌入我们的日常生活。“算法”就是将人们在网络世界中的上网习惯、购物记录、GPS 位置数据等各种网上足迹和活动，转变为“数据画像”，从而评估、分析及预测个人的工作表现、经济状况、位置、健康状况、个人偏好、可信赖度或者行为表现，从而在不同的业务场景中做出有关数据主体的各项决定。

但其中的“歧视”和“不公平”由此成为一个显著的问题。《自然》杂志对大数据领域有一个说法：BIBO，表示 Bias In，Bias Out，即偏见进，偏见出。在人工智能输入的数据和其输出的答案之间，存在着我们无法洞悉的“黑箱”。与传统机器学习不同，算法所代表的机器深度学习并不遵循数据输入、特征提取、特征选择、逻辑推理、预测的过程，而是由计算机直接从事物原始特征出发，自动学习和生成高级的认知结果。但支撑算法的大数据，也是社会的明镜，能够折射出人类社会中意识到的和没有意识到的偏见。

如何在发掘数据的经济价值、发展人工智能的同时，保障个人的权利和

---

① 《2018 年网民网络安全感满意度调查报告》，http://www.sohu.com/a/256420910_488937，2018 年 9 月 27 日。

② 罗锦霖：《算法歧视？大数据折射人类社会偏见与阴暗》，S－Tech，2018 年 11 月 20 日。

自由，依然是信息社会的难题。从求职歧视到消费歧视和司法歧视，数据歧视前所未有地制度化和系统化。基于欧盟出台的法规，很多人将“算法公开”“算法透明”视为解决“算法歧视”的根本良方，要求在数据生产和处理日趋复杂的形势下，增强个人的知情权，从而修复信息的算法歧视。但也有人提出质疑，认为算法公开并不能根治算法歧视现象，且有一定的副作用。他们认为：算法公开并不必然保证公众知情权；算法公开有时效方面的局限性；算法公开不具有解决方案的整体性；算法公开有违现代基本商业准则；算法公开导致风险可控性减损。算法歧视的结果不可避免，但可通过一定的机制加以控制，如算法的事后公开；输入数据的存证备查；算法的固定周期复核机制；确定算法歧视的归责原则等。①

如何避免“算法歧视”是一个复杂且具有争议的话题，但对于个人信息安全保护的启示却很重大。欧盟《通用数据保护条例》（GDPR）进一步强化了对自然人数据的保护，其意图是绕过“算法黑箱”，从三个方面加强人的自主掌控权。其一，尊重个人的选择权。当自动化决定将对个人产生法律上的后果时，除非当事人明确同意，否则个人有权不受相关决定的限制。其二，将个人敏感数据②排除在人工智能的自动化决定之外。其三，如果个人对自动化决定不满，则有权主张人工介入，以表达自己的观点并提出质疑。“人工介入”的真实含义是要求数据使用者建构出一套具有交互诊断分析能力的系统，通过检视输入数据和重现执行过程，来化解人们的质疑。③ 这一规定和上述透明度要求相结合，产生了针对人工智能的“解释权”。

① 赛迪智库政策法规研究所：《人工智能“算法公开”能否解决“算法歧视”?》，赛迪顾问，2019 年 4 月 1 日。

② 根据欧盟《通用数据保护条例》第 9（1）条，“敏感数据”即有关种族、政治倾向、宗教信仰、健康、性生活、性取向的数据，或者可唯一性识别自然人的基因数据、生物数据。由于这些数据一旦遭到泄露、修改或不当利用，就会对个人造成不良影响，因此，欧盟一律禁止自动化处理，即使当事人同意也是如此，只有在法律明确规定时才存在例外。

③ 许可：《算法黑箱与数据正义，人工智能存在“恶意”吗?》，《社会科学报》2018 年 4 月 1 日。

二　从碎片化走向系统化：个人信息安全立法进程加快

随着欧盟《通用数据保护条例》开始正式实施，世界范围内的个人信息保护立法趋严已成大势所趋。我国《网络安全法》已经实施一年有余，与之配套的相关规章立法也不断出台，但实际问题仍层出不穷。以信息数据为基础的大数据经济演化出了算法科学、人工智能技术、云计算应用、人脸识别等新形态，同时也衍生出精准诈骗、数据霸权、数据掠夺、网络攻击、数据安全等问题。个人信息的侧重性保护已成为维护网络安全和网民合法权益的当务之急。

1. 我国个人信息保护的立法进程

我国目前已经陆续颁布、实施一系列保护个人信息的法律、法规，涉及个人信息的法律有五十多部，行政法规四十多部，司法解释或者文件四十多部，部门规章更是多达 700 多部。2017 年正式实施的《网络安全法》，更强调了中国境内网络运营者对所收集到的个人信息应承担的保护责任和违规处罚措施。

2018 年 5 月，三部关于个人信息保护的新法规/标准施行，分别是国家推荐性标准《信息安全技术　个人信息安全规范》《快递暂行条例》《银行业金融机构数据治理指引》。三部法规/标准的施行回应了当下个人信息保护所出现的棘手问题。

《信息安全技术　个人信息安全规范》从人力到技术两方面为企业个人信息保护的合规工作提供了指引；细化了《网络安全法》的相关原则性规定，虽然它仅属于国家推荐性标准，但它将在多种场合下对企业产生拘束力，该标准的权威性也得到业界认可，填补了国内个人信息保护在具体实践标准上的空白。

《快递暂行条例》规定快递运单只记录必需的信息，明确快递企业搜集用户信息的行为边界，为企业设定相关法律责任。《信息安全技术　个人信息安全规范》《快递暂行条例》有助于遏制当下快递行业个人信息泄露严重、使用不当的状况，增强个人信息保护，引导快递行业健康发展。

《银行业金融机构数据治理指引》分别从数据治理架构、数据管理、数据质量控制、数据价值实现、监督管理等方面规范银行业金融机构数据治理工作，有助于推动银行业由高速增长向高质量发展转变。数据是影响金融行业发展的重要因素，数据治理激励机制的健全是金融行业健康发展的保障，《银行业金融机构数据治理指引》的出台及时地引导企业加强数据治理，保护信息安全。

《信息安全技术　个人信息安全规范》于 2018 年 12 月开始修订，2019 年 2 月 1 日，全国信息安全标准化技术委员会发布了《信息安全技术　个人信息安全规范（草案）》（以下简称《规范》）征求意见稿。修订的规范进一步回应和疏解了公众对个人信息保护的焦虑，以“用户有权拒绝个性化推送”的明确态度宣示公民隐私权利的神圣。该《规范》重点明确了实践中比较关注的几个概念。首先，明确了“敏感个人信息”的范畴。其次，明确了“收集”的法律概念，明确将个人信息收集行为分为主动提交、自动采集、从第三方获取三种方式，并将获取但不回传至服务器的行为排除在“收集”行为之外。此外，该《规范》还明确规定了实践中争议较大的“删除”“用户画像”“匿名化”等概念，对于企业合规建设具有重要的参考价值。

2019 年 3 月 4 日十三届全国人大二次会议举行新闻发布会，大会发言人张业遂对个人信息安全保护及立法问题回答：“……全国人大常委会已将制定个人信息保护法列入本届立法规划，相关部门正在抓紧研究和起草，争取早日出台。”这也是自 2018 年 9 月 10 日《十三届全国人大常委会立法规划》公布后，将包含《个人信息保护法》在内的 69 件法律草案列入第一类项目，将个人信息保护进行专门立法的重大进展。① 当前个人信息保护的立

① 我国立法要经过四个阶段：法律议案的提出、法律议案的审议、法律议案的表决和法律的公布。立法规划属于第一阶段，也就是法律议案的提出阶段，后续还需要经过审议、表决和公布。立法规划包含三类项目，第一类项目为：条件比较成熟、任期内拟提请审议的法律草案；第二类项目为：需要抓紧工作、条件成熟时提请审议的法律草案；第三类项目为：立法条件尚不完全具备、需要继续研究论证的立法项目。第一类项目中的法案的进度是最快的，第三类项目最慢。《个人信息保护法》属于第一类项目。

法难点：有法可依，但不完备；分散立法，针对性弱；个人信息保护与数据产业发展平衡取舍两难；信息获取源头需建立综合制度。

2019 年 5 月，国家互联网信息办公室公布《数据安全管理办法（征求意见稿）》和《网络安全审查办法（征求意见稿）》。这是在数据及个人信息保护领域又一重要规定，而且前者作为部门规章在效力层级上将高于作为推荐性国标的规范。《数据安全管理办法（征求意见稿）》对公众关注的个人敏感信息收集方式、广告精准推送、App 过度索权、账户注销难等问题进行了直接回应。根据《网络安全审查办法（征求意见稿）》，网络安全审查的主要对象是关键信息基础设施运营者采购网络产品和服务的活动，审查重点是引进产品的安全性和可控性。

2019 年 5 月 5 日，全国信息安全标准化技术委员会、中国消费者协会、中国互联网协会、中国网络空间安全协会成立的 App 专项治理工作组发布了《App 违法违规收集使用个人信息行为认定方法（征求意见稿）》。该征求意见稿是世界范围内首次将 App 个人信息保护违法违规行为类型化的立法尝试，共有七大认定方面、三十九项具体认定方法，基本涵盖了目前 App 个人信息保护的各个死角。主要适用于界定 App 运营者违法违规收集使用个人信息的行为，为 App 评估和处置提供参考。该征求意见稿仍遵循“告知－同意”模式进行制度构建，是对《网络安全法》同意原则的进一步细化，并且不同于传统意义上的单独立法，而是将其作为衔接 App 个人信息保护违法违规类型与网络安全法、消费者权益保护法、广告法、电子商务法、民法典、刑法修正案等相关法律法规的桥梁。① 其意义重大：第一，强调搜集和使用个人信息的伦理责任；第二，具体解释了“合法性、正当性和必要性”个人信息搜集使用的基本原则；第三，区分了大数据与个人信息的本质差别；第四，确立了用户对个人信息的绝对控制权；第五，彰显对未成年人数据权益的保护。②

---

① 吴丹君律师团队：《App 违法违规收集使用个人信息行为认定方法（征求意见稿）》合规要点解读，大数据法律研究，2019 年 5 月 9 日。

② 朱巍：《App 违法违规草案，直击隐私保护痛点》，《光明时评》2019 年 5 月 8 日。

2. 国际个人信息保护的最新进展

目前世界上已经有九十多个国家和地区制定了独立的《个人信息保护法》，其中的典型是欧盟的《通用数据保护条例》、日本的《个人信息保护法》和我国台湾地区的《个人资料保护法》、新加坡的《个人资料保护法令》等。许多国家和地区也都认识到，依靠单一的法律来建立信息保护制度是不可取的。

2018 年 5 月 25 日，欧盟议会投票通过的《通用数据保护条例》（General Data Protection Regulation，GDPR）已经正式实施。GDPR 是欧盟旨在加强对欧盟境内居民的个人数据和隐私保护的个人信息保护条例。通过统一数据和隐私条例来简化对跨国企业的监管框架，并将取代 1995 年颁布的《数据保护指令》，是近三十年来欧盟数据保护立法的最大变动，也被认为是“大数据时代的最强法规”。

GDPR 与之前的数据保护规则相比有四方面的不同①：第一，全球适用，辐射范围大。GDPR 从属地主义向属人主义扩展，也就是全世界的公司，无论数据存储和处理地点在哪儿，即便业务范围不在欧盟境内，但只要公司有任何来自欧盟成员国的用户，就必须遵守 GDPR。第二，空前周密的数据保护，影响更为深远。在数据保护上，数据供应链自上而下的各方都会被问责；在获取和管理个人信息上，GDPR 赋予个人明确的权利，为企业通过人工、流程和技术进行用户数据管理带来了一定的冲击：重新定义数据范围；处理数据必须有合法理由；确立五大数据主体权利：知情权、访问权、反对权、个人数据可携权②、被遗忘权③。第三，建立了数据控制者的多重问责机制，包括数据保护官、文档化管理、数据保护影响评估、事先协商、数据

① https：//www. zhihu. com/question/273612934/answer/383235840.

② 个人数据可携权：用户可以无障碍地将其个人数据从一个数据控制者处转移至另一个数据控制者处。数据控制者不仅无权干涉，还需要配合用户提供数据文本。

③ 被遗忘权：当用户依法撤回同意或者数据控制者不再有合法理由继续处理数据时，用户有权要求删除数据。而且数据控制者不仅要删除自己的数据及复制件，还要负责其公开传播的数据删除，通知第三方停止使用并删除。

泄露报告及安全保障措施等问责制度及机制①。数据控制者的问责机制，实则是要求数据控制者必须采取“足够的措施”来确保其数据安全。GDPR 实际上是在要求公司企业建立自己的安全策略，且应与公认的安全标准和框架相一致。第四，严苛的处罚。轻者处以 1000 万欧元或者上一年度全球营收的 2%，两者取其高。重者处以 2000 万欧元或者企业上一年度全球营业收入的 4%，两者取其高。此外，对于不服监管机构做出的决定或者监管机构不作为，用户可寻求司法救济。而 GDPR 一旦生效，被处罚的代价是十分高昂的，甚至攸关企业的生死存亡。避免数据泄露、保护数据安全的过程，就是规避罚款的关键。GDPR 的合规要求是相当高的，需要大多数企业投入大量的人力、财力才能得以实现。

作为个人信息保护领域的领先立法，GDPR 将使欧盟及欧洲经济共同体 28 个成员国的隐私保护法更具有一致性和现代性。数据安全、隐私保护已经成为全世界的共识，企业必须依据自身业务形态及流程做出必要调整，这是大势所趋，也是 GDPR 对世界范围内个人信息保护立法的启示。

2018 年 6 月 28 日，美国加利福尼亚州出台的《2018 年加州消费者隐私法案》（CCPA），是继 2012 年 2 月提出《消费者隐私权利法案》、2014 年 5 月制定的《大数据：把握机遇，守护价值》白皮书之后对大数据时代个人隐私保护的最新条例。加州作为全球第五大经济体，其出台的有关数据合规的法律必将在世界范围产生重大影响。欧美在个人信息保护上的新规定对跨国企业的数据管理而言，可谓举世瞩目。

CCPA 与 GDPR 相比有较大区别。首先从数据主体权利体系上比较，CCPA 用户权利实现的基础是通过修改的《加利福尼亚宪法》，该《宪法》修正案将隐私权纳入所有人“不可剥夺”的权利，确立了合法和可执行的

① 数据保护官：具备数据保护法令专业知识，该角色必须独立，其联系方式必须予以公布，向监管机构报备，并直接向管理高层汇报工作。文档化管理：数据控制者必须全面记载其数据处理活动，包括数据处理的目的、数据的类型、数据接收者的类别以及转移至第三方的数据接收者、数据保存的时间、采取的安全保障措施等等。数据泄露报告：一旦发生数据泄露事故，数据控制者需要在事件发生后 72 小时内，将事件报告给指定的监管机构。

隐私权。这种隐私权的基础是个人控制其信息的使用（包括销售）的能力。因此，CCPA 赋予消费者的权利分别是知晓其正在被收集个人信息、被收集的个人信息的流向，并且是否同意访问其个人信息。数据主体在不同意的情况下，可以拒绝个人信息被收集。此外，个体还享有平等服务与价格的权利。最值得关注的是，CCPA 赋予消费者在同意收集、出售个人信息的情况下获得财务激励的权利。

其次，CCPA 与 GDPR 对特殊类型个人数据在处理上的区别。GDPR 是根据敏感程度设置三个层次，一些涉及民族、种族以及政治观点、宗教信仰等的数据原则上可处理，但处理过程中不得泄露。涉及基因、生物数据原则上可以处理但对目的进行限定。一旦涉及身体健康、个人性取向的数据原则上就是禁止的。然而，CCPA 特殊之处是，即使数据与个人无关，不包含姓名的数据也受到保护。例如反映家庭年度用水或能源消耗，或者特定员工的工作描述（IP 地址、网络浏览记录等）也被规定为个人信息范畴。此外，CCPA 与 GDPR 在罚则及赔偿标准方面也做了不同规定，其中 GDPR 以其高额的罚款为人所熟知，而 CCPA 则创设了民事赔偿机制。

最后，欧盟与美国在个人信息保护立法体系上的区别。欧盟有统一的立法，独立保护个人信息。而美国是分散立法，以“大隐私权”保护个人信息。我国也是分散立法模式，在民事案件中以隐私权来审理个人信息纠纷。

2019 年 3 月 20 日，英国世界第一数据伦理与创新中心（CDEI）[①] 发布了首个列明优先事项的年度工作计划和战略，并宣布 CDEI 将和英国内阁办公室种族差异中心（RDU）联合调查研究刑事司法、金融服务、招聘和地方政府管理中算法决策应用的潜在歧视问题。“人工智能和数据”问题（包括算法歧视和数据隐私等）是确保英国在新一轮人工智能和数据革命中居于领先地位的四大挑战之一。CDEI 首个工作计划和战略中的优先事项包括

① 英国政府设立数据伦理与创新中心（the Centre for Data Ethics and Innovation，CDEI），有利于支持和帮助政府开展实施其宏观工业战略，其设立的目的是确保数据驱动型技术和人工智能被用来造福社会，以确保人类对数据和技术（例如人工智能）应用有足够的信心和信任。

调查研究使用大数据和人工智能技术进行个性画像和精准投放等商业策略和计划。①

2018 年 7 月 27 日，印度高级别委员会正式发布《2018 年个人数据保护法案（草案)》，这是印度首部全面的个人数据保护法。2018 年 8 月 14 日，巴西总统批准了《巴西通用数据保护法》，在 2020 年 2 月 15 日正式生效。这是巴西首部综合性数据保护法律，对个人数据的收集、使用、处理和存储规则做了详细规定，覆盖巴西所有的经营行业，影响全部私营和公共实体。这些草案与欧盟《通用数据保护条例》、美国《2018 年加州消费者隐私法案》一起，共同呈现出增强公民对个人数据控制这一全球不可逆转的大趋势。

尽管印度和巴西大量借鉴了 GDPR 的相关规定，但是都与 GDPR 有重大差异。两国的立法过程给我国诸多启示：一是数据保护法的制定是提升完善一国数据保护制度的良好契机。我国应该进一步推动《个人信息保护法》的完善出台，构建适用于数据权利保护和增强数据流动的个人数据保护制度。二是深入分析国际数据保护立法的趋势，明确我国数据保护的定位。我国数据保护立法也需要在符合数据保护国际潮流的同时，立足我国国情和经济发展状况，兼容并蓄并坚持自主创新。

三 从概念争议到取证困难：个人信息保护的司法救济的探索

根据 2018 年 4 月北大法宝的大数据分析：侵犯公民个人信息犯罪涉及领域广泛，信息种类复杂多样，作案手段新颖，作案方式隐蔽。2010 ~ 2017 年侵犯公民个人信息犯罪呈明显上升趋势，2017 年达到最高，共计 1137 例，相比 2016 年的 426 例，增加了 711 例。② 按此趋势判断，2018 年该类

① https：//www. gov. uk/government/groups/centre – for – data – ethics – and – innovation – cdei.

② 《“侵犯公民个人信息罪”专题案例与数据分析报告》（2018 年第 1 期，案例报告总第 4 期），http：//weekly. pkulaw. cn/Admin/Content/Static/9a9869ed – 5f02 – 446c – 8637 – ae8adbe3b308. html。

犯罪不会降低。如此复杂的信息侵权案件的司法救济是一个棘手的问题。

1.概念界定有争议，取证举证皆困难

在不断出台的各类规范及办法中，对个人信息的保护并没有形成完整统一的体系，松散的制度设计导致用户维权难、企业违法行为认定难、监管不到位等情况。

个人信息权与个人隐私之间的区隔。个人信息所涵盖的范围要远远大于个人隐私。《网络安全法》《最高人民法院、最高人民检察院关于办理侵犯公民个人信息刑事案件适用法律若干问题的解释》《电信和互联网用户个人信息保护规定》《信息安全技术 个人信息安全规范》等法规和标准对个人信息做出了多个层级的权威定义。但对个人隐私做出明确定义的，仅有《最高人民法院关于审理利用信息网络侵害人身权益民事纠纷案件适用法律若干问题的规定》这一司法解释。有观点认为《民法总则》中的个人信息法律保护条款属于确立了一种有别于人格权、物权和知识产权等传统民事权利的新型民事权利——“个人信息权”，以提起隐私权纠纷作为个人信息受到侵害的民事司法救济途径，显得并不恰当。个人信息受到侵害后民事司法救济需要重新思考。

个人信息的界定有分歧。在“个人信息”的界定标准上，企业和用户的看法经常不一样。个人信息的关键定义是“具有身份识别性”，可分为身份证号码等直接识别信息和手机号码等间接识别信息，但企业通过大数据分析，给用户做鉴证画像，这类行为是否属于间接识别用户个人信息？业内对此仍有不少争议。

取证举证的艰难。用户即使发现个人信息已遭泄露，想要取证也非常艰难。作为信息主体的个人很难取到信息被泄露的证据，无从知晓其个人信息储存、利用和运输的范围，对个人信息完全处于失控状态，没有能力在各种线索中找出证据。在大多数情况下，用户连企业是否获取、如何获取、获取了多少自己的个人信息都很难找到证据。在举证证明损失时，亦是难上加难，这些损失有可能是时间上的，也有可能是金钱上的，还可能是精神上的，请求予以赔偿，更多也只能依人格权请求权，寻求非财产性救济。关于个人信息保护中企业的责任，如何获取、如何处理、如何保护个人信息等问题，我国现有法律只有原则性规定，并没有具体解释和行动指南，这在客观上也给用户维权带来了困难。

2. 集体诉讼与公益诉讼：救济之路的探索

公益诉讼可增大比例。2017 年 12 月，我国出现了个人信息保护的公益诉讼的首个案例。江苏省消费者权益保护委员会对北京某公司涉嫌违法获取消费者个人信息及相关问题提起消费民事公益诉讼。2018 年 1 月 2 日，南京市中级人民法院正式立案。但该案例并未进入实质诉讼阶段。3 月，江苏省消保委宣布，鉴于该公司对 App 整改到位，其已向南京中院提交了该案的《撤诉申请书》，南京中院随后准予了这一申请。

公益诉讼在我国个人信息保护领域运用得很少，但一旦运用，其必将产生直接作用。消协具有对该类行为提起诉讼的权力，对其他企业也起到了警示作用。北京潮阳律师事务所律师胡某认为，在众多数据泄露事件中，用户本人可能并不知道自己的信息已经泄露，即便知晓，维权的可选项也实在有限。因此，他建议扩大此类事件中的公益诉讼比重，由消费者权益保护组织或相关行政机关、检察院代表特定消费者提起公益性诉讼，从而解决个人取证能力差、诉讼成本过高、涉及人员众多等问题。个人信息保护法已经列入本届全国人大常委会立法规划，下一步应优先强化个人信息保护案件中的民事责任赔偿制度。

可资借鉴的集体诉讼制度。万豪集团宣布其 5 亿客户信息泄露之后的几个小时，两位来自美国俄勒冈州的万豪酒店客户提起了集体诉讼，索赔 125 亿美元——5 亿受到影响的客户每人 25 美元，另有两家位于美国马里兰州的律师事务所对万豪集团提起了第二起集体诉讼。我国虽没有与美国一样的集体诉讼制度，但设立了与之类似的共同诉讼与代表人诉讼制度。若某行为人实施了侵害他人的侵权行为，被侵权人主体为 2 ~ 10 人，则适用共同诉讼制度，这些被侵权人可以选择一同起诉。如果当事人一方人数众多（超过 10 人），可由当事人推选代表人进行诉讼。

但我国的集体诉讼更多地在环境保护、消费者权益保护等案件中得以应用，个人信息保护领域较少出现。除了在证券市场，规模较大的代表人诉讼也很少见，司法机关对人数众多的诉讼仍然保持谨慎态度。在国外案例中，个人信息侵权的集体诉讼案件经常会达成和解。例如，2016 年雅虎被曝出被黑客大规模盗取用户数据事件，随后遭到多个国家消费者的集体诉讼，后来雅虎与原告方达成和解协议，共赔偿 8500 万美元。国外的很多案例之所以达成和解，是因为诉讼后这些企业可能要付出更大代价，也可能面临主管部门开出的数倍罚单。欧盟《通用数据保护条例》（GDPR）生效后，一旦违反该法案，企业将被处以 1000 万 ~2000 万欧元，或全球年营业额 2% ~4% 的高额行政罚款。

在我国尚缺乏严厉的行政处罚制度的前提下，主管部门应该从源头治理入手，通过制度细则明确哪些企业可以以何种方式掌握用户个人信息，以及这类信息可以怎么共享，应如何保障其安全，对个人信息获取、共享、利用的全过程建立透明的、统一的规则。

结　语

个人信息保护已成为全球性议题，个人、企业和社会都无法回避这一问题。不论国外还是国内的相关法律法规，都比较一致地将掌握公众个人信息的企业描述为个人信息保护领域的“义务主体”，企业在如何合理利用数据并减少泄露风险方面尚未形成成熟有效的管理体系，这给个人信息保护造成了巨大挑战，在立法执法越来越严格，公民个人信息权及数据隐私意识开始觉醒的大背景下，数据合规管理对政府及企业都是不小的挑战。在党和政府的领导下，我国的个人信息安全立法正从碎片化向系统化过渡，进一步完善对公民个人信息的保护及对网络企业平台的监管与责权利边界的廓清，并创造性地借鉴欧盟及美国等地区与国家立法经验，构建具有中国国情特点的个人信息保护法，确保公民个人信息安全及数字经济的平衡发展；在我国个人信息权益救济方面，可以深入探索公益诉讼或集体诉讼的救济方式。

B.6
2018年舆情治理与相关刑事案件研究报告

李婷婷*

摘　要： 本文对2018年涉网络空间舆情的刑事案件展开了搜集和分析，通过这些案例，本文将舆情划分为作为治理线索的舆情，作为恶性情节的舆情，以及作为定罪依据的舆情三类，试图通过刑事案件全面呈现我国舆情治理现状。笔者发现，舆情治理已经成为政府主体开展治理的重要工具，在垂直板块和平行政府部门之间良好的联动下，针对已经发生的舆情相关案件能够协同行动，迅速出击，打击犯罪。但网络舆情是工具，背后也是一个个真实的个体，舆情在多数情况下是民众意见的汇集，因此，本文提出，在利用舆情的同时，更应当抱有社会治理中基础的社会关怀，以更好地实现善治。

关键词： 舆情治理　刑事犯罪　善治

治理在我国传统下意味着运用权力使“乱”的状态变成“治”，即有序的状态。① 舆情治理，在我国语境中从来不仅限于权力主体对舆情的治理，通过舆情的广泛监测并加以利用辅助治理也是其题中之义，即其至少包含了

---

* 李婷婷，博士，中山大学传播与设计学院、中山大学互联网与治理中心副研究员。

① 张凤阳：《政治哲学关键词》，江苏人民出版社，2014，第308页。

“对舆情的治理”和“利用舆情的治理”两方面的内核。① 舆情研究从一开始就呈现出面向实际应用，关注对实务工作的指导，如舆情汇集、分析、引导、监测、预警等，重点落脚于公共政策、反腐倡廉等现实问题。② 基于网络空间的舆情治理在我国接入互联网后不久就受到国家权力机关的关注，根据研究者对我国各政府部门出台的舆情治理政策文件的定量分析，1997 年后，多个政府治理主体出台了相应的舆情治理政策，在二十余年的时间里，数百件相关政策颁行出台，其政策主体牵涉绝大多数政府部门及全国绝大多数省级行政单位，而治理的客体包含诸多方面，如政府、群众切身利益、政务信息、煽动、未成年人、城乡建设、改革情况、淫秽色情、消防、自然灾害等，无所不包，成为舆情治理中政府重点关注的互联网信息内容。③

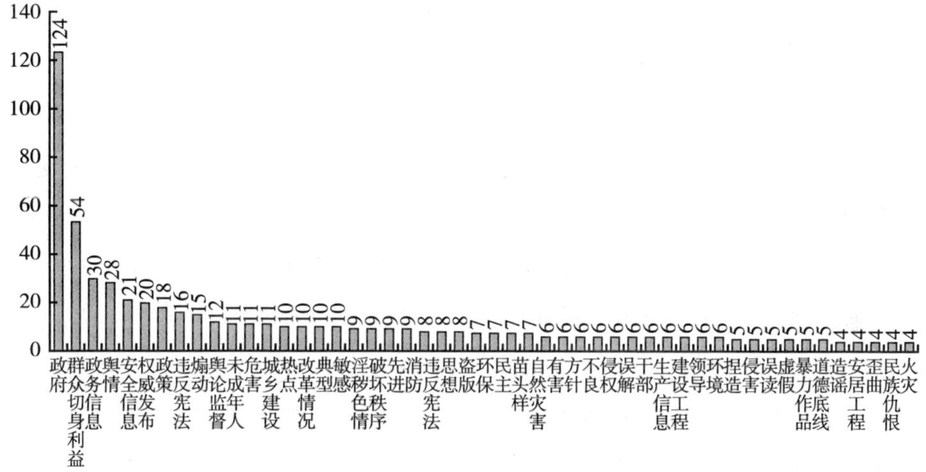

图 1　舆情治理网络信息关键词

资料来源：刘怡君、蒋文静、陈思佳：《中国网络舆情治理的主客体实证分析——基于 1997～2016 年网络舆情治理政策》，《管理评论》2017 年第 11 期，第 227～239 页。

---

① 周毅、孙帅等：《政府信息资源管理研究：视域及主题深化》，复旦大学出版社，2015，第 312 页。

② 焦俊波：《突发事件舆论引导机制研究》，华中科技大学博士学位论文，2013。

③ 刘怡君、蒋文静、陈思佳：《中国网络舆情治理的主客体实证分析——基于 1997～2016 年网络舆情治理政策》，《管理评论》2017 年第 11 期，第 227～239 页。

数量庞大的相关政策衍生出同样庞大的舆情产业，媒体舆情服务、高校舆情研究机构和大型商业性的舆情系统，如清博舆情、拓尔思等纷纷成立或入场，在舆情治理逻辑下提供舆情咨询和舆情决策支持。不仅如此，从中央到地方的各级政府也纷纷设立自己的舆情中心，条块政府规管结合，一并构筑了自上而下的完整舆情治理体系。其中，地方政府的舆情中心通常归宣传部管辖，成为舆情治理政策下执行层面的重要构成部分。以上海为例，舆情中心设置到区一级政府，职责在于负责涉及区内网络和社会舆情的收集、处置等有关事务性工作，其经费均来自政府拨款，政府公开信息显示，2018 年上海市黄浦区舆情中心获得政府拨款 202.67 万元。① 而上海市的舆情中心名为“上海互联网新闻研究中心”，编制上属于事业单位，职能包括贯彻执行国家和本市有关互联网管理的法律法规、规章和政策；负责研判互联网舆情，研究互联网舆情发展规律和特点；负责互联网新技术在网络文化传播领域的发展趋势和应对方法研究，参与互联网舆论宣传引导工作。2018 年，其获得财政拨款计 4316645 元，当年一般公共支出 3182165 元。②

相关政策与对应执行机构联动，舆情治理被纳入政府治理的常规轨道。在治理实践中，治理主体密切关注本地区和本领域相关的互联网意见表达，重大且相关议题的阅览量、讨论量、转载量都成为舆情监测的重点，尽量防范负面舆情的扩散和放大，并针对引发舆情的现实问题积极开展治理。目前我国已有数百件规范性文件确定了不同治理主体的责任和义务③，研究者们已经从舆情治理模型建构、大数据如何在舆情治理中展开应用等多维度展开分析，但实践中以政府为主的治理主体如何运

① 黄浦区政府信息公开官网，https：//www.shhuangpu.gov.cn/zw/009001/009001009/009001009001/009001009001002/009001009001002001/009001009001002001004/009001009001002001004004/20180507/0f35fddd-275f-487e-b286-d2ea7b86a599.html。

② 上海市 2018 年市级单位预算，http：//www.shanghai.gov.cn/Attach/Attaches/201802/20180211094817 2005.pdf。

③ 刘怡君、蒋文静、陈思佳：《中国网络舆情治理的主客体实证分析——基于 1997～2016 年网络舆情治理政策》，《管理评论》2017 年第 11 期，第 227～239 页。

用舆情很少获得关注。政府的舆情治理或根据舆情得到的线索对行业或部门乱象展开治理，或对舆情乱象开展治理，最终目标是使行业或互联网意见表达达到有序状态。在权力介入下，治理乱象中的一个重要且最严厉的措施就是刑事处罚，本文也试图以此分析实践中政府的舆情治理路径。

笔者在北大法宝这一专业法律法规及案例数据库，以舆情为关键词，检索2018年审结的全部舆情案件相关刑事判决书，剔除无关案例，整合二审案例后获得案例共计50例，其中通读下来可分为三方面治理逻辑：其一，作为治理线索的舆情，即政府部门以网络舆情为线索，打击甚至抓捕破坏政府管理秩序的犯罪人；其二，作为行为情节轻重构成的舆情，在我国公共安全管理体系下，当某些行为触犯刑法，同时引起社会重大讨论，这可能成为定罪量刑上的加重情节；其三，作为治理对象的舆情，即部分互联网信息如暴恐、民族问题、淫秽色情、虚假信息等，可能带来社会秩序不稳定，从而成为治理对象，发布者成为刑事犯罪主体。本文在此将分别予以分析，以试图呈现2018年我国舆情相关刑事案件中体现的舆情治理实践。

一 作为治理线索的舆情

舆情作为治理线索反映在16个样本案件中，牵涉森林公安、街道办事处、公安局网安大队、刑警大队、市/区宣传部、环保局等多种治理主体，这些案件广泛分布在湖南、湖北、陕西、山西、内蒙古等多地，查处事由也包含非法狩猎、滥用职权、玩忽职守、非法采矿、非法持有枪支、非法猎捕杀害珍稀/濒危野生动物、组织领导黑社会组织、敲诈勒索、贪污、污染环境、合同诈骗等多种罪名。当前，我国的舆情监测体系已经趋于完整完善，不仅地方政府拥有以宣传部为中心的舆情监测体系，成固定建制的舆情中心也可提供实时监测情报，各垂直政府部门间也形成了紧密的联动，对牵涉本领域的互联网讨论事项密切关注。各舆情治理政策主体全面监测舆情，网络舆情管理主动性正在得到积极实现。[①] 当将检测到的舆情视为重要议题时，各级相关管理部门可迅速在上下联动中积极行动。

作为治理线索的舆情的作用类似于网络情报，在行业治理和地方治理中，舆情成为治理主体的耳目喉舌，互联网在充分调动个体力量后，发挥了民间触角的功能，在刑事案件中表现为为治理主体提供违法乱纪的线索，助力犯罪的惩治。

从几起样本案件可窥探其运作方式：在王某某非法狩猎案中，湖南省森林公安监测到非法狩猎的网络舆情，下发舆情监测督办通知，株洲市森林公安局下辖的茶陵县森林公安局随即采取行动，抓捕了以捕兽夹猎捕野生动物的王某某，几个月后王某某被提起公诉，并很快被法院判刑入罪。[②] 我国的垂直行政管理，条块上下构成密切对口的管理体系，信息互联互通，而上级主管部门在互联网快速发展的当下，以其资源优势和信息优势比基层单位更快捷地获得信息源，此类案件因而呈现出上级主管部门批示、下级执法部门直接行动的特点，反映出当前我国政府舆情治理中舆情高度向上集中的趋势特点。

此类行业上下联动执法的案例还有：四川省华蓥市农业局得到网络举报村民非法捕鱼情况后下发《关于举报天池镇沈家梁子村民非法捕鱼的网络舆情及处置建议》，休渔期内非法捕鱼的沈某某随后被当场抓获，并被提起刑事诉讼[③]；云南省西双版纳傣族自治州的非法持有枪支案，西双版纳州森林公安局接到云南省森林公安局转国家林业局森林公安局舆情通报，调查掌握线索后，抓获了持有猎枪的罗某[④]；湖南省新晃侗族自治县非法捕猎、杀害珍稀濒危野生动物案，新晃侗族自治县林业局接到怀化市林业局野保科“12 月 11 日涉林舆情”邮件后，执法抓获犯罪嫌疑人……[⑤]

除条线上的政府部门上下联动外，公安部门网安大队和政府宣传部门也

① 周毅、孙帅等：《政府信息资源管理研究：视域及主题深化》，复旦大学出版社，2015，第 312 页。

② 湖南省茶陵县人民法院刑事判决书，（2018）湘 0224 刑初 93 号。

③ 四川省华蓥市人民法院刑事判决书，（2017）川 1681 刑初 89 号。

④ 云南省西双版纳傣族自治州中级人民法院刑事裁定书，（2018）云 28 刑终 126 号。

⑤ 湖南省新晃侗族自治县人民法院刑事判决书，（2018）湘 1227 刑初 124 号。

是样本案件中常出现的舆情治理主体。前者掌握了丰富的信息搜集工具，侦查技术和监测能力在冠绝各个政府部门，后者则以其长时间拥有的媒体工具具备信息调查和追踪能力，能够在检测到舆情后迅速行动。样本案件中，西安市公安局高新分局刑警大队在侦办张某犯罪案过程中，在互联网监测发现网民控诉舆情，最终查处包括张某在内的 12 人，此十余人刑期最低为有期徒刑一年九个月，最高则达有期徒刑十九年，涉及罪名包括组织领导参加黑社会性质组织罪、寻衅滋事罪、强迫交易罪和敲诈勒索罪。① 而在贵州铜仁市印台区阿庄镇某村支部书记和村委会主任贪污案中，印台区委宣传部的舆情快报摘录了大规模网民在新浪微博上发布的关于印台区阿庄镇某村支部书记和村委会主任骗取退耕还林款、将村上上千亩荒山据为己有的情况，随后采取措施，村支部书记和村委会主任被查处，并获得刑罚。②

表 1　作为治理线索的舆情案例

	审理法院	舆情主体	舆情事由
1	湖南省茶陵县法院	湖南省森林公安	非法狩猎
2	湖北省武汉市中级人民法院	江岸区人民政府西马街办事处	房管局局长滥用职权、受贿
3	内蒙古自治区通辽市科尔沁区法院	通辽市公安局科尔沁区公安分局网络安全保卫大队	官员玩忽职守，挪用社保资金网络查询
4	四川省广安市中级人民法院	华蓥市农业局	非法捕鱼
5	山东省沂水县法院	沂水县国土资源局	非法采矿
6	云南省西双版纳傣族自治州中级人民法院	国家林业局森林公安局	非法持枪
7	江西省新余市渝水区法院	中共新余市宣传部	非法捕捉野生动物
8	西安铁路运输法院	长安区信息中心	滥伐树木
9	湖南省新晃侗族自治县法院	怀化市林业局	捕猎国家保护动物并上网炫耀
10	江西省峡江县法院	峡江县委宣传部	在微信群内公开售卖珍稀动物
11	四川省内江市东兴人民法院	东兴区互联网办公室	产业园区管理无序，管理人员玩忽职守

① 陕西省西安市中级人民法院刑事判决书，（2017）陕 01 刑终 112 号。
② 陕西省铜川市印台区人民法院刑事判决书，（2018）陕 0203 刑初 18 号。

续表

	审理法院	舆情主体	舆情事由
12	陕西省铜川市印台区法院	印台区委宣传部	村干部虚报退耕还林套取公益林补贴
13	陕西省西安市中级人民法院	西安市公安局高新分局刑警大队	黑势力
14	湖北省南漳县法院	南漳县环境保护局	焚烧污染物
15	山西省忻州市中级人民法院	忻州市公安局	公司合同诈骗
16	河北省安平县法院	—	官员玩忽职守造成土地纠纷

在完善且密集的舆情监测网络中，网上正常的意见表达可成为激发个体参与、协调各方力量展开社会治理的重要途径。这种激发和调动全民参与治理的模式既高效也富有针对性，尤其作为刑事犯罪调查线索，舆情可打破单一治理主体力量的局限，成为辅助社会治理的良好工具。

二　作为恶性情节的舆情

舆情在另一些刑事案件中不是案件查处的线索，而是作为刑事案件的情节被公诉机关提及，也被法院纳入量刑考虑。大量的网上舆情为现实问题所引发，引起舆情的诸多问题可能牵涉刑事犯罪，尽管司法被要求独立，但司法免不了对社会舆论进行回应，“群情激奋”的案件因其社会影响力受到严厉查处，此类案例，不仅在我国的司法实践中有清晰的反映和呈现，如许霆案、邓玉娇案等[①]，在世界上多个国家也有类似现象，引起社会关切的重大案件的定罪量刑，是人们感知社会犯罪状况、法律秩序以及自身安全的重要因素。[②] 舆情作为案件情节被重点提及，在样本案件中出现了 22 例，经同案由整合为 16 起事件。这些犯罪行为引发的舆情讨论包括线下贪腐或不作

① 马璐璐：《浅析社会舆论对量刑的影响》，《法制与社会》2014 年第 9 期，第 122～123 页。

② 赵秉志、赵书鸿：《公众舆论与量刑政策：影响模式和参与机制》，《法制与社会发展》2008 年第 6 期，第 30～40 页。

为①、线下斗殴引起民族矛盾触发舆情讨论②、黑恶势力聚集长期未得到解决引起网络讨论等③。

样本案件中这些行为主体不一，有特殊身份主体，也有大量一般身份主体，他们共同点在于以其违法犯罪行为引发网络舆情，甚至造成更大范围内的社会性事件，公诉机关和法院将之表述为“造成恶劣/严重的社会影响”，成为量刑的参考情节。总体上，本文样本中，特殊主体多于一般主体。具体案件见表2。

表2　作为恶性情节的舆情案例

	审理法院	舆情情节	涉案罪名
1	河北省衡水市桃城区法院	赵某某身为国家机关工作人员，在负责检验站项目的选址、征地、建设工作中，违反规定处理公务，导致相关当事人多次进行诉讼，并出现网络舆情，造成恶劣社会影响	滥用职权罪
2	江西省樟树市法院	徐某甲、徐某乙、黄某等人经营的樟树皇朝会所因工资问题与罗某乙等彝族员工发生纠纷，彝族员工网上发帖，公安机关发现后进行删帖，上述帖文虽未造成较大影响，但是相关彝族人员将一些内容在微信群中进行传播	寻衅滋事罪
3	山西省太原市迎泽区法院	丁某某、郝某某、王某某、阴某某以高出正常收费几倍甚至几十倍的价格强行向乘客收取车费。互联网太原黑车舆情汇总，太原南站周边的“黑出租”强迫交易行为给社会造成了较为恶劣的影响	强迫交易罪
4	安徽省全椒县法院	俊田公司违法用地情况被群众举报至全椒县国土局，冯某某安排初查，但未提请立案查处，致俊田公司的违法建设没有得到有效制止。该公司的违法用地行为引起群众多次网络举报	玩忽职守罪
5	安徽省休宁县法院（一审）；黄山市中级人民法院（二审）	多人组成犯罪集团，从单纯“放炮”到开设赌场获利，并在开设赌场过程中为护场树威实施故意伤害、聚众斗殴等犯罪行为，造成了恶劣的社会影响，案件被搜狐网、新浪新闻、凤凰网、东方头条等多家媒体报道，造成了恶劣社会影响	开设赌场罪、聚众斗殴罪、故意伤害罪

① 河北省衡水市桃城区人民法院刑事判决书，（2017）冀1102刑初473号。

② 江西省樟树市人民法院刑事判决书，（2018）赣0982刑初216号。

③ 山西省太原市迎泽区人民法院刑事判决书，（2018）晋0106刑初733号。

续表

	审理法院	舆情情节	涉案罪名
6	陕西省清涧县法院	李某某在马路上拦车收费，网站刊载"国道路霸拦路要钱，一天五百元觉得太委屈"后，该消息被多家区域自媒体转载，造成极大的负面影响	寻衅滋事罪
7	江苏省灌南县法院	封某与庄某某，明知阎某无销售疫苗资质，私自从阎某处购买不符合冷链运输条件的疫苗数千支，将购买的"问题疫苗"掺在从县疾控中心购进的疫苗中，用于辖区内群众接种。"问题疫苗"事件，引起本县网络舆情和社会恐慌	滥用职权罪
8	河南省新野县法院	崔某某擅自将765.94吨未出库退货部分真菌毒素超标小麦私自转卖给无竞买资质的粮商丁某某，致使该批小麦脱离监管，流入市场；殷某某对212吨真菌毒素超标小麦的出库工作严重不负责任，导致部分真菌毒素超标小麦流向口粮市场。真菌毒素小麦事件被多家媒体报道，造成了恶劣的社会影响	滥用职权罪；玩忽职守罪
9	湖北省武汉市江汉区法院	李某某等人接受指使违法办理房屋产权登记的行为，引发香榭大厦房屋权属争端并不断升级，引起众多媒体曝光，造成了恶劣的社会影响	滥用职权罪
10	四川省屏山县法院	池某等5人到南溪区看守所提押梁某某等3名被告人，梁某某在押解回看守所的过程中，强行挣脱法警的押解逃跑。梁某某脱逃事件经新闻媒体报道后，引起较大社会关注	失职致使在押人员脱逃罪
11	山西省太原市中级人民法院	王某某在无任何正规手续、无专业人员设计规划的情况下，擅自加盖钢结构楼房，该处自建房加层钢结构后发生倒塌。事故造成五人死亡九人受伤。事件被多家媒体报道，造成恶劣社会影响	玩忽职守罪
12	云南省景洪市法院	李某作为导游，强迫交易，在旅游大巴车上辱骂、威胁游客。相关视频被网民大规模阅读转发	强迫交易罪
13	四川省内江市市中区法院	李某等三人、刘某等三人在高速公路收费站附近采取威胁、暴力手段强迫过境乘客接受服务，妨害交通秩序，危害社会稳定，有明显的恶势力特征，属恶势力团伙犯罪，产生巨大网络舆情	强迫交易罪
14	湖北省红安县法院	肖某某失职，将全国重点文物保护单位"国共合作谈判旧址"拆除，多家媒体对此展开报道	失职造成珍贵文物损毁罪
15	山西省交城县法院	陈某某、闫某某、冀某在天宁镇奈林村换届选举工作中，严重不负责任，使贿选行为没有得到及时控制，导致发生公开贿选活动。事件被各大网络媒体转载，引起社会广泛关注，造成恶劣社会影响	玩忽职守罪
16	陕西省甘泉县法院	工程建设多次转包导致太皇山洛河右岸石砌帮畔工程出现大面积塌方，其余各标段出现不同程度的裂缝、膨出。"甘泉河堤坍塌谁之过"舆情统计显示，事件备受舆情关注	玩忽职守罪

线下违法犯罪行为引起网上舆情沸腾，往往因刺痛了社会关切的神经，本文样本案例中，灌南县的问题疫苗违法处置案，新野县的真菌毒素小麦违法处置案，以及村委会选举贿选案等莫不是人们关注的焦点：民生问题、廉政问题等，因关系人们的切身利益，其违法行为实质性造成了重大社会潜在危害，让人们对自己生活的环境产生巨大的不安全感，情绪化的转发和舆情得以快速增长和扩散。治理主体势必将此纳入考虑，为安抚社会恐慌或不安的情绪，回应社会关切，将涉案行为引发的重大舆情情节纳入量刑考虑，甚至予以重判。

三　作为定罪依据的舆情

除了作为政府行动的依据和作为刑法加重惩罚的情节外，舆情本身也是政府治理的对象。2018 年搜集的样本案例中出现了 12 例被治理舆情入罪的情况，涉及罪名包括诽谤罪、寻衅滋事罪、传播虚假信息罪、宣扬恐怖主义罪。这些都是电信的信息传播相关罪名，除上述罪名外，相关罪名还包括煽动颠覆国家政权罪，编造传播证券、期货交易虚假信息罪，煽动暴力抗拒法律实施罪等。由于舆情本质上属于信息传播或意见表达，相关案件若牵涉国家秘密、商业秘密和个人隐私就不会在文书网上公开发布，因此，样本案件很大程度少于实际案件数。

诽谤罪被编入我国刑法分则第 246 条，此罪是以暴力或者其他方法公然侮辱他人或者捏造事实诽谤他人，最高人民法院、最高人民检察院《关于办理利用信息网络实施诽谤等刑事案件适用法律若干问题的解释》明确，同一诽谤信息实际被点击、浏览次数达到五千次以上，或者被转发次数达到五百次以上以及造成被害人或者其近亲属精神失常、自残、自杀等严重后果的属于“情节严重”，成为承担刑事责任的入刑标准。总体上，刑事诽谤属于自诉罪名，被害人告诉才处理，“但是严重危害社会秩序和国家利益的除外”。

样本刑事案例中出现了一起公诉刑事诽谤案。四川省九龙县阿某某某在微博发布名为《血泪控诉》等的帖子，声称“四川省甘孜州九龙县委书记操纵政法委主任等人……滥用职权、草菅人命、迫害摧残农民工，诈骗抢劫老百姓，残害我的儿子，霸占我的妻子，掠夺洗劫我的所有劳动财产”，其发帖行为先后两次被县网络舆情中心监测到，其中2016年8月10日舆情监测发现，名为“@被腐败欲击毙的雷锋”的网友在其腾讯微博上发表上述血泪控诉；2017年6月23日舆情监测发现微博发布《一个被赶尽杀绝退伍军人的血泪控告状》。当地县人民检察院指控阿某某某在多个网络平台上发表数帖，散布捏造事实，诽谤多人，情节严重，造成恶劣社会影响，触犯了刑法，应以诽谤罪追究其刑事责任。法院对此予以认可，阿某某某最终以诽谤罪获刑有期徒刑一年。①

样本案件中还出现了一起自诉诽谤案，引发涉军舆情。因发生私下口角，被告人张某拟稿授意安某在网上发布“实名举报，村霸恶行”“实名举报，村霸恶行，调查结果让人心寒”两篇文章，称与之发生口角且身为军人的刘某某为村霸、黑恶势力，称刘某某煽动群众到其家中打砸。舆情数据显示，其中一篇文章的浏览量为126128次，回复789次，另一篇文章点击量为3300次，回复74次。因此二人的发帖行为，引起涉军舆情，刘某某所在的舟山支队政治处纪保督察科人员和司令部政治协理人员为此事专门到安徽省临泉县展开调查，调查结果显示，帖子中反映的问题均不存在。随后刘某某将上述二人以刑事诽谤上告法院，得到法院支持，发帖二人均以诽谤罪被判处管制一年。②

我国刑法第293条规定了寻衅滋事罪，第二、四项均与言论及公共事务相关，规定追逐、拦截、辱骂、恐吓他人，情节恶劣的，以及在公共场所起哄闹事，造成公共场所秩序严重混乱的可能获此罪。相关司法解释明确，利用信息网络辱骂、恐吓他人，情节恶劣，破坏社会秩序的，以寻衅滋事罪定罪处罚。编造虚假信息，或者明知是编造的虚假信息，在信息网络上散布，或者组织、指使人员在信息网络上散布，起哄闹事，造成公共秩序严重混乱

① 四川省九龙县人民法院刑事判决书，（2017）川3324刑初20号。

② 安徽省临泉县人民法院刑事判决书，（2018）皖1221刑初210号。

的，以寻衅滋事罪定罪处罚。

样本案件中，出现了两起网络舆情相关的寻衅滋事案。其中之一为陕西铜川市李某某寻衅滋事案，他在2015～2016年先后因扰乱公共场所秩序被铜川市公安局王益分局行政拘留10日，后因涉嫌编造、故意传播虚假恐怖信息犯罪被同一警局刑拘，2016年4月1日因涉嫌寻衅滋事犯罪被当地检察院批准逮捕，经2017年1月26日、7月25日及2018年1月24日先后三次被同级法院取保候审后，2018年4月20日铜川市公安局王益分局将其逮捕。这一案件的起因是2006年李某某举报王益区路平材料公司排放的气体有毒，该公司被环保局责令停产后同一老板在原址上又成立了惠龙建设公司，李某某以路平公司排放的气体中含有有毒有害物质，对其及家人、邻居身体造成了伤害（其称包含他在内的多人患有肿瘤、肝水肿、肺癌等病症，且周遭13人死亡），政府有关单位不作为为由，要求给他一个合理的说法并赔偿损失。但医疗检测却无法证实病症或死亡与环境污染之间的关系，其诉求没能得到政府支持。随后李某某多次上访，同时他还雇人以100元每条的价格在网上发布上述信息，被市公安局王益分局网络安全保卫大队舆情监测发现，并发布舆情专报《近期网友李某某利用网络肆意炒作应引起重视》。法院经审理认为，李某某雇用他人在互联网发布含有对政府的不满情绪和过激言论的帖文、视频资料，并大量被点击、浏览和转发，扰乱了公共网络秩序。李某某在线上线下多个公共场所起哄闹事，造成公共场所秩序严重混乱，构成寻衅滋事罪，判决其有期徒刑一年。①

网络空间如今已经不再是一个虚拟的空间，而是一个社群集合体，与现实空间密切联动，并通过群情狂欢放大现实。正因此，互联网上也充斥着故意以虚假信息引发社会混乱的情况，刑法分则第291条之编造、故意传播虚假信息罪就旨在解决这一问题：编造虚假的险情、疫情、灾情、警情，在信息网络或者其他媒体上传播，或者明知是上述虚假信息，故意在信息网络或者其他媒体上传播，严重扰乱社会秩序的，触犯此罪。样本案例发生在湖南

① 铜川市王益区人民法院刑事判决书，（2017）陕0202刑初4号。

省湘潭地区，法院认定，2017 年 6 月底 7 月初，湖南省湘潭地区发生少见的洪灾，当地部分村民以遭灾为由于 2017 年 7 月 3 日堵塞湘潭市内 320 国道姜畲镇路段，要政府赔偿，扰乱交通秩序，造成社会秩序严重混乱，被湘潭市公安局雨湖分局传唤和查处。李某在浙江省永康市的住所，在微信朋友圈看到部分相关图片和文字后，登录“发布信息网”，发布“二十多名救灾英雄被湘潭市公安局强制抓走”的不实帖文，并将帖子链接转发到多个微信群及其妻子的微信，使不实帖文在网上流传。7 月 4 日 14 时，“发布信息网”站长将帖文删除，截至删帖，该帖文被阅读 17016 次，多人转发。法院认为，李某在全市人民全力抗击罕见的洪灾之时，在互联网上编造虚假信息发帖，无中生有，攻击湘潭市政府机关，严重损害了政府和公安机关的形象和声誉，引起群众对国家机关及工作人员公信力的质疑，致使不明真相的网民及公众对政府防汛救灾工作产生怀疑，扰乱了防汛救灾工作的正常秩序。法院以犯编造、故意传播虚假信息罪，判处李某有期徒刑八个月。[①]

表 3　作为定罪依据的舆情案例

	审理法院	事由	罪名
1	四川省九龙县法院	阿某某某在多平台发表帖子，散布捏造事实，诽谤政府官员	诽谤罪
2	湖南省湘潭市雨湖区法院	李某在全市抗击洪灾中发布不实帖文，阅读 17016 次，多人转发	编造、故意传播虚假信息罪
3	青海省海东市中级人民法院	网民公然宣扬“全能神”思想，攻击党和国家领导人，邪教日志言论 665 篇、照片 11 张、说说 741 篇	利用邪教组织破坏法律实施罪
4	山西省晋城市城区法院	李某某将暴力视频转发至另外三个微信群，经比对，此视频属于 ISIS 暴恐视频	宣扬恐怖主义罪
5	铜川市王益区法院（一审） 陕西省铜川市中级人民法院（二审）	李某某雇用郝某某以编发《明亮的中国黑暗的铜川》《陕西省铜川市王益区李某某曝光黑暗的铜川》等文字、图片和视频信息 7 篇，且持续发帖炒作和转载	寻衅滋事罪
6	湖北省武汉市中级人民法院	代某某在 QQ 群文件上传“ISIS. MP4”的视频文件，内容为恐怖分子恐怖宣传及大量处决人质的暴力血腥画面	宣扬恐怖主义罪

① 湖南省湘潭市雨湖区人民法院刑事判决书，（2017）湘 0302 刑初 508 号。

续表

	审理法院	事由	罪名
7	河南省辉县法院	顾某某从互联网上下载关于裴某及春江集团的虚假信息并发布到互联网上。浏览点击量达75225次	寻衅滋事罪
8	成都市武侯区法院	杜某用翻墙软件搜索发现，天津红某药业股份有限公司商务往来送礼的清单和不正当商业行为的文件等内部资料，敲诈该公司30万元用于购买2101.209个比特币	敲诈勒索罪
9	黑龙江省同江市法院	迟某某以维权为名建群，组织讨论如何就敏感问题向政府讨要说法，不明真相的群众180余人聚集到同江市政府集体上访，导致市政府一上午无法正常办公	聚众冲击国家机关罪
10	宁夏回族自治区银川市兴庆区法院	丁某某等人利用“投资者”对查处“香港远东控股集团”的不满，组建维权群，发布“维权”信息、煽动性的文章等，造成投资人上访，在网络上编造对政府和公安机关不利的虚假信息被多人转发	非法集会、示威罪
11	湖北省通山县法院	阮某某多次进京上访举报通山县通羊镇干部贪腐问题。县纪委已经对举报内容进行调查，并将调查结果向阮某某通报，阮某某仍编造县委、县政府有关领导包庇他人的虚假信息，在网络上散布	寻衅滋事罪

在当前复杂的言论环境中，单独的意见表达很可能引发较大的社会反响，政府治理主体对于涉政、涉军和民族问题等容易引发社会反响的意见表达处理时十分小心，若存在捏造事实诽谤他人的情况，当前我国刑法中的诽谤罪、寻衅滋事罪等都成为政府的法律工具，积极展开网上舆情治理。但舆论和意见的表达并不是单纯的意见发布，其背后往往与现实问题直接关联，对言论的治理应属社会治理的一部分。

四　结语：舆情的工具价值与社会关怀

互联网的普及以及多种舆情分析工具的发展，让舆情成为一种可资利用的社会治理工具：针对突发事件的舆情治理、面向风险的舆情监测、群体事件的舆情演化机制等的研究与治理需要同步开展，让工具的研发和面向应用的实践开发层出不穷，舆情治理一时间成为研究热点。实践中，政策逐步配套，上述工具被真正投入大规模使用，作为治理主体的各政府部门利用舆情中心的全方位监测，试图强化对本领域的有效管理，同时试图有效将任何负向舆情苗头第一时间掌握并扼杀在萌芽状态。

本文从 2018 年刑事案件舆情中窥探到，经过 20 年尤其是最近数年的高速发展，我国以政府部门为中心的治理主体已经娴熟掌握且广泛运用舆情治理工具，垂直管理上和平行部门间的迅速响应和协同行动似乎成为常态，由此不仅充分激活了互联网上的个体，也通过快速响应并落实到执行层面，实现了高效治理。在样本案件中的第一部分，即基于舆情的治理中，16 起案件对此有充分的反映，由环保、森林、国土等部门垂直行动逻辑可管窥一斑。

舆情本身又可以成为社会治理情况的反映，更多时候，舆情不仅是事实性线索，也是一种集体意见的表达，与人们生活利益攸关的事项很容易引发“群情激奋”，产生广泛的公共讨论。这些舆情关切和讨论之发生，在样本案件中往往与行为人的犯罪行为相关，如政府官员的不作为，甚至主动违法行为，如疫苗事件、真菌毒素小麦事件等，关系社会民生，但官员在其中出现了以权谋私的乱象，引发群情激奋，也反映了行业治理中的薄弱，为回应舆情，涉事官员受到了刑罚的惩处，舆情沸腾，舆情影响面成为刑事案件中的量刑考虑因素。

在刑事案件中，大量的案例反映了治理主体对舆情作为治理工具的运用，但互联网上的表达纷繁复杂，真实意见与刻意歪曲谣言，甚至煽动性意见交织纠葛，后者成为治理对象，严重情况下甚至被提起公诉，形成刑事案件，对应着我国刑法中的诽谤罪、寻衅滋事罪等多个罪名。其中，诽谤和寻衅滋事罪因部分情况下被滥用而受到诟病，尤其是公诉案件中的诽谤罪和网上舆论“扰乱公共秩序”的寻衅滋事罪成为争议中心，前者法律规定“严重危害社会秩序和国家利益”的才需要检察院公诉，后者则在“严重破坏社会秩序”上存在巨大的裁量空间，若仅以点击和转载数量计算，而不考虑是否造成“社会秩序被严重扰乱”，同时不考虑舆情对应的现实问题，舆情治理重点放在治理舆情，则可能导致工具的失焦。

样本刑事案件显示，舆情治理如今已经得到广泛的应用，并在积极为社会治理贡献力量。在当前的信息技术手段下，通过舆情监测，可以充分调动个体力量，及时发现社会问题，并为开展线下社会治理寻找合适的路径，让治理主体迅速行动。舆情监测和舆情回应的密切配合，可以营造良好的社区氛围，形成协同共治的善治局面，但前提是以有序和谐的社区环境为治理目标，在利用舆情这一现代技术充分赋权的工具时，相关管理部门应抱有更多的社会关怀，回应现实问题而不是扼杀舆情本身。

网络舆论调适

Public Opinion on the Internet

B.7 广州青年网民社会心态研究报告*

张志安　聂 鑫　何凌南**

摘 要： 中山大学传播与设计学院大数据传播实验室、广东省舆情大数据分析与仿真重点实验室联合共青团广州市委员会在广州市开展了关于14～40岁广州青年网民社会心态的实证研究。本研究力求全面了解广州青年网民的社会心态及其行为倾向，探索能积极影响该群体的社会心态及引导正面舆论倾向的途径。调查发现：对社会议题关注方面，"社会化"的工作青年对社会问题感知和关注程度更高；社会情

* 本文为2016教育部哲学社科研究重大课题攻关项目"大数据时代国家意识形态安全风险与防范体系构建研究"（编号:16JZD006）研究成果。

** 张志安，广州大数据与公共传播重点研究基地主任，中山大学传播与设计学院院长、教授，广东省舆情大数据分析与仿真重点实验室主任，中国社会心理学会大数据网络心理专委会副主任委员；聂鑫，中山大学传播与设计学院2018级政治传播专业博士生；何凌南，中山大学传播与设计学院副教授，广东省舆情大数据分析与仿真重点实验室副主任，中国社会心理学会大数据网络心理专委会副主任委员。

绪和社会参与方面，广州青年网民普遍有压力，社会参与率整体较低，拥有工作的青年幸福感不强；价值观层面，广州青年网民的后物质主义倾向不明显，且价值取向受朋辈影响较深。

关键词： 广州 青年网民 社会心态 社会情绪 后物质主义价值观

一 调查背景和样本概述

党的十八大以来，广州迎来重要战略的机遇期：在媒介发展方面，“南方+”等传统媒体逐步向新媒体形态和平台转型，不仅强化了互联网资讯的聚合能力和传播能力，而且提高了广州媒体在互联网公共领域的话语权。在城市互联网普及方面，广州为东南沿海的一线城市，拥有庞大的互联网用户，并且在战略规划上广州市培育了一批高度发展的互联网通信企业、新媒体企业，在5G即将推广的技术背景下，广州拥有网民人口优势和技术积累优势。与此同时，广州位于国家粤港澳大湾区的核心位置，一方面承担珠三角区域一体化以及大湾区战略实施过程中提升互联网治理能力现代化的重要职能，另一方面也面临粤港澳跨境舆论场的交流与融合。

青年群体作为互联网用户的主要群体，在社会心态、社会价值观深受互联网信息传播影响的同时，其网络参与的行为、网络舆论话语的建构又深刻影响了互联网的发展形态与治理方式。因此，有必要对广州青年网民的社会心态进行研究，探索不同背景的青年网民关注的社会议题、担忧的社会问题，社会情绪变化、价值观取向等现实问题，并且试图找出影响广州青年网民社会心态的因素。

中山大学传播与设计学院大数据传播实验室（广东省舆情大数据分析与仿真重点实验室）联合共青团广州市委在2018年4月20日至5月10日向广州14～40岁青年网民进行关于社会心态及典型行为的问卷调查，回收有效问卷1540份。所有数据统一录入Epidata软件，使用SPSS19.0统计分析软件处理数据，详细样本情况见表1。

表1　样本构成

N=1895	组别	样本数	百分比(%)
社会群体	在读中学青年(包括中专和职高)	524	34.4
	在读大学青年	651	42.8
	机关事业单位青年	138	9.1
	企业、社会组织青年	209	13.7
性别	男	736	49.0
	女	765	51.0
学历(含在读)	初中及以下	92	6.1
	中专或职高	125	8.4
	高中	305	20.4
	大专	160	10.7
	大学本科	674	45.1
	硕士及以上	140	9.4
年龄	15岁及以下	46	3.1
	16~20岁	624	42.4
	21~25岁	508	34.5
	26~30岁	163	11.1
	31~35岁	85	5.8
	35岁以上	45	3.1
家庭月收入	2000元以下	84	5.8
	2000~6000元	405	28.1
	6000~1万元	351	24.4
	1万~1.5万元	259	18.0
	1.5万~3万元	181	12.6
	3万~4.5万元	66	4.6
	4.5万~6万元	36	2.5
	6万元以上	57	4.0
户口	广州城市户口	663	45.7
	广州农村户口	98	6.8
	非广州城市户口	382	26.3
	非广州农村户口	279	19.2
	港澳台籍	11	0.8
	外籍	18	1.2

本报告以“社会群体”为切入点，根据青年群体的职业背景将广州青年网民划分为中学生、大学生、机关事业单位青年（下文称单位青年）以及企业、社会组织青年（下文称企业青年）四大类群体。本报告主要就社会议题、社会情绪和社会参与、价值取向对广州青年网民的社会心态进行探索。

关于社会心态的概念，杨宜音将之定义为“在一段时间内弥散在整个社会或社会群体社会类别中的社会共识、社会情绪和感受，以及社会价值取向”[①]。杨宜音、王俊秀及其团队相关的研究者结合社会心理学、社会学研究的相关理论和成果[②]，将社会心态通过社会需要、社会认知、社会情绪、社会价值观以及社会行动五个一级指标及一系列二级指标来对社会心态的结构进行操作化和测量[③]。该团队在全国范围内展开问卷调查和实证研究，并且每年发布《中国心态蓝皮书》。尽管研究者已经关注到社会心态的重要意义并开展相关研究，但是直接关注到网民群体社会心态变化规律及其作用的研究还非常少。从目前为数不多的涉及网民社会心态的研究来看，相关研究还存在很多不足。（1）在概念内涵上，关于网络社会心态和现实社会心态的关系尚不清晰，现实社会情绪、社会参与和社会认知如何影响网络意识形态演变和表达的机制尚不清晰。（2）在研究对象上，以往研究注重从网络舆情研究网民社会心态。复旦大学传播与国家治理研究中心（2014）发布《中国网络社会心态报告（2014）》，对1800名网络用户近两年来的网络表达与网络行动进行了跟踪分析。[④]（3）在研究问题上，以往研究主要聚焦于网民的负面社会心态。

本报告在综合以往对于社会心态，尤其是中国网民社会心态研究指标框

① 杨宜音：《个体与宏观社会的心理关系：社会心态概念的界定》，《社会学研究》2006年第4期，第117～131页。

② 杨宜音、王俊秀：《当代中国社会心态研究》，社会科学文献出版社，2013。

③ 王俊秀：《社会心态：转型社会的社会心理研究》，《社会学研究》2014年第1期，第104～124页。

④ 复旦发展研究院传播与国家治理研究中心：《中国网络社会心态报告（2014）》，http：//fddi. fudan. edu. cn/index. php？ c = article&a = show&aid = 683，2016年8月15日。

架的基础上，结合广州青年网民的社会群体特征，侧重从网络公共舆论（public opinion）的视角切入对该群体社会心态倾向进行分析。

二 广州青年网民的社会心态特征

（一）广州青年网民对社会议题的关注情况

本报告将2018年以来受关注较多的社会问题归纳为：贫富差距、物价上涨、房价高企、就业难、制假贩假、就医难、刑事犯罪、老龄化与养老、食品安全、劳动生产安全、国际社会威胁、环境污染、司法不公、人身危险、女性歧视、同性恋歧视、言论限制等17项。通过对中学生、大学生、单位青年和企业青年四类青年群体对于各项社会问题的严重度评价、关注度以及对具体议题的心理距离的分析，探讨不同的广州青年网民群体对于社会问题的看法和态度差异。

1. 房价高企、环境污染、贫富差距被认为是最严重的社会问题

整体上看，广州青年网民认为最严重的社会问题是：房价高企、环境污染、贫富差距，分别有80.55%、73.18%、72.58%的受访者认为上述问题很严重或比较严重。其中，房价问题位列广州青年网民感知的“最严重社会问题”的首位，特别是拥有工作的广州青年对社会现实问题的认知更加深刻，分别有90%的单位青年和80%的企业青年认为“房价高企”，而这在学生青年中不足80%。

具体而言，广州青年网民对社会问题的看法由于身份的不同而呈多样性。接近八成中学生和大学生倾向于认为房价和环境问题严峻，“就业难”“制假贩假”和“贫富差距”也被青年群体认为是相当严重的问题。而单位青年和企业青年两个群体认为，“房价高企”“食品安全”“贫富差距”是严重的社会问题，其中，单位青年更担忧人口老龄化问题（约占68%），而企业青年更担忧物价上涨的压力（约占75%）。可见，除房价和贫富差距问题外，学生青年群体认为有关生存环境的就业发展、环境污染和消费问题

（假货）更加严重，而工作青年群体认为具体社会治理层面的老龄化、食品问题更加严重。

此外，仅三成青年认为女性歧视和人身危险严重，而刑事犯罪、国际社会威胁都排在靠后位置，换言之，广州青年网民对于社会治安和国际关系的认可度较高。

2. 食品安全、物价上涨、房价高企等社会问题最受关注

整体上看，广州青年网民最关注的社会问题位列前三的分别是：食品安全问题、物价上涨、房价高企，分别有 65.43%、61.15%、59.88% 的被调查者关注或很关注这些社会问题。广州青年网民更关注相对微观的、高频率发生的、会直接影响自己生活的社会问题，比如食品安全问题、环境污染问题等。与社会问题严重性感知比较，食品安全、就业难、人身危险、物价上涨等社会问题属于受关注度较高，但严重性相对较低的问题；而房价高企、制假贩假、贫富差距、老龄化与养老等，则属于严重性较高但青年普遍关注度不高的社会问题。

具体而言，不同广州青年网民群体对社会问题的关注表现有差异。中学生最关注国际社会威胁、司法不公、食品安全和女性歧视问题，从中可以看出中学生的公平正义感，对现实生活中碰到的问题考量不多。大学生对就业难问题的关注度明显最高，其他关注问题包括食品安全、环境污染、人身危险等，几乎涉及各个领域，关注较广泛但没有重点领域。

而单位青年和企业青年类似，这两个群体最关注房价、物价、食品安全、环境污染、就医难等与生活息息相关的问题。但两类群体的关注焦点略有差异，单位青年对贫富差距、物价上涨、房价高企、就医难、老龄化和养老等社会问题的关注度相对更高。其中，超过八成的单位青年关心房价问题，是所有人群中最高的，这在一定程度上反映出，公务员和事业单位的住房保障需求应当引起广州政府和相关部门的重视。对于企业青年而言，除上述受关注的社会问题外，还有六成的受访者关心人身危险问题。

3. 企业青年对社会问题关注程度最高，大学生和工作青年对社会问题的严重程度感知相对强烈

本报告分别把 17 项社会问题的严重度感知得分和关注度得分相加，得

到普遍的社会问题严重性感知及关注度，分值范围在 17～85，分数越高代表广州青年网民的社会问题严重性感知越高或关注度越高。

调查发现，大学生是对社会问题的严重性感知和关注度差异最大的群体，即大学生对社会问题的严重性感知最高（62.21 分），但对社会问题的关注度较低（58.55 分）。也就是说，大学生对社会问题不太关注但主观感受比较严重。这显示出大学生对社会问题的看法偏表层化，对社会问题没有深入的了解，受周围环境、媒体等影响，从而主观认定社会问题很严重。具有这种特点的大学生对社会问题的认知倾向于浅加工模式，态度易变，引导空间大。而中学生对社会问题持相对乐观的态度，严重度感知（58.72 分）和关注度（57.96 分）都不高。

相对学生青年群体，单位青年和企业青年对社会问题的严重性感知和关注程度都较高（皆高于 60 分），说明这两个群体对社会问题进行较深层次的分析，倾向深加工模式，并且他们不易受周围环境的影响，引导空间相对较小。

4. 学生群体对于青年活动的心理距离较近，而工作青年对青年阶段面临的住房、生子问题的心理距离较近

本报告对近年来引起社会舆论广泛关注的社会议题进行总结，并通过问卷调查对他们议题心理距离指数进行测量。社会议题的心理距离指数范围是 1～5，1 代表心理距离非常远，5 代表心理距离非常近。数据显示，中学生对社会事件的心理距离最近的前三位为："青创杯"广州青年网民创新创业大赛、韩国部署萨德、3·15 曝光无印良品（MUJI）食品来自福岛核辐射地，心理距离指数分别为 3.27、3.12、3.10。大学生对"青创杯"广州青年网民创新创业大赛、大学生裸体借条事件、韩国部署萨德的心理距离最近，分别以 3.44、3.22、3.14 分位列前三。单位青年对楼市限购令、延迟退休、全面"二孩"的心理距离最近，分别以 3.68、3.65、3.57 分位列前三。企业青年对全面"二孩"、楼市限购令、全面实施不动产登记的心理距离最近，分别以 3.62、3.46、3.45 分位列前三。

可见，不同青年群体对社会事件的心理距离不同。中学生和大学生认为与青年相关的活动和事件与自己的心理距离近。单位青年和企业青年对楼市

限购、延迟退休、全面“二孩”话题的心理距离近。对 14 ~ 40 岁的全体广州青年网民来说，相对于其他社会议题，他们更倾向认为雷洋涉“嫖娼”致死事件、王宝强离婚的社会议题离自己最远。

5. 低收入家庭青年和女性青年对社会问题的严重感知更强烈，而年龄较大的广州青年网民更关注社会议题，年龄较小的广州青年网民更关注环境和就业问题

人口学因素一定程度上会影响不同广州青年网民对于社会问题的感知和关注。从收入水平看，相比于中等收入家庭（家庭月收入在 6000 ~ 30000 元）、高收入家庭（家庭月收入在 30000 元以上）的年轻人，低收入家庭（家庭月收入在 6000 元以下）的广州青年网民认为就业难、刑事犯罪、环境污染问题更严重。相比中、高收入家庭，低收入家庭的青年更关注食品安全问题。

从性别差异看，广州女青年对于社会问题的看法比男青年更悲观，女青年普遍认为社会问题更严重（$t=-4.814$，$p=0.0000$），也更关注社会问题（$t=-2.779$，$p=0.0000$）。

从年龄差异看，经济、民生、司法、公民权益方面的问题严重度呈年长化趋势。年龄越大，越认为贫富差距（$\beta=0.154$，$p=0.0000$）、物价上涨（$\beta=0.129$，$p=0.0000$）、房价高企（$\beta=0.157$，$p=0.0000$）、就医难（$\beta=0.205$，$p=0.0000$）、刑事犯罪（$\beta=0.052$，$p=0.0000$）、老龄化与养老（$\beta=0.128$，$p=0.0000$）、食品安全（$\beta=0.078$，$p=0.0000$）、司法不公（$\beta=0.100$，$p=0.0000$）、女性歧视（$\beta=0.099$，$p=0.0000$）、言论限制（$\beta=0.064$，$p=0.0000$）等问题严重；而环境污染（$\beta=-0.066$，$p=0.0000$）和就业问题（$\beta=-0.096$，$p=0.0000$）严重度认知呈低龄化趋势。

（二）生活质量和社会参与

1. “痛并快乐着”：广州青年网民的幸福感较高，但同时也面临很大的压力

14 ~ 40 岁的广州青年网民的压力感和幸福感都处于较高水平，压力感比幸福感强烈。广州青年网民的压力感整体水平较为平均，而工作青年的幸福感明显比学生青年低，说明学生处于“痛并快乐着”的内心体验，工作青年不仅压力大，幸福感也仅在一般水平。幸福感和压力感指数范围 1 ~ 5

分，1 代表非常弱，5 代表非常强烈。

2. 学历越高，广州青年网民的幸福感越低

幸福感与收入、户口、居住方式、社区类型的关系不大，不影响广州青年网民的幸福感和压力感。通过 OLS 回归，在控制广州青年网民的性别、家庭月收入和群体的影响后，幸福感并没受到个人收入和家庭收入高低的影响而发生显著变化。并且，高学历也并不意味着更加幸福，反而学历越高的广州青年网民，幸福感越低（$\beta = -0.115$，$p = 0.0000$）。

3. 广州青年网民的生活满意度较高，与亲人的社会关系十分和谐

在让广州青年网民给自己的生存质量打个总分（满分为 100 分）时，广州青年网民评分差不多，平均分为 82.42。另外，在问及广州青年网民：如果让您综合各方面给自己与家人（如父母、配偶、子女）的关系打一个总分，您打多少分（满分为 100 分）？他们的评分为 89.93 分。可见，广州青年网民比较满意自己的生存质量，与家人的关系也较和谐。

具体而言，本报告调查了广州青年网民对“健康状况满不满意？生活有乐趣吗？日常生活中您感觉安全吗？您的生活环境对健康好吗？您的钱够用吗？您对自己的人际关系满意吗？您的食欲如何？”等问题的看法。调查结果显示：中学生和大学生都比单位、企业青年满意。表 2 分数体现了满意度：5 分代表非常满意，4 分代表比较满意，3 分代表一般，2 分代表比较不满意，1 分代表非常不满意。

表 2　广州青年网民对生活状况的满意程度

生活内容	满意程度(5 分为满分)			
	中学生	大学生	单位青年	企业青年
健康状况	3.45	3.19	2.96	2.99
食欲	3.76	3.64	3.53	3.42
生活环境	3.34	3.28	3.03	3.07
安全	3.53	3.44	3.18	3.30
财务状况	3.18	3.14	2.70	2.49
人际关系	3.54	3.38	3.15	3.37
生活乐趣	3.59	3.48	3.21	3.21

4. “心动大于行动”：广州青年网民的社会参与意愿强烈，但实际社会活动参与率却相对较低

本报告对广州青年的社会参与、社会参与频率（1 年）指数进行调查，计分范围为 0～6，分值越高代表参与意愿越强烈及参与频率越高。数据显示，广州青年网民的社会参与意愿均值为 5.39，整体十分高，但 1 年内的社会参与率指数得分皆在 4.5 分以下，四类青年的社会参与意愿得分都比实际行动的频率得分高，“意愿”与“实际参与”表现出显著的差异。一方面，广州青年网民呈现“想法比行动多”的特点；另一方面，广州青年网民实际进行社会参与的途径不多、社会组织较为缺失、社会参与信息不通畅等，同时，在社会行动维稳的语境下，广州青年网民出于政治安全的考虑，不愿意参与到实际的行动当中。

（三）广州青年网民的价值取向

1. 从青年群体看，大学生的后物质主义价值观倾向最高

后物质主义价值观理论由美国学者罗纳德·英格尔哈特于 1977 年提出，他认为，在物质丰裕的发达工业社会，人们开始降低对经济安全、人身安全、国家安全等物质价值的需求，更加关心诸如言论自由权、公共政策领域参与权等后物质主义价值。

本次调查发现，广州青年网民的后物质主义价值观得分整体较低（1.90 分），除大学生外皆低于 2 分。这说明，广州虽然位于粤港澳大湾区的核心地带，是我国最发达的城市之一，但广州青年网民在注重物质价值的同时仍十分注重安全保障。笔者认为应辩证地看待这项数据：一方面，广州作为流动人口迁入的核心城市，尤其是外来青年群体的生存压力仍然较大，对于广州青年网民而言，工资收入、人均可支配收入水平与北上深仍有差距，致使广州青年网民后物质主义价值观水平较低；另一方面，广州拥有经商的传统，改革开放以来商业气息浓厚，商人家庭比例较高，重商主义观念的代际传播使广州青年网民群体更注重物质层面的需求，而对言论自由、公共政策层面的关注较为缺失。

在四类群体中，大学生的后物质主义价值观水平最高，反映了大学生最强调自主和自我表现，中学生的后物质主义价值观水平最低，可能由于中学生的主要任务比较单一，重心在于学习和高考，对于其他非学习的事件关注较少，此推论需要后续更多实证证据支持。调查还发现，后物质主义价值观水平随着学历的提升而提高；家庭月收入在6000元以下的广州青年网民后物质主义价值观水平最高。后物质主义价值观能促进社会参与。

2. 从学历上看，学历越高后物质主义价值观水平越高

广州青年网民的后物质主义价值观水平随学历的提升而提高。通过OLS回归分析，在控制性别、群体和家庭月收入对后物质主义价值观的影响后，广州青年网民的学历提升对其后物质主义价值观塑造有正向影响作用（$\beta = 0.124$，$p = 0.0000$）。后物质主义价值观指数具体表现为：初中及以下学历（含在读）青年1.61，中专或职高学历（含在读）青年1.69，高中学历（含在读）青年1.76，大专学历（含在读）青年1.84，本科学历（含在读）青年2.02，硕士及以上学历（含在读）青年2.24。可见，低学历群体更加关注生存、安全等物质主义价值问题，高学历群体则对言论自由、公共政策参与等价值取向更为推崇，这符合英格尔哈特的理论假设。

3. 后物质主义价值观越高的青年对社会越不满意，并且社会活动参与频率更高

通过OLS回归，在控制群体、性别、家庭月收入、社会地位的影响后，广州青年网民的后物质主义价值观提升对社会活动参与频率有正向促进作用（$\beta = 0.068$，$p = 0.0000$），对社会问题严重度感知也有正向影响作用（$\beta = 0.058$，$p = 0.0000$），而对政府工作满意度（$\beta = -0.156$，$p = 0.0000$）党团员身份认同感（$\beta = -0.137$，$p = 0.0000$）都具有消极（负向）影响。通过回归系数（β）比较可知，后物质主义价值观提升对于广州青年网民价值观的消极（负向）影响程度更为明显。回归分析结果说明，在广州，后物质主义价值观水平越高的青年越倾向于认为社会问题严重，同时对政府工作的满意度越低，社会活动的参与频率也更高。

4. 广州青年网民最关心身边同事和朋友的动态，其次为明星和国家领导人

78.60%的广州14～40岁青年平时比较关心身边同事和朋友的动态，并且经常因为他们而做出一些改变。43.30%的人比较关心明星的动态，紧接着是国家领导人（41.50%）。可以看出广州青年网民普遍受朋辈的影响大。其中，大学生比其他青年更关心明星的动态（$F=10.485$，$p=0.0000$）。单位青年和企业青年比学生更关心单位领导动态（$F=25.228$，$p=0.0000$）。中学生和大学生比工作青年更关心网友动态（$F=6.027$，$p=0.0000$）。

5. 朋辈是广州青年网民面临新事物等决策时参考的主要对象，专家评价和国家领导人导向也有一定引导作用

当面临一些新事物、新状况时，76.10%的广州14～40岁青年往往把身边的同事和朋友作为自己的参考对象，会看他们是如何处理的或如何评价的。其次是参考专家学者的处理和评价，占34.5%，紧接着是以国家领导人为参考对象，占26.4%。在面临新事物的时候，广州青年虽然也参考专业权威，但受朋辈影响仍最大。

对于“广州青年网民购物时把谁作为自己的参考对象，会想象他们使用这件物品的情景或对该物品的评价”的问题，接近八成受访者依然选择以身边的同事和朋友为参考。其次是明星，占32.7%，接着是网络上有共同爱好的一般网友，占26.5%。在广州青年网民购物行为方面，除了朋辈的影响最大以外，专业权威的影响作用下降，明星、网友和网红评价的影响力上升。

广州青年网民最关心朋辈动态，也关心其他各类群体的动态。在遇到新事物时，他们主要参考朋辈，也会参考专业和权威。购物时，朋辈依然是其主要参考对象，但此时专业和权威基本不影响他们的购物行为，反而明星、网友和网红的评价对广州青年网民的影响力度有一定程度上升。

（四）广州青年网民社会心态的影响因素

在研究变量的选取上，本报告在控制研究对象群体类别、家庭收入、学

历、性别以及主观社会阶层认知的前提下，从主观社会感受、后物质主义价值观、线上线下参与意愿以及生存质量评价等几个维度考察影响广州青年网民社会心态的因素。

表 3　广州青年网民对社会问题认知的影响因素

	社会问题严重程度		社会问题关注度	
	标准化系数	SE	标准化系数	SE
社会群体				
中学生	0.051	2.938	0.12	3.791
大学生	-0.103	2.815	0.131	3.641
单位青年	-0.042	2.824	0.021	3.653
收入组	0.037	0.608	0.046	0.755
学历组	-0.003	0.92	0.012	1.156
性别	-0.091**	0.564	-0.064*	0.707
社会阶层	0.033	0.182	-0.025	0.228
社会情绪				
幸福感	0	0.35	-0.011	0.437
压力感	0.218***	0.319	0.183***	0.395
后物质主义价值观	-0.061*	0.233	0.007	0.29
线上参与意愿	-0.032	0.264	-0.151***	0.33
线下参与意愿	0.006	0.198	-0.068*	0.246
生存质量评价				
生活领域	0.023	0.401	-0.085*	0.503
心理领域	0.038	0.441	-0.015	0.558
社会关系领域	-0.038	0.352	-0.067	0.446
环境领域	0.091*	0.419	0.084	0.521
常量		3.587		4.555
$R^2=0.10$			$R^2=0.084$	

注：* 表示 $p<0.05$，** 表示 $p<0.01$，*** 表示 $p<0.001$。

本报告通过 OLS 回归分析，得到以下研究发现：第一，从社会情绪上看，压力感越大的广州青年网民，对于社会问题的关切程度（$\beta=0.218$，

$p=0.000$）和严重性认知（$\beta=0.183$，$p=0.000$）都更高；第二，后物质主义价值观越高的广州青年网民，对于社会问题严重性认知更低（$\beta=-0.061$，$p=0.035$）；第三，线上线下的社会参与意愿不会影响广州青年网民对于社会问题严重性的认知，但影响该群体对于社会问题的关注程度，其中对线上参与的影响程度（$\beta=-0.151$，$p=0.000$）比线下参与（$\beta=-0.068$，$p=0.043$）明显；第四，对社会环境层面（$\beta=0.091$，$p=0.032$）评价更加重要的广州青年网民对于社会问题严重性认知更深，而对生活质量（$\beta=-0.151$，$p=0.000$）评价更加重要的广州青年网民则对社会问题关注更加密切（$\beta=-0.085$，$p=0.046$）。

三　结论与探讨

（一）社会议题：越是“社会化”的工作青年，对社会问题的认知越深刻

总的来说，广州青年网民认为社会问题中最严重的是经济和民生问题，关注程度同样更高。就具体的议题而言，广州青年网民倾向于关注与自身密切相关、可能会直接影响自己的社会问题和事件，分别有65.43%、61.15%、59.88%的广州青年网民关注食品安全、物价上涨、房价高企。同时，分别有80.55%、73.18%、72.58%的广州青年网民认为房价高企、环境污染、贫富差距等社会生存环境问题十分严重。

就不同的群体而言，中学生对社会问题最乐观，对于中学生来说社会问题的严重程度最低。中学生心系社会、国家，对司法问题和国际事件很关心，并且他们对司法问题和国际事件的看法比较乐观，认为它们相对不太严重，也间接反映出中学生认为当下的社会环境相对公平、自由和安全。大学生很关注民生和经济问题，并认为这些问题很严重。该群体对社会问题的看法最悲观，对社会问题的严重性感知较高，但他们对社会问题的整体关注度不高，深入思考的程度低，他们看待社会问题的态度也易改变，引导空间

大。而与学生青年[①]相比，工作青年一致认为经济问题很严重，对经济问题的关注度高，尤其是房价高企、物价上涨问题。工作青年对社会问题深入思考得较多，态度不易改变。此外，低收入家庭青年对社会问题更敏感多疑，需要注重提高低收入家庭的生存质量。

（二）社会情绪和社会参与：普遍有压力，工作青年不幸福，对社会活动心动大于行动

整体上，广州青年网民对自己的生活质量比较满意，与家人的关系也较和谐。其中，青年学生群体虽然有压力，但整体比较幸福，是“痛并快乐”的群体。而工作青年有压力，幸福感也比较低，是“比较焦虑”的青年。工作青年对自己的健康状况有点不满意，感觉钱也不够用。在健康、食欲、生活环境、安全、财富、人际关系、生活乐趣方面，工作青年的满意度都低于学生青年，因而需要注意防范步入社会后的青年心理危机。广州青年网民对社会活动，比如绿色出行、节约用水、遵守交通规则、志愿者活动方面“心动大于行动”，虽然受访者表示很愿意参与这类有意义的社会活动，但在过去一年内实际参与社会活动的频率稍低。

（三）价值取向：受朋辈影响程度大，学历越高越追求后物质主义

广州青年网民的后物质主义价值观指数整体处于中等偏低水平，其中大学生最高。调查显示，广州青年网民群体中，后物质主义价值观越高，越倾向于对社会不满，并且社会活动参与频率也更高。调查还发现后物质主义价值观指数随着学历上升而提高，说明学历越高的青年越喜欢自我表现、表达诉求、参与政策、环境保护等。

广州青年网民无论在购物，还是面临新事物时，首选朋辈为参考对象，朋辈的评价会影响其购物行为，也会影响其对新事物的判断。广州青年网民

① 学生青年：在读中学生和在读大学生。

最关心身边的同学、同事和朋友的动态，会因为他们而做出某些改变。明星、主播和网络红人对广州青年网民的影响是有限的，只在青年们购物时产生影响力，此时专业和权威人士基本不影响他们的购物行为。当青年面临新事物时，国家领导人和专家学者等专业和权威人士便具有相当大的影响力，明星主播的影响大幅降低。企业家和单位领导对广州青年网民的影响最低。

B.8
从众声喧哗到有序运转
——略论近年来中国网上公众参与方式的新变化

钟海帆*

摘　要： 本文分析了中国网上公众参与的内容和形式，阐明网上公众参与的鲜明中国特色，强调网上公众参与对国家治理体系和治理能力现代化所发挥的重要作用。本文述分析了早期“网络问政”的成就和存在的问题，梳理了党的十八大以来网上公众参与的新变化，指出近年来国家对互联网内容进行综合治理，在加强管理的同时，也一直坚持利用互联网联系群众的工作。网络问政的优良传统得到坚持，并加强了政府引导能力；网络应用加强了针对性和可控性；网络问政有利于政府搜集民意并有分析地采纳；稳步推进基层网络理政平台建设；事发单位对网上舆论的回应更加及时有力；新闻网站、社交网站加强跟帖讨论的管理，使网上讨论更加理性和有序。最后，本文对进一步完善网上公众参与也提出了建议。

关键词： 互联网　公众参与　网络问政

公众参与，是现代社会和现代政府的特征之一，是政治哲学的一个概念，也经常被视为公民的一种权利。俞可平教授曾经概括：公众参与“就

---

* 钟海帆，深圳市互联网信息办公室专职主任、中山大学互联网与治理研究中心智库专家。

是公民试图影响公共政策和公共生活的一切活动”[①]。

中国的公众参与具有强烈的中国特色。执政为民，走群众路线；从群众中来，到群众中去，是中国共产党的优良传统。这使得中国共产党的施政可以用“公众参与”这个现代概念在国际流行的政治学术语方面展开对话。

网上公众参与是公众参与的一种形式，在互联网和手机越来越普及的情况下，网上参与不仅越来越成为公众参与的主要手段，也形成了一些相对独立的特殊性。由于在线社区、在线生活方式的出现，以及网络对知情权、监督权、参与权、表达权提供的便利，网上公众参与也对国家治理体系和治理能力现代化提出了很多值得研究的问题。本文试图梳理一下网上公众参与在中国的实践过程，并着重对近年来的一些变化做一点分析。

一　中国特色网上公众参与的探索与实践

网上公众参与也称“电子参与”（E-Participation），国际上很多国家已经开展电子参与、协商机制的有益尝试，例如利用ICT技术将传统的信息获取、咨询和公众参与决策等离线工具进行整合，包括鼓励公众发表意见，承认其价值；尊重并公平对待所有参与者；允许公民早期参与政策过程；与参与者公开沟通；及时反馈问题；为所有参与者提供机会；确保协商机制可用；确定协商目标以及参与者的角色和责任；确保协商机制容易浏览和理解；等等。

传统的公众参与手段仅限于会议式、问卷式、媒体式等。当代中国的网上公众参与具有“中国特色”，包括以下内容：

——党委政府通过政府网站、移动平台及客户端做好常规信息公布；

——党委政府通过网络手段对立法、出台重大政策征求公众意见；

——党委政府建立舆情搜集研判处置工作机制；

——公众通过各种网络平台讨论公共事务；

---

① 俞可平、贾西津主编《中国公民参与——案例与模式》，社会科学文献出版社，2008。

——公众通过电子邮件、党委政府授权的网络平台对立法、公共政策等方面提出意见建议或进行投诉。

1999 年 5 月诞生的“强国论坛”开启了全国利用 BBS 方式集中讨论时政的模式，随后由人民网主导的“网络问政”风行多年。在数年间，“总理请听我说”“我有问题问总理”“为省部委建言”“人大代表、政协委员意见征集”“地方领导留言板”“有话问市长”等互动平台，吸引了数以亿计的网民积极参与。从此，党委政府持续开展了网上公众参与的工作。

相对于传统式的公众参与，网上公众参与有着很强的优势。

第一，渠道拓宽了。作为媒体的互联网最主要的特点之一，就是交互性。例如，每一条新闻、每一则文字图片视频的个人分享都可以进行跟进评论，博客、微博客、微信公号、头条、抖音、快手等个人平台也可以进行跟评讨论。这些讨论的一个很明显的优点是，围绕着热点话题进行，而热点话题中有很大一部分属于公共话题，例如突发事件、政府决策、反腐和各类民生问题。决策部门也可以利用互联网就特定议题对公众意见进行定向搜集。例如，立法机关在法律法规出台之前通过互联网平台和电子邮件征求意见；政府部门就环保、水价电价地铁票价等问题举行的听证会，也可以线上线下结合，同时进行网上意见的征集。党委政府为了动员本地群众形成共同的目标，可以通过网上讨论达成共识，例如城市（区域）精神的形成、市花市树的确定等。

第二，为官民（干群）直接互动提供了可能。党委、政府部门可以在网上社区经认证直接与网民交流。例如在 BBS 比较流行的时候，国内各级党委政府部门创造了类似于网络发言人的形象，与网民进行对话。近年来自媒体的兴起和 BBS 衰落，政务微博、政务公众号、政务客户端成为对话的主要平台。例如，在国家发改委的微信订阅号下，设有政务大厅、价格举报等自定义菜单，方便企业和群众办事。其中，政务大厅栏目便于网民在手机终端查询项目进展情况，价格举报栏目便于网民通过移动终端实现举报。一些媒体平台、政务平台则通过建章立制，对网上举报、建议实施分送、督办，例如人民网的《地方领导留言板》。

中国的网上公众参与形成了一些自身的特色。当代中国的网上公众参与内容以民生和权益为主，主要是评论时政，对房价、交通、教育等民生问题建言、建议和批评，对拆迁、环境等问题表达权利诉求。

早期以“网络问政”为主要内容的网上公众参与，在推动党委密切联系群众、政府转变职能方面，在公共领域形成舆论压力方面，都发挥了积极的作用。但也暴露出一些问题，主要如下。

第一，没有形成量度民意的科学化体系。早期的网络问政，虽然在舆情搜集和研判方面做了一些工作，但在样本分布、定性分析方面比较随意，因此较难得出出经得起推敲的结论，不能仅靠舆情做出科学决策。

第二，容易走极端。公众网上参与，正像法国学者古斯塔夫·勒庞表述的那样，“群体只知道简单而极端的情感：提供给他们的各种意见、想法和信念，他们或者全盘接受，或者一律拒绝，将其视作绝对真理或绝对谬误”。①

第三，不少观点缺乏理性。这一点，也像勒庞表述的那样，“群体推理的特点，是把彼此不同、只在表面上类似的事物搅在一起，而且立刻把具体的事物普遍化。懂得如何操纵群体的人，给他们提供的也正是这种论证。它们是能够影响群体的唯一论证。包含一系列环节的逻辑论证，对群体来说完全是不可理解的，因此不妨说，他们并不推理或者只会错误地推理，也不受推理过程的影响”。②

第四，容易被炒作，导致失控。一些舆论事件，虽然也引起公共讨论，但被不当炒作后，对党委政府或人民团体的杀伤力很大，比较典型的就是“郭美美事件”。2011 年 6 月，郭美美在微博上以“中国红十字会商业总经理”的虚假身份炫富，她在微博上多次发布其豪宅、名车、名包等照片，引发舆论对红十字会捐款去向问题的讨论与猜测。后来郭美美本人在微博中证实，其并非红十字会的工作人员，而是就职于与前者合作的另

① 古斯塔夫·勒庞：《乌合之众》，胡小跃译，湖南文艺出版社，2011，第 31 页。

② 古斯塔夫·勒庞：《乌合之众》，胡小跃译，湖南文艺出版社，2011，第 42 页。

一个名称相近的公司。中国红十字会总会也发表公开声明，表示在网络炫耀奢华生活方式、引发网友热议的郭美玲与红十字会无关。虽事实如此，但红十字会公信力严重受挫，拖累筹款数额暴跌。这个案例告诉我们，要摧毁一个有公信力的机构是何其简单，造假成本很低，“围观”者众，炒作者失控，澄清和修复信誉很难，这些都让我们看到网上言论失控的严重后果。

第五，容易引发群体性事件。早期的网络问政管理不严，国内各地由于拆迁等，经过网上动员，出现了群众在线下的聚集事件，比较典型的案例有厦门 PX 项目的“散步”、瓮安事件等。

二 近年来网络理政出现的新变化

党的十八大以来，国家对互联网内容进行的综合治理，一直是坚持两个方向，一方面是加强管理，使网络内容有序可控；另一方面也一直坚持利用互联网联系群众。近年来，网络乱象得到控制，同时公众通过互联网所进行的讨论、建言，都有了很多新变化，主要如下。

（一）网络问政优良传统的坚持，加强了引导能力

2018 年 12 月 20 日，中国政府网联合人民网、新华网等 20 家网络媒体和平台，共同发起 2019“我向总理说句话”网民建言征集活动，听取网民对政府工作的意见建议，活动持续到 2019 年全国两会结束。该征集活动设有“办事服务”“营商环境”“教育”“医疗”“就业创业”等 20 类话题。网民可登录中国政府网、国务院客户端，以及各相关网站和平台留言，部分有较高参考价值的建言将转送《政府工作报告》起草组。这是中国政府网连续第五年开展网民建言征集活动。在 2018 年《政府工作报告》中，有五十余个方面的表述充分吸收了网民的建议。参与留言的山西“快递小哥”李朋璇作为网民代表走进中南海，参加了李克强总理主持召开的座谈会。整个活动体现了组织性和可控性。

（二）网络应用加强了针对性和可控性

以往的网民讨论，舆情不分巨细，都引起巨量“围观”，这给少数想要利用互联网工具操控舆论的人提供了可能，经常使公共部门疲于应对，“网民动动嘴，回应跑断腿”。近年来，许多应用加强了针对性和有效性，既提供平台，也限制了炒作。主要的案例如下。

“国家政务服务投诉与建议”小程序。2018 年 7 月 10 日到 9 月 10 日，国务院开展“国务院大督察——大建议”微信小程序，受到社会各界普遍欢迎，并收到良好效果。为保障中央政府的“政令畅通”工作顺利进行，国务院办公厅决定从 9 月 20 日起，长期开通“国家政务服务投诉与建议”微信小程序，以广泛接收社会各界对政务服务的问题线索和意见建议，促使社会风清气正。网民可以使用手机进入中国政府网、国务院客户端或微信、支付宝等平台登录小程序，就办事不便利、“一网通办”落实不到位、涉企政策措施不落实等问题进行投诉，并就提升各级政府政务服务水平、优化营商环境等提出建议。

政务服务举报投诉平台信箱。为广泛听取群众和企业意见，充分发挥社会监督作用，切实解决企业和群众在政务服务中遇到的困难和问题，2018 年 6 月 11 日起，国务院办公厅在中国政府网开通“政务服务举报投诉平台”信箱（liuyan. www. gov. cn/zwfwjbts/），统一接受社会各界对涉企乱收费、涉企政策不落实、未实现政务服务“一网通办”、群众和企业办事不便利，以及其他政务服务不到位等问题的投诉。为推动党中央、国务院重大决策部署贯彻落实，便捷高效回应群众关切，减轻基层负担，2019 年 4 月 22 日国务院办公厅又开通了“互联网 + 督查”平台，面向社会征集四个方面问题线索或意见建议：一是党中央、国务院有关重大决策部署和政策措施不落实或落实不到位的问题线索；二是政府及其有关部门、单位不作为慢作为乱作为的问题线索；三是因政策措施不协调不配套不完善给市场主体和人民群众带来困扰的问题线索；四是改进政府工作的意见建议。

人大代表、政协委员利用网络履职。2016 年以来，全国各地人大创新活动载体，丰富活动内涵，提高活动实效，纷纷创建了网上履职平台，通过客户端登录，为人大代表履行职责、发挥作用创造条件。2018 年 8 月 19 日，全国政协办公厅向委员们下发了《关于全国政协委员移动履职平台（委员履职 App）的通知》，称全国政协办公厅设计开发了全国政协委员移动履职平台（委员履职 App），通过扫描二维码下载，以用户名 + 密码方式登录，支持苹果 IOS 系统和安卓系统。

系统开通后，围绕主题议政，全国各级政协委员都可以在移动平台发表意见，全国政协主席汪洋以及多位副主席也都经常在移动履职平台上发言，与委员们互动。2018 年 10 月 1 日，全国政协在移动履职平台启动第一场网络议政、远程协商活动，讨论“优化营商环境，促进民营经济高质量发展”问题，发言的第一位委员，就是全国政协主席汪洋。他向委员致以节日的问候，同时鼓励大家畅所欲言。在网络议政的过程中，政协委员们在群里也时常@汪洋主席，汇报情况、提出建议。全国政协委员围绕国民经济和社会发展的一系列重大问题展开讨论，建言献策，共商国是。①

同时，全国人大代表、政协委员纷纷写微博或利用微信群征求网友建议，用网络广获民情民意。例如，据媒体报道，广东省全国人大代表李杏玲自被选为代表后，常常通过微信群来收集建议线索，2019 年初，李杏玲计划在全国两会上提交关于托幼方面的建议。她对记者说：“我在各微信群中向同事、朋友、学生和家长征求意见，收到大量的回复，在写建议之前，仅仅是整理微信线索，就花了好几个晚上的时间。”②

入口公开、目标精准、过程可控的反腐网上举报平台和接入。网络反腐是反腐败工作的利器，但十八大以前举报、诬告和炒作混在一起，不利于有序表达，不利于全局的稳定，也不利于问题的解决。十八大后，网民被引导到专门的纪检监察部门举报网站。网民举报可实名，可匿名，但需要认真阅读“网上举报须知”。同时，根据“分级负责、归口办理”原则，网民按照

① 引自《南方都市报》2019 年 3 月 3 日 A06 版。

② 《南方都市报》2019 年 3 月 1 日专版。

图1　委员履职 App

资料来源：全国政协办公厅联网网站，http：//www.cppcc.gov.cn/zxww/2018/08/19/ARTI1534667101613220.shtml。

被举报人属地和级别，点击相应区域，进入有管辖权的纪检监察机关举报网站。网站可供结果查询。

各大网站的平台也建立和完善了举报专区。从 2013 年开始，人民网、新华网、光明网等中央重点新闻网站和新浪网、搜狐网、网易网等主流商业网站同步推出了网络举报监督专区，鼓励广大网民依法如实举报违纪违法行为。上述网站首页设立了“欢迎监督如实举报”的链接。点击链接，网民会进入一个写有“欢迎监督如实举报网络举报监督专区”的页面。专区页面上有“网上举报须知”，介绍了受理举报范围和注意事项。阅读网上举报须知并点击“接受”按钮之后，将进入下一个页面，上面依次排列着中央纪委监察部举报网站、中央组织部“12380”举报网站、最高人民检察院举报中心、最高人民法院举报网站、国土资源部违法举报信箱五个链接，点击这些链接就能进入相关举报网页进行操作。过去中纪委、中组部等国家机关虽然均有网络举报平台，但都依托各自的官网，单独运行。网络监督专区的突破在于，集各个国家机关的网络举报平台于一体，借助非官方门户网站的影响力，打造全国性的综合性网络监督平台，最大化网络监督效果。

三　网络民意搜集与综合采纳

从国际学术界均认可的观点看，网上表达并不能代表真正的民意，即使在西方国家，民意表达的主渠道都不是网上，而是专业的和媒体的综合考虑。中国近年来在参考网上民意方面也采取越来越全面和综合考虑的方式。首先是立法征求意见。立法网上征求意见控制在特定网站。全国人大、中央政府部门的立法，均在权威官网上有提意见专区，为对议题感兴趣人士和利益攸关方提供入口，界面醒目、直接、便捷，结果公布也一目了然。立法者将网上征求意见作为手段和渠道之一，与信函方式、座谈会、论证会、听证会、媒体公告等综合起来，在公众参与立法截止、结束之日起的规定工作日内，汇总向社会反馈。其次是重大行政决策程序的公众参与。2019 年 5 月 8 日，国务院《重大行政决策程序暂行条例》（以下简称《条例》）公布，自 2019 年 9 月 1 日起施行。该《条例》专门用一节来讲述行政决策形成过程的公众参与，明确要求“决策事项向社会公开征求意见的，决策承办单位应当通过政府网站、政务新媒体以及报刊、广播、电视等便于社会公众知晓的途径，公布决策草案及其说明等材料，明确提出意见的方式和期限”。在阐述公众参与的方式中，明确了“听取意见可以采取座谈会、听证会、实地走访、书面征求意见、向社会公开征求意见、问卷调查、民意调查等多种方式”。网上参与只是“社会公开征求意见”方式中的一种。再次是环境保护的公众参与。中央做出加大生态文明建设的战略决策后，全国形成了尊重自然、顺应自然、保护自然的社会氛围，这为公众积极参与环境保护创造了良好的基础。2015 年 9 月 1 日起，我国实施了《环境保护公众参与办法》，规定环境保护主管部门可以通过征求意见、问卷调查，组织召开座谈会、专家论证会、听证会等方式征求公民、法人和其他组织对环境保护相关事项或者活动的意见和建议。公民、法人和其他组织可以通过电话、信函、传真、网络等方式向环境保护主管部门提出意见和建议。过去，政府要上马大型项目，只要有 GDP 效益就可以，没有充分与利益攸关方沟通，经常导致全国各地爆发经由互联网动员、渲染的群体性事件。事情闹大后，经常是项目无条件下马。现在，通过公众参与，政府和群众商量，项目的信息要提前公开，公众本着依法、有序、自愿、便利的原则提出意见，尤其是在听证会的环节，邀请了利益攸关方参加，加强了针对性，能够收到很好的效果。

四　稳步推进地方网络理政平台

从早期的网络问政到今天的网络理政，地方党委、政府都进行了持续的探索，通过网络与群众互动交流，为民解疑释惑、解决困难的优良传统得到继承。全国各地也涌现出许多优秀问政理政平台，这些成功探索为网络问政在地方上的广泛开展提供了成熟的模式和借鉴。其中，胶东在线“网上民声”栏目是一个典型。

该栏目开通于 2003 年 5 月，是全国地方网络问政模式的开创者和先行者。栏目从开办之初，就不断对平台进行持续的改版优化，先后增加了个人中心、满意度调查、回复率排行、一管到底等一系列实用而贴心的功能和子栏目，实现了快速发展。2014 年，“网上民声”与移动端实现了打通，在胶东在线客户端开设了“民声”服务，此次改版，移动端专门增加了部门手机端答复功能，方便工作人员随时随地处理网民留言。特别是，该栏目还推出了“网上民声”微信公众号，后台数据与网页端和客户端实现全面打通，网民可通过关注微信号，实现问题的发布与查询，并能及时收到相关部门的回复提示，这样市民提问和部门解答更加便捷。自此，PC 端、手机客户端和微信公众号三个端口形成了强大矩阵。2016 年，四十多个区级部门首次加入“网上民声”平台，大大缩短了问题的流转程序，减少了群众反映问题的中转站，搭上了解决问题的“直通车”，提升了问题解决的时效性和有效性。

该栏目一直得到党委政府的支持，将各部门“网上民声”工作情况作为年底机关绩效考核的重要依据。在制度建设方面，探索出“三张单子”（网上回复督办单、回复及办理情况通报单、热点难点问题领导批办单）工作制度，为了深入做好“网上民声”工作，这些年各参与部门纷纷结合实际，建立起一系列配套的组织、调度和考核制度，并推出台账管理。近几年，每年烟台两会召开之前，“网上民声”都会推出大型民意调查，将市民的意见建议收集起来，直接报给市政府，很多好的建议被写入《烟台市政府工作报告》或被列入当年的“为民服务实事”。“网上民声”不再仅仅是一个咨询服务平台，而是可以借助它把市民的意见建议纳入政府行政决策、执行、服务和监督的全过程，让群众真正实现参政议政。越来越多的人还开始利用这一平台积极参政议政，为城市发展建言献策，这部分留言约占总数的 20%，其中很多好的建议得到了相关部门的积极回应和采纳。

2018 年 5 月 29 日，在该栏目开通 15 周年之际，胶东在线举行了网络理政研讨会暨“网上民声”新版上线仪式。改版实现了用户体系的打通，网民可通过手机号快速注册会员，亦可直接用 QQ、微信号等第三方账号登录，留言获得相关答复后，部门以手机短信的形式通知；增加“二次回复”功能，参与部门可在先期回复的基础上，再次进行答复，有利于网民掌握问题解决进度，提高部门答复的时效性；优化图片功能，网民可随问题上传照片进行辅助说明，部门在解答时也可上传图片作为补充。依据实际情况对这一部门评价机制进行调整：问题回复后超过五天未得到评价默认为满意，超过七天未答复群众问题默认为不满意。为提升回复效率，该平台对问题回复时限进行统计，相关部门在五天内完成网民留言回复显示绿灯，七天内没有回复亮出黄灯提示，十天内没有回复亮出红灯警示，每月统计各部门红黄绿灯数量，作为答复及时度考核标准。激励政策也进行相应调整，此前，为了树立“网上民声”工作榜样，多次评选表彰先进集体和先进个人，而从 2018 年开始，更加关注具体问题的解决效果和社会公众的参与度。

五　网络舆论的回应

从 2018 年到 2019 年上半年，一些涉及公共问题的重大舆情，如鸿茅药酒案件、问题疫苗事件、范冰冰偷逃税事件、高铁霸座、殴打公交车司机事件、民营企业地位的讨论、陕北千亿矿权案、权健案、青年演员“学术门”等，都分别得到相关管理部门的及时回应并迅速采取了相应行动。

一个群众监督、舆论监督和纪委监委监督共同发力的典型实例是“严书记”舆情。从网友爆料、媒体追问，到纪检监察机关介入调查直至公布最终结果，让公众感受到公众参与的力量和权力部门的执法力度。2019 年初，中央纪委国家监委网站与《咬文嚼字》编辑部利用大数据搜索，联合发布 2018 年度十大反腐热词，“严书记”上榜。

另一个体现权力部门与公众全程互动的案例是“昆山反杀案”，案件调查过程有网民将监控视频发到网上，引发了全国性的公众参与，网民围绕“正当防卫”司法难点问题展开了充分的讨论，最终最高人民检察院指导江苏检察机关及时介入“昆山反杀案”，提出案件定性意见，支持公安机关撤案，并将该案作为正当防卫典型案例公开发布，昭示法不能向不法让步的理念。

六　网络强化管理与理性有序

跟帖评论服务已经成为各类传播平台的“标配”，新形式新功能不断涌现，日益成为广大网民互动交流、表达意见、舆论监督的重要方式，丰富了人民群众的网络生活，但同时也出现了传播网络谣言、散布污言秽语、发布违法违规信息等不良现象，扰乱信息传播秩序，破坏网络舆论生态，需要依法加强治理。2017 年 8 月 25 日，国家互联网信息办公室制定公布了《互联网跟帖评论服务管理规定》（以下简称《规定》），以促进跟帖评论服务健康发展。该《规定》提出了“后台实名、前台自愿”原则，要求注册用户统一采用实名制管理，以认证真实身份信息作为获得跟帖评论服务功能的准入门槛。既规范用户行为、改善网络环境，也保障了用户的个人隐私以及在平台表达意见、交流互动的言论自由。该《规定》提出对网络“水军”进行治理，大大限制了利用热点问题进行非理性“围观”的规模，遏制商业和少数人操控舆论的现象，防止出现过激言论和舆情失控。

七　完善网络公众参与的几点思考

（一）进一步认识网上公众参与的重要意义

网上公众参与是当代中国的现代国家监督机制和权力运行逻辑的探索，是新时代社会治理体系和治理能力现代化的重要内容。党的十九大在协调推进“五位一体”总体布局中，以“提高保障和改善民生水平，加强和创新社会治理”为主旨进行部署，强调要打造共建共治共享的社会治理格局。国家和社会的治理，是由多元主体共同构成的治理结构来完成的。社会治理需要有序的和有效的公民参与，随着人民对美好生活需要的不断增长，在不同领域推动公民协商，在维护社会秩序的前提下激发社会活力，需要在理论和实践上继续深入探索。《宪法》第 2 条规定：“人民依照法律规定，通过各种途径和形式，管理国家事务，管理经济和文化事业，管理社会事务。”其中，公众通过网络问政、党委政府通过网络理政是一个有效的“途径和形式”。可喜的是，2019 年 5 月 8 日公布的国务院令《重大行政决策程序暂行条例》，明确了“决策承办单位应当采取便于社会公众参与的方式充分听取意见”的重要原则，并对公众参与的方式方法做了可操作性较强的规定。相信随着条例的实施，公众参与决策将进一步制度化。

2019 年全国各地关于养狗问题的讨论，就暴露出我们在社会治理方面出现的问题。近年来，各地小区居民因养狗问题而频频引发争议，比如“不拴绳遛狗引发安全隐患”“宠物随地大小便造成环境卫生问题”“深夜犬吠导致居民休息受到干扰”等，赞成和反对养狗的双方矛盾尖锐，甚至出现了在公众场合施放毒物毒狗的刑事案件。如何解决呢？目前，有的是开发商采取签协议的方式，有的是小区物业管理单方面采取通告的方式，但这些方式都不是符合现代社会运作的方式。香港在这方面的做法就很科学：交由每个小区的业主委员会通过投票的方式决定。这样做出的决定，大家心服口服，愿意遵守。居民对自己的生活环境有话语权，也增加生活的幸福感。在互联网普及的条件下，这些都可以通过网络解决。

形成有序公众参与的制度，对于培育全民的公民责任意识，也具有重要意义。公民意识是一种现代意识，是在现代法治下形成的民众意识，它表现为人们对“公民”作为国家政治、经济、法律等活动主体的一种心理认同与理性自觉，又体现为保障与促进公民权利、合理配置国家权力资源的各种理论思想。公民在遇到有关国家政治和社会利益的问题时，自觉维护公共利益、克服狭隘的自我或本集团的利益，就能与国家立场保持一致，形成良好的社会资本。

（二）有序提高公众对国家和社会事务的参与度，需要综合手段

首先，要加大信息公开的立法。公众参与的前提是知情，政府部门应进一步做好信息公开工作。2007 年 1 月制定的《政府信息公开条例》实施以来，在保障公民、法人和其他组织依法获取政府信息，提高政府工作的透明

度，促进依法行政，服务于人民群众生产、生活和经济社会活动等方面发挥了重要作用，也为公众参与提供了指引。但是，目前在实施这一条例的过程中，涉及如何加大政府财政透明度、如何公布政府收支分类科目，相关部门还做得远远不够。2019 年 5 月，国务院修订了这一条例，在新增公开信息的内容、放宽申请信息公开的要求后面做了重要修订。但决策过程信息是否应该公开还是存在一些争议。例如关系老百姓切身利益的房价、交通等决策的会议纪要是否应该公开？国内不少学者认为“会议纪要”做了行政工作，就不属于过程性信息，应该属于公开的范围。我们各级政府，尤其是地方政府，还是习惯于高度行政主导，以满足行政效率为优先。《政府信息公开条例》虽然做了修订，但在如何平衡国家安全、社会稳定与公众参与的深度方面，由于起草者本身的局限性，还是存在可改进的地方。正如北京大学教授王锡梓指出的，“政府信息公开也应制定法律，如果仅仅停留在条例层面，很难处理好信息公开和保密之间的关系”。[①]

其次，媒体需要扮演更为重要的角色。网上公众参与的难点是引导，媒体通过报网互动、台网互动，释放正面信息，平衡舆论，将问题聚焦到具体的民生上，既要达到征求意见的目的，又防止失控。媒体在围绕中心服务大局的同时，也因贴近性而具有较高传播力、引导力、影响力、公信力。

（三）以基层为主

2018 年 10 月，习近平总书记视察广东强调：“要坚持依靠居民、依法有序组织居民群众参与社区治理，实现人人参与、人人尽力、人人共享。”基层是党践行群众路线的主战场。推进改革发展稳定的大量工作在基层，推动党和国家各项政策落实、落地的责任主体在基层，驱动国家治理体系和治理能力现代化的基础性工作在基层。这个接口如果运行不好，对整个系统的影响都很大。基层的人民群众关心的主要是切身利益的民生问题，主要的生

① 引自《南方都市报》，2019 年 4 月 23 日，A11 版。

态环境问题、公共设施建设“邻避”问题、交通出行问题、教育问题、医疗问题，都发生在基层，特别适合“人人参与、人人尽力、人人共享”。尤其值得探索推进的是“一核多元”的社区治理结构模式，加强社区综合党组织力量，联合基层人大代表、社区居民委员会、社区工作站、社区服务中心、村务委员会和各类社会组织及驻辖区企事业单位，对公共事务多元互动、多主体参与、共建共享，让更多的基层事务让基层群众自己说了算，最大限度地避免政府“吃力不讨好”的现象，实现在社区里政府治理和社会自我调节、居民自治的良性互动。

目前，基层对“数字政府”的运用已经普遍。在现代计算机、网络通信等技术支撑下，各地政府机构日常办公、信息收集与发布、公共管理等事务的数字化、网络化都开展得很好，尤其是在打破“信息孤岛”、提供便民服务方面有很大的突破，例如深圳的《在职人才引进和落户“秒批”工作方案》于2019年2月21~27日试运行，于2019年2月28日正式实施，在职人才引进、留学回国人员引进、博士后入户及其配偶子女随迁为公众提供电子服务。实施后，全面取消现场提交申报材料，实行数据自动比对，24小时在线电子审批，纸质材料提交减少80%以上。另外，在利用线上线下结合的“网格化”办公的时候，各地基本存在“重管理、轻服务”的现象。“数字化”在监督环境、人口管理、突发事件的发现等方面运用得很好，但在听取意见并做出回应方面都很弱，有一些“听取民意”的电子手段设立以后也不注意客户体验，甚至没有进行维护，更没有一套坚实的线下的制度配合，使一些电子设备成为摆设，这些都应得到改进。

网络法治发展

Rule of Law on Internet

B.9
自媒体平台服务协议条款研究*

牛 静　袁向玲**

摘　要： 随着我国自媒体侵权现象的激增，自媒体用户的权利保障显得尤为重要。自媒体的“服务协议”是用户维权的重要法律依据。本文基于21份自媒体平台“服务协议”条款进行研究。研究发现，各平台通过网络服务协议对知识产权、禁载内容、免责、实名制等方面进行规定。服务协议中存在着免责规定与法律精神冲突、涉嫌侵犯公民隐私、只顾广告利益不顾媒体责任等问题。对此，笔者建议制定专门法律系统规制网络服务合同，对网络服务合同建立监督和查阅制度，建立隐私保护机制，实施广告营销备案、广告提醒和用户举报

* 本文系国家社科基金重大项目“人工智能时代的新闻伦理与法规”（项目编号18ZDA308）研究成果之一。

** 牛静，华中科技大学教授、博士生导师；袁向玲，华中科技大学硕士研究生。

制度，以更好地维护自媒体用户的合法权益。

关键词： 自媒体平台　用户　服务协议　格式合同

一　引言

随着互联网技术的发展，拥有信息传播权的不再仅限于专业媒体人员，普通公民也可参与到大众信息的传播中，成为自媒体（We Media）。美国学者谢因·波曼和克里斯·威利斯在《自媒体：受众如何塑造新闻和信息的未来》中指出“自媒体是一个普通市民经过数字科技与全球知识体系相联，提供并分享他们真实看法、自身新闻的途径”。自媒体用户又称为网络内容提供者（Internet Content Provider，ICP），是选择某类信息上网供公众访问并且发布信息的人或组织。自媒体用户可以是博客、微博号，或是头条号、网易号、微信公众号的运营者，其目的是进行即时交互的信息共享。自媒体平台方是指以 UGC 模式为基础的资讯类网络服务提供者，即拥有服务器的个人或单位。

在自媒体用户和自媒体平台方两者之间订立的“服务协议”对维护双方权利有着重要的作用，但双方地位的不平等导致合同并不公正，存在不少问题。本文基于 21 个自媒体平台的“服务协议”合同条款进行文本分析，归纳各平台方“服务协议”合同内容的共同关注点，分析各平台方“服务协议”法律问题，并且针对问题提出建议。

二　移动互联网下自媒体网络服务合同研究现状

（一）网络服务合同概况

网络服务合同，是指由网络服务商一方拟定的，以基于网上信息采集、传递、利用等服务产生的权利义务关系为内容的一类电子合同[①]，从形式上来说，网络服务合同属于电子合同的范畴，从内容上来说，它隶属于格式合同。相较于传统的服务合同，网络服务合同具有两个明显的优势：①缔约便捷，因为网络服务合同的订立过程主要存在于网络空间，并且平台方只需事前将其储存在数据库中，合同订立时程序自动操作，自媒体用户只需通过点击行为签订合同，这节约了合同双方的时间、精力等成本。②合同对象灵活，具有"批处理性"的条件，传统合同对于合同双方的订约资格、使用范围有着较为严格的规定。此外，一份网络服务合同适用于多个用户，一次形成，可多次签订，提高了订约效率。

一般而言，网络服务合同中的服务协议，是指确定用户与网络服务提供商之间法律关系基础，一般它需要当事人确认或签署才生效，包括网络服务提供商在网上发布的各种政策，如隐私权政策、使用政策、版权政策、网络行为规范、争议投诉条款等[②]。

自媒体平台"服务协议"是非常特殊的一类合同，既具有电子合同的特征，又凸显了格式合同的所有属性，主要特征表现为：①合同内容具有预先拟定性。自媒体平台方的"服务协议"完全采用数据形式，"服务协议"首先是由自媒体平台方先将协议文本存放并运行在服务器的自动程序中，然后通过自媒体用户点击来明确表示接受与否，整个过程的顺序是自媒体平台先进行，而后自媒体用户参与，所有内容完全是自媒体平台方事先拟定好的。②合同内容缺乏协商性，单方拟定是所有格式合同的特征，"服务协议"的全部条款也缺乏协商性，协议内容的决定权在自媒体平台方手中，自媒体用户只有决定接受或拒绝接受的权力。③合同订立过程虚拟化，一般而言，双方签订合同需要当面签订，但是随着互联网的快速发展，通过两台上网设备便可以构建一个虚拟的面对面场景，使得合同订立过程虚拟化。此外，根据《合同法》第10条规定，"当事人订立合同，有书面形

① 李倩：《网络服务合同格式条款研究》，山东财经大学硕士学位论文，2012。

② 高富平：《网络服务合同法律规范的几个问题——易趣欠费案评析》，《法学》2002年第5期。

式、口头形式和其他形式”，所以“服务协议”的订立过程是具有法律效力的。

（二）“服务协议”——网络服务合同研究及现状

本文研究的21家自媒体平台服务协议主要是指自媒体用户与自媒体平台之间关于自媒体使用平台服务所订立的协议。从文件名来看，各个平台服务协议就已突出侧重点不同。较多的平台是使用“平台服务协议”作为协议标题核心词，如阿里来往公众平台服务协议、腾讯内容开放平台服务协议、百家号平台服务协议等；也有使用“服务协议”一词来做核心词的，意味着这是平台服务自媒体用户使用该平台的前提条件和须知。也有不少平台使用“使用协议”四字来作为协议核心标题词，“使用”则代表着自媒体是绝对受限于平台，平台处于优势地位，如微博服务使用协议、封面号用户使用协议。此外，上游新闻、网易新闻使用“注册协议”来命名协议，表示协议内容应是自媒体人在注册前需了解的内容，强调了注册这个时间点。在本文中，为了论述方便，笔者将其统称为“服务协议”。

目前学界对自媒体“服务协议”关注较少，主要是对具体判定的评析，如王奎方曾通过“易趣案”的判定评析，研究了网络《服务协议》的有效性[①]。而实际上，我国对网络服务合同本身的研究更为丰富，主要集中于对网络服务合同的法律效力、法律规制两方面展开。

首先，关于网络服务合同的效力问题，吴卓强曾以传统合同为参照对象，指出网络状态电子合同的基本特点和立法现状，着重论述了电子合同成立及生效的条件，即法律规范、道德约束和技术控制[②]；还有魏士廪也曾系统全面地介绍了电子合同作为一类特殊合同在法学理论与具体运用过程中与普通合同的区别，并对容易出现争议的问题进行了有益的探讨[③]。

其次，关于网络服务合同的规制问题，蔡俐和廖斌曾研究如何从保护消

① 王奎方：《网络服务合同成立：弹指一挥间》，《信息网络》2010年。
② 吴卓强：《电子合同的效力：法律规范、道德约束与技术控制》，《求索》2001年第4期。
③ 魏士廪：《电子合同法理论与实务》，北京邮电出版社，2001。

费者权益的角度对网络服务合同的格式条款、侵犯消费者隐私权行为进行规制①；李倩在其论文中，通过对我国目前网络服务合同格式条款监管现状的调查，并与其他国家相关监管模式与相似格式条款监管模式比较，深入分析典型网络服务合同中免责条款常见类型，提出了构建最适合我国网络服务合同格式条款的监管体系。② 总的来说，目前对于网络服务合同的研究主要是集中于合同形式的讨论，较少关于自媒体方面的具体合同内容。因此，本文将结合 21 份自媒体行业的服务协议展开讨论。

三　研究方法

本文选取了自媒体平台中最具有代表性的 21 家自媒体平台“服务协议”内容作为研究对象，围绕自媒体平台的“服务协议”的共识条款及条款内容中存在的问题展开讨论，并对此提出建议。

本文将采用内容分析法，对 21 个资讯类自媒体平台的“服务协议”内容进行分析，具体如表 1 所示。

表 1　选取的 21 家自媒体平台的信息

自媒体平台名称	服务协议发布时间	所属公司
知乎	2010	北京智者天下科技有限公司
易车(易车号)	2000	易车公司
一点资讯(一点号)	2011	北京一点网聚科技有限公司
微信(微信公众平台)	2012	腾讯公司
微博	2009	新浪公司
网易(网易号)	2016	网易公司
今日头条(头条号)	2013	北京字节跳动科技有限公司

① 蔡俐、廖斌：《对网络服务合同的法律问题的思考》，《河北旅游职业学院学报》2007 年第 1 期。

② 李倩：《网络服务合同格式条款研究》，山东财经大学硕士学位论文，2012。

续表

自媒体平台名称	服务协议发布时间	所属公司
搜狐(搜狐号)	2017	搜狐公司
世界村	2017	合肥宇洋网络信息技术有限公司
北京时间号	2016	360 与北京电视台合办
企鹅号	2016	腾讯公司
来往公众号	2013	阿里巴巴网络公司
虎嗅	2012	北京虎嗅信息科技股份有限公司
凤凰资讯(大风号)	2015	凤凰网
封面号	2016	四川日报报业集团
大鱼号	2016	阿里巴巴网络公司
百家号	2013	百度公司
快手	2012	北京快手科技有限公司
抖音	2016	北京字节跳动科技有限公司
上游号	2015	重庆晨报传媒有限
趣头条	2016	上海基分文化传播有限公司

上述21家自媒体平台基本涵盖了所有资讯类的自媒体平台，笔者于2019年4月4日登录上述平台官网，获取了这些平台上的“用户协议”，本文将基于此，展开进一步分析。

四　研究发现

（一）自媒体平台“服务协议”中的共识性条款

表2　各自媒体平台共识

共识性条款	“服务协议”数量	占比(%)
保护知识产权条款	19	90.48
禁载内容条款	19	90.48
平台免责条款	17	80.95
后台实名制运行制度	11	52.38
禁止账户买卖条款	9	42.86

1. 保护知识产权条款

对于自媒体平台而言，最重要的是 UGC 或 PUGC 模式能够固定、稳定地给平台方提供内容，因此，对于平台方和自媒体用户而言，如何规定知识产权的问题尤为重要。在 21 个平台方中，有 90.48% 的平台均将知识产权单独设置成一个部分，其核心观点内容分为三个部分，首先是“许可授权”的条款，具体是指自媒体平台对自媒体用户上传的信息内容具有合法复制、发行、传播等合法权力，如趣头条的《趣头条用户协议与隐私条款》规定：“您理解并同意，在使用‘趣头条’相关服务时发布上传的文字、图片、视频、音频等均由您原创或已获合法授权。”① 值得注意的是，不少平台方还特别规定了“使用”“转载”关系是在全球范围内、免费、非独家、长久的，也就意味着一次签订协议，平台方及其关联公司能够永久免费使用这项资源，例如企鹅号《腾讯内容开放平台服务协议》规定：“腾讯及其关联方、合作方对您通过腾讯内容开放平台所上传发布的任何内容具有全世界范围内的、永久的、不可撤销的、免费的、非独家的使用权。”② 其次是自媒体用户保证上传内容的产权所属，通过对用户的自我保证来确认信息的合法性，如《大鱼号平台服务协议》规定：“在本服务中，由您通过我方平台上传、发布的任何内容的知识产权归属您或您取得独家合法授权。”③ 最后，是关于自媒体平台内容的知识产权所有，谁上传归谁所有，用户上传、发布的任何内容的知识产权归属用户或原始著作权人所有，而平台方提供服务时所依托的软件的著作权、专利权及其他知识产权均归平台方公司所有，如《“抖音”用户使用协议》规定：“您通过‘抖音’上传、发布的任何内容的知识产权归属您或原始著作权人所有。”④

2. 禁载内容条款

在这些协议中，有 90.48% 以上的自媒体平台对自媒体用户上传内容做

---

① 《趣头条用户协议与隐私条款》，摘录于 2019 年 4 月 4 日。

② 《腾讯内容开放平台服务协议》，摘录于 2019 年 4 月 4 日。

③ 阿里巴巴《大鱼号平台服务协议》，摘录于 2019 年 4 月 4 日。

④ 《“抖音”用户使用协议》，摘录于 2019 年 4 月 4 日。

了较为明确的规定，规定内容较为详细，可细分为两类。第一类是自媒体平台仍然继承了《出版管理条例》对传统媒体的监管方式，规定传播内容不得为以下几种：（1）反对宪法确定的基本原则的；（2）危害国家统一、主权和领土完整的；（3）泄露国家秘密、危害国家安全或者损害国家荣誉和利益的；（4）煽动民族仇恨、民族歧视，破坏民族团结，或者侵害民族风俗、习惯的；（5）宣扬邪教、迷信的；（6）扰乱社会秩序，破坏社会稳定的；（7）宣扬淫秽、赌博、暴力或者教唆犯罪的；（8）侮辱或者诽谤他人，侵害他人合法权益的；（9）危害社会公德或者民族优秀文化传统的；（10）有法律、行政法规和国家规定禁止的其他内容的，这一类的自媒体平台主要有大鱼号、封面号、虎嗅号、企鹅号等。另一类是自媒体平台依据互联网发展特征及平台特色，在《出版管理条例》的基础之上进行了增添内容，这一类的自媒体平台主要有抖音、大风号、来往公众号、趣头条、头条号、易车号等，增添的内容集中在舆论导向、言论发表、广告信息发表、网络安全保护、避免地域歧视等方面，如《“抖音”用户使用协议》增加的内容有：不得有以下内容，“煽动地域歧视、地域仇恨的”“所发表的信息毫无意义的，或刻意使用字符组合以逃避技术审核的”“散布商业广告，或类似的商业招揽信息、过度营销信息及垃圾信息”等。

3. 免责条款

在所分析的平台协议中，免责条款占比 80.95%，即强调平台方可不承担责任的情况。免责条令主要分为以下几种情形：（1）风险事故是由用户自己造成的损失，如用户不当操作导致账户隐私泄露，《百家号平台服务协议》规定：“用户在使用本服务时，须自行承担如下百度不可掌控的风险内容，包括但不限于用户操作不当或通过非百度授权的方式使用本服务”①。（2）非自媒体平台因素造成的损失，如自然灾害、罢工、暴乱、战争，或电力供应或通信网络故障等公共服务等第三方因素；或是因紧急设备与系统维修、网络信息与数据安全等不可预见及控制的因素所造成的服务中断和会

① 百度《百家号平台服务协议规定》，摘录于 2019 年 4 月 4 日。

员个人数据及资料的损失，如《知乎协议（草案）》规定："对于因不可抗力或知乎不能控制的原因造成的网络服务中断或其它缺陷，知乎不承担任何责任，但将尽力减少因此而给用户造成的损失和影响①。"（3）与政府主导有关的问题，如政府部门、司法机关、国际法院依照法定程序要求平台披露个人资料，或为维护公共安全、社会公众利益或他人合法权益之目的需要提供个人资料的，平台可不经过用户的同意将用户信息提供给政府、司法等相关部门。比如《阿里来往公众平台服务协议》规定："不论在何种情况下，阿里巴巴均不对由于Internet连接故障……政府行为，国际、国内法院的命令或第三方的不作为而造成的不能服务或延迟服务承担责任。"②

4. 后台实名制

后台实名制最早是由《全国人大常委会审议加强网络信息保护决定草案》提出，后在《互联网用户账号名称管理规定》中得到明确规定，规定要求"互联网信息服务提供者应当按照'后台实名、前台自愿'的原则，要求互联网信息服务使用者通过真实身份信息认证后注册账号"。各自媒体平台对此严格执行，例如《百家号平台服务协议》规定："百家号账号注册采用实名制，用户应当如实填写和提交账号注册与认证资料，完成信息登记，并对资料的真实性、合法性、准确性和有效性承担全部法律责任。"③《阿里来往公众平台服务协议》规定："阿里来往致力建设成为真实身份关系的社交服务平台，因此，您注册为阿里来往公众平台用户及申请账号认证时应提交真实、准确、完整和反映当前情况的身份及其他相关信息，并在信息发生变化后及时更新。您只有在账号激活且通过认证后，方可使用公众平台服务。"④

5. 禁止账户买卖条款

笔者发现共有9家自媒体平台禁止用户通过买卖、租售、赠送等任何方

① 知乎《知乎协议（草案）》，摘录于2019年4月4日。

② 《阿里来往公众平台服务协议》，摘录于2019年4月4日。

③ 百度《百家号平台服务协议规定》，摘录于2019年4月4日。

④ 《阿里来往公众平台服务协议》，摘录于2019年4月4日。

式允许他人使用用户的账户。比如《大鱼号平台服务协议》规定："未经大鱼号平台同意，您不得随意转让或倒卖该账号。一旦大鱼号平台发现您存在违法、违规转让或倒卖大鱼账号的，大鱼号平台有权停止向您提供平台内所有的服务或功能，甚至有权将被转让或倒卖的账号进行封号或注销，账号被封号或注销前所产生的全部收益我方平台有权不再发放未发放的收益，已经发放的权益禁止提现，已经提现的收益有权追回"。[①]《上游新闻自媒体用户入驻协议》规定："禁止任何赠予、借用、租用、转让或售卖账号等的行为。"[②]

（二）自媒体"服务协议"存在的问题

自媒体"服务协议"的出现虽然能够对自媒体用户的行为和自媒体平台起到约束作用，但通过对21家自媒体平台"服务协议"内容研究发现，部分合同在表述方法、表述形式及内容上还存在一些问题。

1. 免责规定与法律精神有所冲突

各家自媒体平台均有平台免责的相关规定，并且这些规定是强制性的。比如《时间号媒体平台服务协议》规定，"您须对通过时间号媒体平台所传送信息内容的真实性、合法性、无害性、有效性等全权负责，与您所传播的信息相关的任何法律责任由您自行承担，与北京时间无关"。但是依据国家互联网信息办公室所发布的《移动互联网应用程序信息服务管理规定》，互联网应用程序提供者应当严格落实信息安全管理责任，而该协议中免除了北京时间的一切法律责任。同时依据相关法律法规的规定，互联网工具服务提供者有义务对其发布的内容进行审查，当发生法律纠纷时，应当负相应的管理不慎的责任，但自媒体平台方在服务协议中多写明不承担此方面的责任。此外需注意的是，《合同法》第39条特别规定了格式条款提供方一个义务："采取合理的方式提请对方注意免除或者限制其责任的条款"，但是在这21

① 上游新闻《上游新闻自媒体用户入驻协议》，摘录于2019年4月4日。

② 上游新闻《上游新闻自媒体用户入驻协议》，摘录于2019年4月4日。

份服务协议中，较少有平台用特殊方式提醒用户注意免责条令。所以自媒体平台方必须用醒目的方式提醒自媒体用户注意免责条令，否则合同将无效。

2. 用户维权方式受限，违背契约自由原则

根据《消费者权益保护法》第39条的规定，消费者权益纠纷解决方式应有五种，分别是和解、调解、投诉、仲裁和诉讼。但自媒体“服务协议”中，自媒体平台仅接受三种解决方式，和解、仲裁或诉讼，排除了其他的解决方式，如《网易号媒体开放平台注册协议》规定，“凡因本协议引起的或与本协议有关的任何争议，均应提交中国国际经济贸易仲裁委员会，按照申请仲裁时该会现行有效的仲裁规则进行仲裁。仲裁地点为北京，应由三名仲裁员组成仲裁庭。仲裁裁决是终局的，对双方均有约束力。”同时，如果出现纠纷问题，对于法院的选择理应双方协商选择，根据《合同法》第25条规定，合同的双方当事人可以在书面合同中协议选择被告住所地、合同履行地、合同签订地、原告住所地、标的物所在地人民法院管辖。但自媒体平台方在“服务协议”中未经协商直接规定了，必须在平台所在地的人民法院进行诉讼。比如《搜狐号服务协议》规定，“如双方就本协议内容或其执行发生任何争议，双方应尽量友好协商解决。协商不成时，任何一方均可向北京市海淀区人民法院提起诉讼”。这两者限制了用户纠纷解决方式的选择，也违背了契约自由原则。

3. 获取个人征信记录涉嫌侵犯公民隐私

各个平台为了核实用户的身份信息会通过用户提供的信息向某些机构核实，这中间会存在过度获取用户隐私的情况。上游App的《上游新闻自媒体用户入驻协议》规定：“甲方可以根据乙方提供的手机号码、身份证号码等信息，向全国居民身份证号码查询服务中心、电信运营商、金融服务机构等可靠单位发起用户身份真实性、用户征信记录、用户手机号码有效性状态等情况的查询。”核实身份是可以接受的，但是通过用户信息向金融服务机构查询个人征信记录涉嫌侵犯个人隐私权。此外，即便自媒体用户对此表示不满，但因网络服务合同的预先拟定性，用户无法和平台协商，用户只能选择接受或者不接受。

4. 平台方不对广告内容负责，责任感缺失

从理论上讲，广告是平台方的重要收入来源，平台方负责招收广告、发放广告，理应对广告负责。但在服务协议中的规定却并非如此，《抖音用户服务协议》规定，“公司依照法律规定履行广告及推广相关义务，您应当自行判断该广告或推广信息的真实性和可靠性并为自己的判断行为负责。除法律法规明确规定外，您因该广告或推广信息进行的购买、交易或因前述内容遭受的损害或损失，用户应自行承担，公司不予承担责任。”① 也就是说，抖音会给用户推送广告，但是对于广告内容的真实与否不负全责，并且如果用户因为相信广告有任何损失，平台方也概不负责。依据《广告法》第3章第24条的规定，“广告经营者、广告发布者依据法律、行政法规查验有关证明文件，核对广告内容。对内容不符或者证明文件不全的广告，广告经营者不得提供设计、制作、代理服务，广告发布者不得发布。”平台方作为直接的广告发布者应对广告内容进行相关查验，如若发布虚假广告，欺骗、误导消费者，轻则承担民事责任，重则承担刑事责任。很显然，平台方的这项规定与《广告法》的规定相悖。

五 启示与建议

正如民法学者王泽鉴所言，“如何在意思自治的体制下伸张合同正义，使经济上的强者不能凭借合同自由之名压榨弱者，是现代法律面临的艰巨任务”。② 在“服务协议”中，自媒体平台处于经济强势地位，合同的要约由它所发起，合同的内容也由它提前制定，合同双方地位是不平等的。另外，法律更新的速度赶不上技术迭代的速度，目前缺乏对网络服务合同的专项管理条令和法律规定。为了使服务协议有效且全面地保护自媒体用户权利，笔者认为应该从宏观和微观两个层面来解决这些问题。首先宏观层面应该从立

① 《“抖音”用户服务协议》，摘录于2019年4月4日。

② 王泽鉴：《民法学说与判例研究》（第七册），中国政法大学出版社，1998，第36～37页。

法、行政两个方面来规制，其次，从微观层面来说，可针对自媒体网络服务合同条款的问题，从隐私保护和广告两方面做出调整。

（一）制定专门规范网络服务合同的法律

目前作为网络服务合同的“服务协议”隶属于网络消费格式合同范畴，主要是受《民法总则》《消费者权益保护法》和《合同法》的约束。目前我国法律对网络服务合同及网络格式合同的有关规定零散，难以形成完整的法律体系，而网络服务合同与我们网络生活息息相关，故建议制定专门法律系统规制网络服务合同，并且应在法律中严格规定双方的义务与责任，比如要求用明显（以彩色、特殊字体、黑线等方式做出醒目的标志）、准确（语言明确）及易于获知的地方（在靠近描述、说明或取得信息的位置）展示格式合同①，抑或是对合同的订立程序及订立内容进行严格的规定，以此增强对自媒体网络服务合同的规范和监督。

（二）对网络服务合同建立监督和查阅制度

由于网络服务合同订立过程具有非谋面性和非协商性，平台方占据主导权，所以应引入行政部门作为第三方监管力量。建议首先自媒体平台应将各自的“服务协议”提交至行政管理部门进行备案审查，并建立严格的审查制度，平台方必须以合理的方式全面而又及时地向自媒体用户提供查阅合同条款的机会。其次应从法律上赋予行政部门提出修改或建议的权力和义务，坚决落实公平的原则。最后，自媒体平台方还应该在合同内页附上国家监管部门的联系方式，如网络链接、服务电话、电子邮箱等，以方便用户在遭遇不公平条约时有合法合理的维权渠道。

（三）健全隐私保护机制

前文提到上游 App 可通过用户填写的信息查询用户的征信记录，此外

① 吴明宇:《网络格式合同的法律规制》，吉林大学硕士学位论文，2005。

服务协议对于用户的隐私如何保障也并没有交代清楚。平台方应分清权利和权力的界限。什么是平台方该获取的信息，什么是平台方不该获取的信息。针对用户的隐私信息，应建立完整的保护机制，这些隐私信息包括但不限于用户信息（账号信息、个人信息等）、发布内容（位置、文字、图片、音频、视频、商标、专利、出版物等）、用户行为（构建关系、信息、评论、私信、参与话题、参与活动、营销信息发布、举报投诉等），让平台方权责分明，有助于自媒体用户树立隐私保护的安全意识。

（四）实施广告营销备案、广告提醒和用户举报制度

虚假广告的刊登会对受众带来经济甚至是精神上的负面影响，因此平台方应自觉承担责任，既要对广告负责，也要对用户负责。首先，平台方应该实行广告营销备案制度，无论是自媒体还是平台方发起的每次广告活动都需经由一系列的审核，严格打击违规广告，从根源上进行严管。其次对于广告的推送，平台方应标注广告字眼或按钮提醒用户该则信息为广告内容。最后还应该设置用户举报制度，让用户有权举报违规广告，从而降低事故发生的概率。

总的来说，自媒体服务协议有其自身所具有的优势，如便捷、快速、低成本，它发挥着重要的作用。但同时服务协议内容不完善，服务协议仍存在强性免责、限制用户维权方式、涉嫌侵犯用户隐私等问题。对此，政府可采用立法手段和行政手段进行改善，严抓隐私权保护问题和广告责任问题，从而促使服务协议更为完善。

B.10

视频分享网站内容规制与隐私保护的比较*

——以 YouTube、DailyMotion 和 LiveLeak 为例

崔明伍　包闻泉**

摘　要： 网络流量日趋廉价的今天，视频正逐渐成为网络空间里交流的主角，并带来各类视频分享网站的兴盛。各网络大国的视频分享网站用户数量巨大。用户在使用视频分享网站的过程中，其个人隐私或信息往往被这些网站收集，其上传下载和浏览视频内容也会受到不同的限制，各大视频分享网站在用户注册与使用时虽然都事先作相应的说明，但还是由此引发一系列的冲突与纠纷。本文以三家外国视频分享网站 YouTubc、DailyMotion 和 LiveLeak 为例，通过内容分析，探寻当下视频分享网站在内容规制与隐私政策上的异同与侧重。

关键词： 视频分享网站　内容规制　隐私政策

一　以视频为主角的时代

在早期的互联网世界里，文字是网络信息的最主要呈现方式，因为基于

* 本文系国家社科基金项目“网络空间治理背景下我国非法网络出版的规制研究”（项目批准号18BXW042）的阶段性成果之一。

** 崔明伍，博士，副教授，安徽大学新闻传播学院副院长；包闻泉，安徽大学新闻传播学院硕士研究生。

当时有限的网络技术资源，文字类信息传输对用户的网速影响最小。随着网络技术的不断发展，特别是图片和音频转码技术的成熟，图片和声音自然而然成为新网络时代下的主角。而视频，这一本质上作为视觉和听觉相结合的产物，正快速成为网络信息传递的重要载体，因为它实现了网络信息的立体化，让网络使用者几乎实现了“面对面式的交流”。

视频传播之所以成为当下网络世界中的热点和焦点，原因在于它迎合了快餐化的网络消费时代，视频较之文字和图片，内容清晰明朗且表达方式生动活泼，使用者不需要具备较多的阅读能力就能理解视频所要表达的内容。

在4G网络下，视频上传、观看、转发与下载几乎不再受到过去流量与带宽的限制，而移动互联的普及让用户可以随时随地随手传播视频内容，特别是短视频。以视频（短视频）作为社交方式的时代已然到来，视频分享网站势必迎来新一轮发展高潮。

二　研究对象的选取

本文选取的研究对象网站为三家，分别为YouTube、DailyMotion和LiveLeak。

YouTube是全球最大的视频分享网站，由美籍华人陈士骏等创建于2005年2月，其总部位于美国加利福尼亚州的圣布鲁诺。YouTube在全球拥有超10亿的用户，截至2018年5月，其每个月注册用户的登录次数稳定在18亿以上，距离Facebook的20亿月活跃用户仅一步之遥。①

而早在2015年，YouTube平台上每分钟就有多达500小时的内容上传。② 在世界范围内YouTube的影响都不容小觑，即使因技术或政策原因暂

① Ben Gilbert. *Business Insider*：*YouTube Now has over* 1.8 *Billion Users Every Month*, *within Spitting Distance of Facebook's* 2 *Billion*, https：//www.businessinsider.nl/youtube－user－statistics－2018－5/? international = true&r = US，2018－05－04/，2019－01－22.

② Mark R Robertson. *Tubular Insights*：500 *Hours of Video Uploaded to YouTube Every Minute*, https：//tubularinsights.com/hours－minute－uploaded－youtube，2015－11－13/，2019－01－22.

时不能接入 YouTube 的国家，其网民也会通过其他平台或多或少地获得 YouTube 的视频内容。

DailyMotion 是当前全球仅次于 YouTube 的第二大视频分享网站，其创建于 2005 年 3 月，总部位于法国巴黎，其编辑团队和管理层均独立于法国电信。DailyMotion 月活跃用户超 3 亿①，其自身携带的流量巨大；再者，DailyMotion 主打高清视频的传播；另外考虑到它是一家总部位于巴黎的网站，其网站的运行与经营带有鲜明的欧洲特色，而这易于同美国的 YouTube 形成地域层面的对照，因而在此次研究中 DailyMotion 也被纳入其中。

LiveLeak 是一家位于英国伦敦的视频共享网站，提供用户发布和分享视频服务。该网站成立于 2006 年 10 月 31 日，网站内的视频主要描绘包括政治画面、战争场景等在内的现实场景，由于这些视频的拍摄者是普通公民，因此该网站常常与公民新闻相结合以凸显公民对突发新闻传播的力量。

之所以选择这三家视频网站作为研究对象，原因在于：YouTube 是全球最大的视频分享网站，研究视频分享网站，其自然是首选对象。DailyMotion 是世界第二大视频分享网站，同时它处于欧洲的巴黎。我国的研究者和新闻报道通常把欧美并举，这两家视频分享网站恰好位居前二，自然是比较的最佳选择。LiveLeak 同上述二者相比，并非一家超大流量的视频分享网站。之所以将 LiveLeak 纳入研究范围，一方面是因为它专精于突发事件和政治事件，具有别致的“小网站”特色；另一方面，考虑到这是一家来自英国的网站，在运营上呈现出自身特色，可与来自美国和法国的两大视频分享网站形成类型层面的对照。

检索三家网站的用户使用规定，笔者发现 YouTube、DailyMotion 和 LiveLeak 所制定的政策条款，如表 1 所示。

---

① DailyMotion：*DailyMotion Reinvents itself and Presents Its New Premium Offer to Advertisers*，https：//advertising. dailymotion. com/dailymotion – reinvents – itself – and – presents – its – new – premium – offer – to – advertisers，2017 –06 –21，2019 –01 –23。

表1　三家视频分享网站的用户须知条款

YouTube	DailyMotion	LiveLeak
社区准则(服务条款)	使用条款	条款和条件
政策和安全(社区指南)	使用条款-要点	内容和评论规则
谷歌隐私权政策(隐私条款)	隐私和 cookie 政策	隐私政策

不难发现，这三家视频分享网站所制定的条款虽然名称有异，但大体上都由三部分组成：一般性的网站介绍与使用说明、网站内容发表的规定与管制、关于用户隐私政策的阐述。

其中，一般性的介绍与使用说明通常包括网站服务的声明、用户账户在使用前的告知、相关的著作权政策、免责声明与责任限制等内容；内容发表的规定与管制即对站内用户发表内容的规制，包括对用户各类违规行为的认定以及针对各类违规行为的惩处机制；视频分享网站在方便用户生活的同时，相应地，也有着许多关于用户内容上传而导致隐私保护方面的问题，在这一点上，三家网站都制定并发布了相应的用户隐私条款以供用户阅览并知晓。

下文针对后两点，即内容规制和隐私政策进行分析。

三　三家视频分享网站“内容规制”条款及条款之解读

（一）YouTube

YouTube 的内容发表管理分为三个层面。一是允许和不允许的内容，二是有年龄限制的内容，三是有国家或地区限制的内容。

允许和不允许，意味着一部视频倘若满足“不允许”的条件，那么一定不会出现于 YouTube 的平台上。有年龄限制的内容，意味着一部视频在满足 YouTube 平台所规定的“允许”的条件下，其中如果出现了不适宜较低年龄层次用户观看的内容，那么可以用年龄属性来屏蔽一部分低龄用户，使其无法观看该部影片。对于相关国家和地区限制的内容，则通过自动检测用户 IP 地址，将非视频播放地的用户拒之门外。

通常说来，“允许与不允许”属于 YouTube 视频发布的硬性规定，即涉及该视频是否可以在 YouTube 平台发布；年龄限制则是带有分众性质的视频发布的软性规定，是美国视频分级制度在网络上的体现；而国家和地区的限制则更多地牵涉各个国家相关的政策规定以及视频的版权保护问题，带有较为强烈的因地制宜的色彩。

根据 YouTube 网站提供的管理信息，笔者绘制出 YouTube 上不被允许发表或发表受限的内容，如表 2 所示。

表 2　YouTube 上不被允许发表或受限发表的内容

门类	说明
裸露或色情内容	露骨内容如色情描写，人物穿着极少或暴露且存在性暗示意味；包含裸露或戏剧化的性行为的视频
有危害或危险性的内容	有意煽动暴力或怂恿他人参与可能导致严重人身伤害或死亡的危险或违法的活动；意图销售某些受管制或非法的商品和服务
宣扬仇恨的内容	宣扬或纵容针对个人或群体的暴力，涉及种族或民族、宗教、残障、性别、年龄、退伍军人身份、性取向/性别认同等原因
垃圾内容、误导性元数据和欺骗手段	为了增加观看次数而采用误导性的说明、标签、标题或缩略图；发布大量漫无目的、令人讨厌或重复的内容（包括评论和私信）
威胁	恃强凌弱、跟踪、威胁、骚扰、胁迫、侵犯隐私、泄露他人的个人信息以及煽动他人进行暴力行为
版权	上传非本人制作的视频或未经他人授权而使用他人拥有版权的内容
隐私权	未经某人许可擅自发布了某人的个人信息或上传了其视频
冒充他人	复制其他用户的频道布局，使用类似用户名或以其他人的名义发表评论、发送电子邮件或发布视频等行为，包括他人冒充频道和冒充他人账号
儿童安全	与危害儿童的内容有关，包括涉及未成年人的色情活动、未成年人的有害或危险行为，以及在老少皆宜的主题中发表上述违规内容
网络欺凌和骚扰	滥用视频、评论和消息，泄露某人的个人信息，包括敏感的个人身份信息，如社会保障号、护照号码或银行账号；恶意录制某人的影像（未经对方同意）；故意发布侮辱某人的内容；故意发布对他人造成伤害的负面评论/视频；令人讨厌的涉性行为，包括任何形式的性骚扰或性欺凌；煽动骚扰其他用户或创作者
枪支内容	意图销售枪支或某些枪支配件；提供关于制造枪支、弹药、高容量弹匣、自制消音器/抑制器或某些枪支配件的说明；改装枪支使之具有自动射击功能或具有模拟的自动射击功能；向用户展示如何安装配件或如何实现改装

（二）DailyMotion

法国的 DailyMotion 所制定的使用条款及禁止内容不像 YouTube 分得那么细致，它以是否完全禁止发表为标准。

根据 DailyMotion 网站上提供的管理信息，笔者绘制出 DailyMotion 上完全禁止发表的内容范围，如表 3 所示。

表 3　DailyMotion 上完全禁止发表的内容

门类	说明
色情材料	涉及任何淫秽色情内容，尤其是关于儿童色情
暴力与骚扰	引发身体暴力或骚扰的内容，尤其是煽动种族仇恨的内容
版权和个性或肖像权	未经创作者许可下复制使用其视频作品；未经他们同意的情况下拍摄人物并分发视频
对待他人	煽动仇恨，否认大屠杀或以其他方式构成基于种族、性别、年龄、宗教、残疾或性取向对他人或社区的仇恨言论的视频或评论
对待社区其他成员	任何威胁、侮辱，迫害，骚扰或披露其他用户的个人信息
垃圾邮件或信息	创建与视频内容无关的标题、说明或标签；以增加观看次数或以其他方式向其他用户做广告

（三）LiveLeak

LiveLeak 来自英国伦敦，在此平台上发布的视频需要接受较为细致的管制。

根据 LiveLeak 网站上提供的管理信息，笔者绘制出关于 LiveLeak 上受到禁止或限制的内容范围，如表 4 所示。

表 4　LiveLeak 上受到禁止或限制的内容

门类	说明
版权	未经他人许可发布他人作品
令人不适的媒体内容	描述或发布令人感到不适的视频作品，如血腥场面
垃圾邮件或信息	视频上传或发表评论以垃圾邮件进行服务；从事网站或其他商业活动

续表

门类	说明
色情内容	任何色情内容
非法的媒体内容	包括但不限于虐待动物(依赖情境),人兽交配,如何使用家居用品制造炸弹等;儿童色情属极端情况,后果严重
对待其他成员	上传媒体攻击网站的其他成员
隐私	上传到网站的视频包含未经授权使用的成员的图像
对待现场或工作人员	不健康地批评平台上的视频;任何包含破坏性的不实之词或攻击工作人员的视频
泄露信息与欺凌	在网络上报复他人,故意泄露他人信息,企图在现实世界对他人造成伤害
争执	激烈的辩论,最后演变成人身攻击
种族污蔑	针对任何种族的种族辱骂
种族主义与偏执	因为种族、性、性别或宗教原因而批评他人
威胁行为	对平台成员或员工进行公开或私人威胁
被认为对网站有危险的评论或内容	被认为对网站有危险或破坏性的任何评论

（四）“内容规制”条款之解读

“内容规制”是视频分享网站的必然组成部分，作为网络平台，用户生成内容（UGC）必然占有一定比例，“内容规制”即该网站允许或不允许、限制或不限制用户上传视频的规定。视频分享网站的用户欲享受该网站的相关服务，就必须遵守“内容规制”条款，否则就会受到相对应的处罚。也就是说，内容规制是由视频分享网站向其用户单方向规定的条款。

就 YouTube、DailyMotion 及 LiveLeak 而言，YouTube 设置的内容规范是涵盖面最广泛的，涉及色情、危险、仇恨、欺骗、冒充、版权、隐私、枪支等众多方面。此外，DailyMotion 的规定言简意赅，涉及色情、暴力、版权、对待他人、垃圾信息等方面。LiveLeak 则对发布内容的界定更为细致一些，包括内容层面的令人不适、垃圾信息、色情、非法、攻击、争执、欺凌、种族污蔑、偏执、威胁、不健康，以及其他关于版权、隐私权保护方面的阐述。

尽管三者在很大程度上有重合和相似之处，但细化至每个视频分享网站

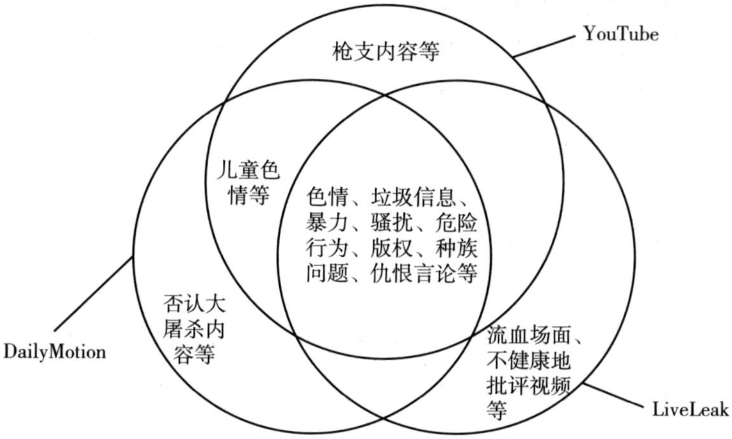

图1　三家视频网站规制内容

本身，由于各自发展定位以及与总部所在地相关涉的社会、文化、历史、政治等原因，它们又各有鲜明的特色。笔者将三家网站的“内容规制”特点概括为三个方面。

其一，针对未成年人问题的专门规定。

YouTube 和 DailyMotion 都是拥有数亿用户的大型视频分享网站，未成年人或儿童用户在其中占据了不小的比重。在制订内容规制条款时，这两家网站都倾向于将儿童问题单独列出，YouTube 在这一点上做得更加细致，将针对儿童的色情、暴力、有害、危险行为等一系列问题作为单独的一项列出。DailyMotion 也在淫秽色情一栏中着重点出了儿童色情的问题。

而 LiveLeak 没有将儿童问题专门列出，则是与其网站的风格有关，由于 LiveLeak 是专门探讨社会、政治、时事的视频分享网站，它的未成年用户占比必然不及 YouTube 和 DailyMotion 这两家更为大众化的视频分享网站，因此儿童问题暂时还未能成为 LiveLeak 规制的侧重点。保护未成年人免受网络上不良内容的影响已是国际社会的共识，LiveLeak 虽然没有特别提及未成年人问题，并不表明它对未成年人接触它们的网站听之任之。

其二，对于和网站注册地相关问题的规制。

YouTube 的规制条款中有一项是其他两家网站所没有的，那便是枪支问题。美国人口占全球 4.4%，却拥有占全球逾 40% 的枪支。众所周知，美国近些年枪支暴力事件频发，对社会安全造成了严重危害，因此，总部位于美国加州的 YouTube 将枪支问题作为其对用户发布内容规制的条款之一也就不奇怪了。

同样地，DailyMotion 在它的规制条款中也有着 YouTube 所没有的内容——针对犹太人的大屠杀话题。在 DailyMotion 上严禁否认大屠杀，这和欧洲历史有着密切联系，毕竟“二战”中纳粹的罪行是不能被遗忘和否认的。不仅在法国，其他欧洲国家，如德国、波兰等都将否认纳粹大屠杀规定为刑事犯罪。

LiveLeak 因为其专业度较其他两家网站稍高，加之英国的社会、文化、历史等因素，暂时还未因英国的地域问题而设置特别的规制板块。总而言之，对于和网站注册地相关内容的特别规制，体现了网络治理中的国家特色。也就是说，网络内容规制，既要有一定程度的共识，也得允许相应的国家裁量权。

其三，因网站的定位对相关内容的特别规制。

LiveLeak 在这一点上规定得最为细致，而这恰恰基于 LiveLeak 的定位。如前文所述，LiveLeak 涉及最多的是时事政治类和社会性话题，这类话题往往会引发公众广泛的讨论，甚至争吵。随着争论的持续和发酵，人身攻击、网络欺凌等问题便纷至沓来。因此，LiveLeak 对内容的规制多涉及网络攻击、网络争执、网络欺凌、种族污蔑、网络威胁等内容。值得注意的是，在 LiveLeak 中的内容规制里，连“令人感到不适”（upsetting）这类描述人主观情绪的词都被重点列入规制的范围，一方面可见其规制之细致，另一方面则显示出规制内容具有广泛性。另外，LiveLeak 平台上不乏社会事件第一现场的视频，这些视频大多由现场目击者直接发出，往往是不加任何后期修饰的，而考虑到一些现场视频可能会引发观看者的不适，例如事故的血腥场面、惊悚片段等，LiveLeak 也对涉及此类问题的视频做出了必要的规制。

YouTube 和 DailyMotion 的定位比较相似，都是属于面向大众的综合类视频分享网站，因此在发布内容的规制方面，除了国家特色外，其余部分二者的重合度较高。

四 三家视频分享网站用户“隐私政策”的规定及规定之解读

（一）YouTube

YouTube 隶属于 Google 公司，故它的隐私政策与 Google 隐私政策完全一致。根据 Google 于 2018 年 5 月 25 日生效的隐私政策，YouTube 作为 Google 的子网站之一，会收集用户的四大类信息：①用户的应用、浏览器和设备信息；②用户的活动信息；③用户的位置信息；④通过可公开访问的来源收集到的用户的相关信息。

前三大类所涉及的具体内容分别如表 5 ~ 表 7 所示。

表 5　YouTube（Google）收集的用户的应用、浏览器和设备信息

信息分类	具体说明
应用、浏览器和设备信息（固定信息方面）	唯一标识符
	浏览器类型和设置
	设备类型和设置
	操作系统
	移动网络信息（包括运营商名称和电话号码）
同谷歌服务进行互动的相关信息（互动信息方面）	IP 地址
	崩溃报告
	系统活动
	相应请求的日期、时间和引荐来源网址

此外，YouTube（Google）还会通过公开访问的来源收集用户的相关信息，如已发行的报纸、与 Google 进行商业或安全合作的伙伴、提供广告和调查服务的广告主等。

表 6　YouTube（Google）收集的用户的活动信息

信息分类	具体说明
活动信息	搜索的字词
	观看的视频
	浏览内容和广告的次数以及与它们互动的次数
	您在使用音频功能时的语音和音频信息
	购买活动
	您的交流对象或您分享内容的对象
	在使用 Google 服务的第三方网站和应用中的活动
	已与您的 Google 账号同步的 Chrome 浏览记录
可能参与的 Google 服务接打电话或收发消息服务	用户的电话号码
	主叫方号码
	接收方号码
	呼叫转移号码
	通话和收发消息的时间和日期
	通话时长
	路由信息
	通话类型

表 7　YouTube（Google）收集的用户的位置信息

信息分类	具体说明
位置信息	GPS 定位的地址
	IP 地址
	来自用户设备的传感器数据
可能参与的用户设备周边事物的相关信息	Wi-Fi 接入点
	基站的相关信息
	启用了蓝牙的设备的相关信息

YouTube（Google）认为，在平台上收集这些用户信息旨在用于以下方向：提供 Google 服务；维护和改进 Google 服务；开发新服务；提供个性化服务，包括内容和广告；评估效果；与用户沟通；提升 Google 服务的安全性和可靠性。

YouTube 的用户拥有如下权利：

（1）在“隐私设置检查”选项中查看和调整重要的隐私设置，以选择自己愿意让 YouTube（Google）收集的信息；

（2）登录账号后，用户有权随时访问所使用的服务，以便查看和更新信息；

（3）用户有权导出、移除和删除自己的信息；

（4）用户有权分享自己的信息，如通过在 YouTube 上公开分享视频的方式。

（二）DailyMotion

DailyMotion 在它的隐私条款中提到，平台可能会收集可以直接识别用户身份的个人信息，例如姓名和电子邮件地址，以及其他不能直接识别用户身份的信息。并告知使用者：当用户通过 DailyMotion 网站提供个人信息时，信息可能会发送到位于美国、法国以及世界其他国家或地区的服务器。

DailyMotion 收集的数据基于其站点平台和应用程序，其中也包括使用 DailyMotion 的第三方网站和应用程序。譬如，当 DailyMotion 上的视频被分享至其他网络平台时，只要其他网络平台上的用户观看了此视频，这些用户的数据也会被 DailyMotion 所收集。

DailyMotion 将收集的用户数据分为以下四大类：①用户提供给平台的数据；②用户的用法和日志数据；③来自第三方服务的账户和配置文件数据；④第三方数据。

表 8 ~ 表 10 是 DailyMotion 收集的用户数据的具体分类。

表 8　DailyMotion 收集的用户提供给平台的数据

数据分类	具体说明
用户个人信息	注册账户
	上传内容
	播放列表信息

续表

数据分类	具体说明
用户付款信息	地址
	银行账户详细信息
	身份验证信息
	结算信息
	送货信息
	详细联系信息
回复调查时用户提供的信息	偏好信息
	参与促销活动的信息

表 9　DailyMotion 收集的用户的用法和日志数据

数据分类	具体说明
设备信息（计算机、手机、平板电脑等）	IP 地址
	设备 ID 号
	浏览器
	软件特征（如类型和操作系统或语言设置）
平台服务的活动信息	观看的视频信息
	平台操作的频率和持续时间
	用户的网页浏览量
	用户相关的广告数据
	用户的推荐网址
	网络状态
	运营商信息

表 10　DailyMotion 收集的来自第三方服务的账户和配置文件数据

数据分类	具体说明
与第三方网站的关联信息	用户 ID
	用户名
	使用该服务公开的任何其他信息
授权第三方服务的共享信息	用户 ID
	账单信息
	公开的个人资料信息
	电子邮件地址
	生日
	朋友列表
	用户“喜欢”的页面
	其他账户和个人资料数据

此外，DailyMotion 还可从其他来源（第三方）收集用户的数据，这些第三方来源包括数据聚合器、公共数据库和业务合作伙伴等。

DailyMotion 认为，在平台上收集这些用户信息旨在用于以下方面：提供、改进和发展 DailyMotion 服务；与用户沟通；展示和量身定制广告和服务；提供服务的获利功能；提供用户所在地区的本土化内容或尊重上传者所规定的内容地理限制；使用聚合或匿名数据研究和分析用户市场；验证账户和行为，调查可疑的网络活动以确保用户安全。

DailyMotion 的用户权利包括如下几个方面：

（1）一般性权利，包括访问、更正和删除用户提供给 DailyMotion 的数据的权利；

（2）通过更改推广通信的隐私设置的方式，来决定不接收 Dailymotion 的推广信息的权利；

（3）通过操作 DailyMotion（包括 DailyMotion 的移动网站）上的第三方在线行为或基于兴趣的广告选项排除在线行为广告的权利；

（4）通过操作移动应用程序中第三方在线行为或基于兴趣的广告选项排除在线行为广告的权利（该操作仅适用于用户的移动设备）；

（5）对于欧洲经济区居民，个人对其数据拥有某些法定权利，在服从于法律规定的任何豁免情形之下，用户有权要求访问其个人信息，以及设法去更新、删除、更正或传输此信息。DailyMotion 对用户数据的处理受到 2018 年 5 月生效的《通用数据保护条例》（GDPR）的约束；

（6）对于美国加州居民，用户有权请求获知其被 DailyMotion 发送和透露给第三方的信息（比如想要联系用户或是给用户发送推广信息的第三方）。未满 18 岁的加州居民且是 DailyMotion 服务器上的注册用户，可以请求并实现其在 DailyMotion 服务器上公开发布的内容或信息的删除。

（三）LiveLeak

LiveLeak 提出，用户可以访问其网站并使用平台上的大部分服务，而无须告诉平台他们的身份或向平台透露任何个人身份信息。但是，在某些情况下，平台会收集个人身份信息以满足用户的请求。

LiveLeak 所收集的用户信息涵盖的具体内容如表 11 所示。

表 11　LiveLeak 收集的用户信息

数据分类	具体说明
从用户的 Web 浏览器接收和记录的匿名信息	IP 地址
	LiveLeak Cookie 信息
	用户请求的 LiveLeak 页面
	用户在每个网页上花费的时间
	用户查询的任何搜索词
平台上已注册的会员信息	电子邮件地址
	IP 地址
	用户名
	有关用户兴趣和偏好的调查回复
	其他内容

值得注意的是，LiveLeak 在它的隐私条款中还提到了平台上的一些由其他公司赞助的竞赛、抽奖活动和促销活动，这些平台上的赞助活动也能够收集到用户的个人信息，但由于这些个人信息的收集和获取方是活动的赞助公司，LiveLeak 仅仅是提供了一个网站平台，因此，这些赞助活动不属于 LiveLeak 收集用户个人信息的范畴。

LiveLeak 认为，在网站平台上收集用户的个人信息基于以下原因：定制用户在网站上的体验，向用户展示更相关的广告信息，并改善网站的服务；允许其他用户从某一用户所执行的搜索中受益，最终获得最相关的信息。LiveLeak 称，它的主要目标是在互联网上为用户提供最实用且最愉快的体验，而用户信息有助于指导网站的变更以及发展，同时，LiveLeak 的广告客户和关联公司可能会获得有关用户使用模式或兴趣的一般信息或数据，以便他们也可以更好地满足用户的需求和偏好。

对于 LiveLeak 的用户个人而言，拥有的权利包括如下几个方面：

（1）一般用户享有自愿披露或分享个人信息的决定权；

（2）一般用户具有更改计算机的 Web 浏览器设置以拒绝所有 cookie 的

权利（cookie 可用于记录用户的个人偏好）；

（3）所有会员信息存储于 Liveleak 的个人资料中，一般用户拥有随时编辑个人资料的权利；

（4）GDPR 管辖区域的用户，其个人权利包含 GDPR 所赋予的个人信息的访问权、删除权、更新权、对合法利益的反对权（在网站或第三方网站追求合法利益时反对处理自身数据的权利）。

（四）“隐私政策”之解读

如果说，“内容规制”是视频分享网站给用户提出的硬性要求，那么，“隐私政策”则是视频分享网站对用户的温和的告知，它告知用户何种隐私可能会被视频分享网站收集，语气自然要柔和些许。不过，和“内容规制”不同，“隐私政策”在告知用户网站可能会收集他们隐私的同时，还赋予用户一些权利来保护和捍卫自己的隐私（有一部分的权利来自当地法律的规定）。因此，在隐私问题中，用户有了更多的自主权，用户在隐私问题上可以有自己的选择，并反过来向视频分享网站提出自己的要求。

本文所探讨的隐私问题涉及以下三个方面：①视频分享网站收集用户的隐私范围；②收集这些隐私的目的；③这些视频分享网站的隐私条款以及当地的法律法规赋予用户的权利。

1. 隐私的范围

从上述内容可以看出，尽管三家网站对于收集的信息或数据的分类方法有所差异，基于三者定位之区别，YouTube 与 DailyMotion 作为面向全体公众的综合类的大型视频分享网站，收集的用户隐私涵盖范围较 LiveLeak 更广泛、更全面，二者收集的用户信息或数据总体看来涵盖范围是差不多的。

YouTube 把收集的用户信息分为四类，即工具信息、活动信息、位置信息和第三方来源信息。其中，工具信息既包括电脑、手机、平板等硬件设备，也包括用户使用的软件，如浏览器、应用程序等，这一部分呈现出收集信息层面的“软硬兼施”；活动信息是用户在 YouTube 上进行的各项操作的信息，这一部分属于最基础的信息门类；YouTube 将位置信息专门列出，凸显对用户地理位置检测的重视，因为平台上具有一些涉及地理位置的限制内容，也就是说，YouTube 对于用户位置信息收集的高度重视与相关的版权保护措施或上传者的分享意图密切联系；第三方的信息收集则能够让 YouTube 收集到其他平台上一些用户的信息，从而扩大它的信息储备量，这也是 YouTube 扩大其影响力的重要手段。

DailyMotion 将收集的用户数据同样分为四类，即提供给平台的数据、用法和日志数据、第三方服务和配置文件数据、其他来源的第三方数据。二者相同之处在于总的涵盖面相当，只是分类存在差异而已。分类上的差异造成某些 DailyMotion 的子类同 YouTube 的子类出现部分的重叠交叉情况（二者子类交叉重叠的分析在此不作赘述）。与 YouTube 不同的是，DailyMotion 将用户信息称为用户数据，这与 GDPR 的规定有关，虽然信息就是由一个个数据组成的，数据是信息从更加微观层面的表达。LiveLeak 则把收集的用户信息分为两块：从用户的 Web 浏览器接收和记录的匿名信息、平台上已注册的会员信息。前者是网站对用户隐形信息的收集，后者则是用户主动在平台上给出的信息，这些都属于明处的信息。

LiveLeak 收集的用户信息涵盖范围比另两家网站窄许多，既不包括硬件的设备信息，也不包括第三方信息，这也从侧面说明了 LiveLeak 在对外的推广服务和商业化程度上明显弱于 YouTube 和 DailyMotion。

2. 收集隐私的目的

如 YouTube 所言，它收集用户资料旨在用数据打造更好的服务，包括方便与用户沟通，了解用户的偏好以便构建个性化服务，提升服务的安全性等。DailyMotion 认为它收集用户的数据大体上也是用于这些目的，即包含个性化定制在内的提供和改进服务、与用户交流、外部业务、确保安全等。LiveLeak 也强调它收集用户数据在于为用户营造更好的服务以及用于一些外部的业务交流。

从它们的隐私政策中不难发现，视频分享网站总是试图并有意强调其收集用户信息的正当性，同时告知公众他们这样做是大有裨益的。诚然，用户的个人信息被视频分享网站收集可以给用户自身带来更丰富的服务体验，看起来很人性化，但这种用隐私换取便利的方式能否为用户所接受仍然充满疑问。很显然，尽管用户有关闭部分网站服务的权限，但视频分享网站上众多基础性的服务还是要收集到用户的数据才能正常运作，这在一定层面上相当于强迫用户交出了他们的信息而非完全的自愿选择。

与此同时，视频分享网站在它们的隐私条款中总是强调收集用户个人信息的好处以及它们如何能保障用户数据的安全性，例如 YouTube（Google）称自己的产品都内置了强大的安全功能，可以为用户的信息持续提供保护。这些安全措施包括数据传输过程中的加密技术，安全浏览、安全检查、两步验证等多种安全功能，对在收集、存储和处理信息方面的审查，只允许部分有需要的 Google 员工、承包商和代理商访问个人信息并遵守合同保密协议。尽管以 YouTube 为首的视频分享网站称自己的信息保密工作已经做得足够严密，但这并非万全无虞，网站信息泄露事件还是时有发生。2018 年 12 月，与 YouTube 同为 Google 旗下的社交网络 Google + 就被曝出安全漏洞，该漏洞影响了 5250 万用户的信息，这些信息不仅包括 Google + 个人用户的姓名、电子邮件地址、性别和年龄，还包括一些企业用户的账号。① 更早的 9 月，Facebook 也被一名黑客利用其社交平台的安全漏洞，盗取了登录代码，从而入侵了大量的 Facebook 账号。② 尽管现在并不清楚这些数据泄密对于 Google 和 Facebook 而言是无意之举还是有意为之，但由此可以看出这些科技巨头的信息保密工作并非坚不可摧。而数据一旦泄露，后果将会是灾难性的。

所以，YouTube、DailyMotion、LiveLeak 这些视频网站的隐私条款，暴露出了一个问题，那就是过于强调收集用户个人信息的好处以及会给用户带来如何的便利而绝口不提这样的行为可能会给用户造成的潜在的不良后果，更不会提及倘若不良后果产生又该如何补救的问题。同时，这些视频

① Lily Hay Newman. *Wired*: *A New Google + Blunder Exposed Data from* 52.5 *Million Users*, https://www.wired.com/story/google-plus-bug-52-million-users-data-exposed, 2018 年 12 月 10 日。

② Lorenzo Franceschi-Bicchierai, Jason Koebler. *Mother Board*: *Facebook Hacked*, 50 *Million Users Affected*, https://motherboard.vice.com/en_us/article/mbw3zb/facebook-hacked-50-million-users-affected, 2018 年 9 月 29 日。

网站在相关条款里强调自己的保密工作做得如何严密并请用户对此放心，然而每当曝光数据泄露丑闻时却总被打脸。这种“报喜不报忧”的隐私条款，总是能够吸引到数量庞大的用户去献上自己的数据，毕竟 YouTube、DailyMotion 这样的视频分享网站终究还是一个商业公司，只有这样做才能扩张自身的业务，增强自身的影响力。但不可否认，这样格式化的隐私条款可能有虚假宣传的意味。

另外，特别需要说明的是，三家网站都回避“隐私”这一提法，而使用“信息”或“个人信息”的说法，毕竟个人信息不一定都属于隐私，所以用户向网站提交相关信息时警惕度相应降低。

3. 用户的权利

YouTube 隐私条款规定了用户的权利，但有关该权利的内容太简单：除了基本的更改设置以选择部分服务以及一些基本的网页操作等功能，用户几乎什么权利也没有。再者，用户虽可通过关闭部分服务来防止自己的部分信息被网站收集，但并不能做到关闭全部的服务，因为上文已经提到，网站的服务是一定要利用用户数据的。可以说，YouTube 的用户是弱势的。

不过，YouTube 作为美国加州的网站，其行为必须遵守加州 2018 年通过的《加州消费者隐私权法》，这部法律赋予了用户诸如信息披露请求权、数据删除请求权、退出选择权、公平服务权、民事诉讼权等权利。值得一提的是，Google 会定期发布透明度报告，披露 Google 每六个月从政府机构收到的用户数据请求的数量，也就是说，当政府向 Google 索要用户数据时，Google 通常会发布透明度报告以让用户知悉它从政府方面收到的请求信息，用户据此做出相应的应对，这也可视为 YouTube 保护用户权利的一种较为委婉的方式。

DailyMotion 和 LiveLeak 作为欧洲网站，它们的隐私条款都不约而同地提到了 GDPR，而这恰恰是欧盟居民保护个人信息的有力武器。GDPR 指出：在收集用户的数据之前或过程中，要提供必要的信息，包括数据控制者的身份和联系方式，必要时告知数据保护官的详细联系方式，处理个人数据的目的，个人数据接收者或收受者的类型，个人数据将被储存的期限以及确定此期限的标准，明确数据主体所拥有的权利等。

与此同时，GDPR 赋予了用户一些重要的权利：①访问权，即有权从控制者那里得知其个人数据是否正在被处理，如果正在被处理的话，应当有权访问个人数据和获知相关信息，包括处理的目的、相关个人数据的类型、个人数据已经或将被披露给接收者或接收者的类型、个人数据将被储存的预期期限以及确定此期限的标准等；②更正权，即有权从控制者那里及时得知与其相关的不正确信息并作更正；③被遗忘权，即有权要求控制者擦除关于其个人数据的论录，满足的情形包括个人数据对于实现其被收集或处理的相关目的不再必要，非法的个人数据处理，履行欧盟或成员国法律为控制者所设定的法律责任从而导致个人数据需要被擦除等；④限制处理权，即有权要求控制者对处理进行限制，满足的情形包括数据主体对个人数据的准确性有争议并给予控制者以一定的期限以核实个人数据的准确性，非法处理且数据主体反对擦除个人数据，要求对使用其个人数据进行限制，控制者不再需要个人数据以实现其处理的目的但数据主体为了提起、行使或辩护法律性主张而需要该个人数据等；⑤数据携带权，即有权获得其提供给控制者的相关个人数据；⑥反对权，即有权随时反对关乎自身的数据处理以及反对完全依靠自动化处理（包括用户画像）对数据主体做出具有法律影响或类似严重影响的决策。

自 GDPR 生效后，欧盟向互联网巨头挥舞大棒。例如 2019 年初，Google 就因其数据使用不能保持透明以及个性化广告缺乏法律依据而违反 GDPR，进而被法国国家信息与自由委员会（CNIL）开出高达 5000 万欧元的罚单，这也使得 Google 成为欧盟 GDPR 实施后第一个被处罚的美国互联网巨头。[①]

总之，三国法律对网络用户隐私权利的保护越来越重视，随着从隐私到

---

① Chris Fox. *BBC News*: *Google Hit with £44m GDPR Fine over Ads*, https://www.bbc.com/news/technology-46944696, 2019-01-21, 2019 年 2 月 8 日。

个人信息的发展，特别是 GDPR 的实施，和欧盟有关联的视频网站（其实远不止视频网站一类）势必要做出调整，如再把手无寸铁的用户当作可肆意侵犯的对象，它们可能面临更大程度的制裁。

五 小结

众所周知，视频分享网站既是网友/用户上传与发布视频的平台，也是用户进行社交的场所。因而，内容规制和隐私政策就是 YouTube、DailyMotion 和 LiveLeak 这样的视频分享网站必需的规范。

内容规制的潜台词就是言论表达是有限度的，三家网站的内容规制政策很好地体现了这一点，同时，三家网站还认可因为国家或地区的人文、社会、历史、政治等因素而规制特定的内容。特别需要指出的是，三家网站都只有“负面清单”，即什么样的内容不能传播，但没有关于道德、价值标准、质量等正面规定。换言之，只要用户上传的视频不触及它们的底线，哪怕引发极大的争议，它们也不会主动删除或要求用户删除相关内容。最典型的是 Youtube 第一网红 PewDiePie 屡次推出反犹太人视频，不过 Youtube 始终未对其采取相应的内容限制措施。

用户的数量和质量是视频分享网站的流量源泉。业界曾夸张地称流量是互联网公司的一切。想方设法引流、吸引用户也是视频分享网站的生存之道。为了让用户尽量放心地去使用网站，这三家视频分享网站都向用户灌输“收集其信息以提升服务”的理念，让用户提交某些个人信息以换取使用便利。虽然各国都加强隐私或个人信息保护的立法，但算法推荐时代，这些视频分享网站“更致力于收集而非保护我们的数据”①。如前文所述，视频分享网站普遍回避隐私而用信息或数据这样的概念，因为侵害隐私一般不需要出于商业利益，而收集或滥用个人信息或数据一般需基于商

① 多家机构联名投诉 YouTube 非法收集儿童用户个人信息，http：//tech. ifeng. com/a/20180409/44943086_ 0. shtml，2019 年 3 月 2 日。

业应用，对于普通网络用户来说，举证这些大网站的商业行为是不现实的。

概言之，以 YouTube 等为首的视频分享网站虽然制定了看似完善的内容规制策略和隐私政策，但它们的内容规制和隐私保护显然没有跟上其利益扩张的速度。

B.11

短视频平台法律治理的现状、困境及破解路径

彭桂兵　冒乙静*

摘　要： 短视频内容违反法律法规、伦理道德，短视频版权侵权现象频发是短视频发展中遇到的两大法律问题。针对短视频发展中出现的问题，国内主要从法律法规与行业规范、司法裁判指导意义和国家机构具体行政行为三个角度展开治理。但短视频内容娱乐过剩、短视频版权保护技术开发不足是当下短视频治理遇到的两大困境。以技术治理为主要手段，在尊重市场的前提下国家对短视频发展采取适当干预，是破解短视频治理困境的可选择路径。

关键词： 短视频治理　内容引导　版权保护　技术治理

根据中国互联网络信息中心（CNNIC）在2019年2月28日发布的《中国互联网络发展状况统计报告》，截至2018年12月，我国网民规模达8.29亿，短视频用户规模达6.48亿，用户使用率为78.2%。[①] 随着众多互联网企业投资于短视频，短视频的市场成熟度逐渐提高。由于短视频内容丰富、制作便捷、发布门槛低且传播速度快，短视频成为网民获取知识、信息交流

* 彭桂兵，博士，华东政法大学传播学院副教授；冒乙静，华东政法大学传播学院研究生。

① 第43次《中国互联网络发展状况统计报告》，载中国互联网络信息中心官网，http://www.cnnic.net.cn/hlwfzyj/hlwxzbg/hlwtjbg/201902/t20190228_70645.htm。

与社交娱乐的主要手段之一。

与此同时，短视频的发展出现诸多问题，主要体现于内容和版权方面。在内容方面，短视频创作者与平台为吸引更多关注，故意或间接故意在视频制作中以“猎奇”内容为短视频创作核心，包括“破坏国家安全”“淫秽色情”等违反法律的内容，或虽然未违反法律法规，但违背基本道德伦理和价值观的内容。针对内容违反法律法规规定的短视频，国家利用司法和执法对其进行规制。但针对内容违背伦理道德、基本价值观的短视频，由于道德伦理与价值观的定义较为抽象，国家监管有一定难度。在版权方面产生的问题包括短视频创作之中，创作者未经授权擅自使用他人享有版权的作品，如电影作品、美术作品和音乐作品等；平台经营者未经授权擅自在平台内传播他人享有版权的短视频。在此背景下，如何进一步规范短视频的良性发展成为亟须探讨的问题。

一　短视频平台发展中存在的两大法律问题

（一）部分短视频内容违反法律法规、违背伦理道德

短视频作为传播渠道之一，内容获取是大众对其的基本诉求。作为市场产物的短视频，违法违规、有悖社会基本伦理道德和基本价值观的内容成为部分短视频获得播放量的手段。

短视频平台“快手”中一用户多次上传“暴力恐怖音视频”，被判处有期徒刑三年零六个月，是短视频创作内容违反法律的典型代表。除此之外，内容涉及宣扬邪教、吸毒等的短视频存在于各大短视频平台。同时，虽未触碰法律法规，但内容有悖伦理、道德和基本价值观的短视频也不计其数，如以“抽烟以示炫酷”“炫耀开豪车住豪宅”为内容的短视频。

媒介在信息传播功能外，其承载的内容与信息传播方式对受众的思维方式、价值选择和社会的整体风貌具有构建作用。包含违法违规、扭曲价值观

的短视频在传播过程中对其受众的认知能力和价值判断产生错误的引导，对青少年用户的负面效果尤甚。

（二）短视频版权侵权现象频发

短视频版权侵权行为主要包括以下两种：其一是发生在短视频创作过程中，创作者未经允许擅自将他人享有版权的作品作为创作的素材之一，包括他人享有版权的音乐作品、美术作品或者电影作品等。某科技有限公司经营的 App 未经授权，将版权归属中国音乐版权协会的音乐作品①作为短视频创作元素提供给其用户，并向用户提供包含涉案音乐作品的短视频的行为是此类侵权行为的典型。网络红人谷阿莫利用微博账号“x 带你看电影”，向公众传播经其压缩、裁剪和配音的他人享有版权的电影作品，是此类侵权行为的另一个典型。其二是发生在短视频传播过程中，平台未经授权擅自将他人享有版权的作品在平台内向用户传播。比如今日头条未经授权，将爱奇艺享有独占性信息网络传播权的电视剧《老九门》《延禧宫略》等片段提供给今日头条平台中的用户。② 再如伙拍小视频未经授权允许，擅自将抖音短视频平台上发布的，由抖音用户“黑脸 V”独立创作完成的“我想对你说”短视频上传到伙拍小视频平台上进行传播并提供下载服务。③

在短视频全民化的浪潮下，短视频创作者多为个体网络用户，相较于专业团队，个人用户法律意识较淡薄，短视频领域的著作权侵权更易发生。同时，由于纠纷当事人对我国“合理使用”、“避风港”和“红旗原则”的模糊理解，错误引用上述原则作为抗辩的现象存在。

二　短视频平台法律治理现状及成效

针对短视频发展过程中产生的诸多问题，我国在立法、司法及行政方

① 北京市朝阳区人民法院（2017）京 0105 民初 35797 号。

② 北京市朝阳区人民法院（2017）京 0108 民初 24103 号。

③ 北京互联网法院（2018）京 0491 民初 1 号。

面对短视频发展进行治理。在国家引导下，短视频平台也积极开展自治措施。

（一）法律法规、行业规范对短视频的规制

我国现行涉及短视频规制的法律法规除《著作权法》及《著作权法实施条例》、《网络安全法》、《互联网直播服务管理规定》等，还包括《网络短视频内容审核标准细则》等专门针对短视频内容与版权的文件。

短视频发展出现的版权问题主要由《著作权法》及其实施条例来规范。根据我国《著作权法》及其实施条例，符合具有独创性作品要件的短视频作品受版权法保护。创作者基于作品享有相应的人身权与财产权，未经授权他人擅自使用可能造成侵权。其中短视频作品创作是在取得他人授权的基础上，对版权属于他人的长视频如电影等进行压缩、剪辑、配乐，可构成著作权中的演绎或者汇编作品，创作人可享有著作权。

在短视频内容方面，除 2017 年颁布的《网络安全法》、2016 年出台的《互联网直播服务管理规定》以及 2008 年出台的《互联网视听节目服务管理规定》等针对互联网整体发展的规定外，2019 年 1 月中国网络视听节目服务协会发布了专门针对短视频内容治理的《网络短视频内容审核标准细则》（以下简称《细则》），该《细则》在对传统的“有损于国家、民族团结稳定，宣传恐怖主义”等违反法律的内容做了禁止外，还具体到对“宣扬不良、消极颓废的人生观、世界观和价值观的内容”，“美化反面和负面人物形象”和对“国家公务人员形象和共产党党员形象”恶意中伤内容的相关规定。此细则对内容符合法律法规，但违背社会伦理道德、基本价值观的短视频规制具有重大指导意义。

分析总结我国针对短视频治理的法律法规等文件，国家治理的重点及义务、责任的归属仍在平台。比如 2017 年《网络安全法》总体上以对网络运营商义务规定为主，包括要求网络运营商对网络运营状态的监测和网络日志的保存。全文只在第 24 条规定“网络运营商在为用户提供信息发布等服务时要后台实名，否则不得对用户提供服务”中对用户使用权限间接设限。

与《网络短视频内容审核标准细则》同时出台的《网络短视频平台管理规范》同为针对短视频平台的规范性文件，全文主要从用户管理、内容审核和技术升级三个层面对短视频平台做出了要求。直接针对用户行为的规范性文件如《网络短视频内容审核标准细则》等主要聚焦在内容层面，对用户做出要求。

（二）司法裁判对短视频版权争议做出指导

短视频内容层面产生的法律问题，如内容涉及淫秽色情、侵犯他人名誉、破坏国家安全内容等问题，本质仍为传播淫秽色情物品罪或侵犯他人名誉的侵权行为以及破坏国家安全罪，只是行为实施渠道为短视频，现有的刑法、民法、国家安全法对相关行为的规范条款仍适用。与短视频内容层面产生的问题不同，短视频版权相关纠纷由于涉及新型技术因素，现行法律尚未直接对相关技术与名词做出规范，司法裁判在短视频版权纠纷解决中指导意义更大。

在短视频是否构成受著作权法保护的作品的讨论中，梁某等诉北京某网络技术有限公司等案①的判决书中，法院将《著作权法实施条例》第四条第十一项关于电影作品和以类似电影方法摄制的作品与《著作权法实施条例》第五条第三项关于录像制品的规定比较，强调涉案短视频“每段视频的场景单一、内容简单、创作难度不高，属于普通人运用通常技能即可完成的劳动成果”，而不符合著作权法对独创性的要求，故涉案短视频是录像制品。北京某科技有限公司诉广州某网络科技有限公司案判决书②中，北京海淀区人民法院以“涉案视频虽仅持续 18 秒，但其在该时间段中所讲述的情景故事，融合了两名表演者的对话和动作等要素，且通过镜头切换展现了故事发生的场景，已构成具有独创性的完整表达”，将涉案短视频认定为受著作权法保护的作品。北京某公司与北京某网讯科技有限公司、某在线网络技术（北

① 北京市朝阳区人民法院（2016）京 0105 民初 37647 号。

② 北京市海淀区人民法院（2017）京 0108 民初 29385 号。

京）有限公司侵害作品信息网络传播权纠纷[①]中，法院认为“涉案视频长度较短且场景固定，但涉案视频节目主题明确，亦通过镜头切换、画面选择拍摄、后期剪辑等过程完成，其连续的画面反映出制片者的构思，表达了与主题相关的思想内容，具备较高的独创性，已经不同于机械方式录制的录像制品”，从而认定涉案短视频为类电影作品。

北京互联网法院受理的第一案抖音短视频诉伙拍小视频案[②]判决书中，法院对如何判定短视频是否符合“具有独创性作品”的要求进行系统且详细的论述。法院认为“是否符合类电作品的形式要件、是否由创造者独立完成以及作品是否具备创造性”是判定短视频是否属于受著作权法保护的“独创性作品”的三个要件。根据《著作权法实施条例》第二条、第四条对电影作品与类电作品形式要件的规定，涉案短视频“摄制在一定介质上，由一系列有伴音或者无伴音的画面组成，并借助适当装置放映或者以其他方式传播”，因而符合类电作品的形式要件。涉案短视频在创作中虽是由平台给出主题，利用示范视频、网络图片等元素，但创作者创作过程中对上述元素进行综合制作，使得创作出的短视频与被利用的元素存在客观可识别性，并且涉案短视频与平台上同一话题下的其他创作者创作的短视频存在较大区别，因而涉案短视频符合独立完成要件。在短视频创作性标准的认定中，法院重点强调要从短视频创作门槛低、录影时间短、主体明确、社交性和互动性强，而短视频的制作者以小团队和个人为主，且短视频的创作和传播有助于公众的多元化表达和文化繁荣的角度出发，提出对短视频的创作高度不宜苛求，“突出创作者的个性表达”为主要考量标准，并根据“不因视频的长短判定创造性”，认为“涉案短视频包含创作者的编排、选择和呈现给观众的特殊效果，突出创作者的个性表达”；“涉案短视频给观众带来了特别的精神享受，其他用户对短视频进行了分享”，认定涉案短视频具有创造性。因而涉案短视频构成类电作品。

---

① 北京市海淀区人民法院（2018）京 0108 民初 24663 号。

② 北京互联网法院（2018）京 0491 民初 1 号。

针对侵权行为具体认定问题，中国音乐版权协会诉某科技有限公司案①中，根据某公司经营的短视频 App 未经授权将涉案音乐作品作为短视频创作可用元素之一向平台用户提供，并在平台内向用户提供包含涉案作品的视频的事实，法院判定短视频 App 侵犯了著作权人的信息网络传播权。北京爱奇艺科技有限公司（下称爱奇艺）诉某传媒网络有限公司案②中，某传媒网络有限公司以合理使用为抗辩，主张其在平台上传播涉案作品片段系合理使用行为，未侵犯爱奇艺的信息网络传播权。该案判决中，法院依次论证该传媒网络有限公司涉案行为不属于著作权法第二十二条列举出的合理使用的十二种情形中的任意一种，该公司侵权片段共计两百余分钟，显然不符合《著作权法实施条例》第二十一条对合理使用概括式规定，因此法院否定被告将合理使用作为侵权行为的抗辩，此判决对短视频侵权纠纷中的合理使用具有指导作用。在刘某诉上海某网络有限科技公司案③中，法官根据该公司是专业的广告宣传媒体，且其侵权行为使其获得较大市场利益的事实，结合涉案短视频制作精良的特点，以法定赔偿最高额对该公司做出 50 万元赔偿的判决，此判决对短视频版权侵权案中损害赔偿额的确定具有指导作用。在搜狐视频诉北京某有限公司案④中，法院根据该公司已开发可识别涉案视频与版权库中资源相似度的版权保护系统，认定被告有能力预防版权侵权行为发生；根据搜狐视频多次向被告发出删除侵权视频通知的事实，认定被告知晓侵权现象存在；根据被告作为大型、专业的短视频平台经营者，在被多次通知其平台存在侵权行为，有能力对侵权视频进行审核但并未对涉案行为高度重视的法律事实，法院判定被告的行为构成帮助侵权，此判决对如何判定短视频平台责任具有指导作用。

---

① 北京朝阳区人民法院（2017）京 0105 民初 35797 号。

② 北京市知识产权法院（2018）京 73 民终 1941 号。

③ 李园园：《广告宣传擅用 2 分钟短视频，判赔 50 万——全国首例广告使用短视频侵害著作权案宣判》，海淀法院网，http：//bjhdfy. chinacourt. gov. cn/public/detail. php？ id =6227。

④ 苏州市中级人民法院（2017）苏 05 民初 331 号。

（三）国家机构对短视频的行政治理

我国当前处于经济转型的关键时期，计划经济体制下的行政管理手段在市场经济领域仍然有着不容小觑的影响力。[①] 行政治理是我国短视频治理的主要手段。

在版权层面，2018 年中旬国家版权局联合相关单位开展“剑网 2018”专项行动，是对短视频版权问题展开的专门治理。此次活动中，短视频平台和短视频作品上传者未经授权复制、表演、通过网络传播他人影视、音乐、摄影、文字等作品的侵权行为是主要打击对象。短视频作品上传者以合理使用为名对他人作品删减、改编并通过网络传播的侵权行为，短视频平台以用户上传为名滥用“避风港”规则的侵权行为是整治的重点[②]。此次针对短视频版权的整治中，抖音短视频、快手、西瓜视频、火山小视频、快视频、美拍、秒拍、微视、梨视频、小影、56 视频、火萤、哔哩哔哩等短视频应用程序被列为重点监管对象。主要整治工作包括打击短视频领域的各类侵权行为，以及规范短视频平台企业版权授权和传播规则。相关部门具体约谈了趣头条等 13 家网络服务商和抖音等 15 家短视频平台，对查办的案件严格按照《著作权法》最高赔偿限额处罚。2018 年 11 月 7 日，根据国家版权局通报此次行动的成效，15 家重点短视频平台共下架删除各类涉嫌侵权盗版短视频作品 57 万部。同时，在“剑网 2018”专项行动之外，国家版权保护中心开通 DCI（Digital Copyright Identifier）数字版权唯一标识符登记服务，具体操作为数字作品创作完成之后，权利人可通过 DCI 体系第三方合作平台向中国版权保护中心申请办理 DCI 登记，登记完成后权利人获得唯一 DCI 码、DCI 标和作品登记证书，其创作作品作为数字化作品从源头上获得版权保护。

---

① 卢升鸿：《短视频的内容审查及版权保护机制研究》，《中国出版》2018 年第 19 期，第37 ~ 40 页。

② 《国家版权局等关于开展打击网络侵权盗版“剑网 2018”专项行动的通知》，载国家版权局，http：//www. ncac. gov. cn/chinacopyright/contents/11203/383156. html。

在内容审查层面，国家网信办、国家广播电视总局针对短视频平台上出现的“低俗”、“色情”、“血腥”和“造假”等内容，对相关平台进行约谈、召开座谈会和行政处罚。比如在2018年4月4日国家广播电视总局以发布“违反道德”的内容为因约谈今日头条与快手负责人，4月6日以“任由未成年人主播发布低俗不良信息、突破社会道德底线、违背社会主流价值观”为因约谈快手、火山小视频。对被约谈的平台做出要求其对用户进行严格审查、下线不良内容短视频通报，并对相关平台的审核人员、主管人员做出处罚。①

（四）国家引导下的平台自我治理

在法律法规、行业规范、司法裁判与行政处罚多重引导和监督下，综合考虑违法成本和市场效益，短视频平台经营企业对用户管理、内容审查和技术升级层面展开自我检查更新。

针对版权问题，短视频平台一方面在短视频创作素材提供方面，主动寻求数据库授权，如微博云剪主动寻求与线上音乐版权授权平台 V. Fine Music 合作，以获取短视频制作中使用音乐元素的权利；另一方面，短视频平台积极与国家版权部门合作，寻求数字环境下版权保护的公共登记平台。比如在中国版权保护中心开通 DCI 体系后，百度、新浪微博主动与版权保护中心合作搭建该体系。以腾讯、阿里为代表的大型互联网企业与中国版权协会等组织合力，召集政府、学界、司法、协会、研究机构、媒体和互联网企业等多主体共同举办与短视频相关的版权保护座谈会，对短视频版权保护问题展开探讨。② 在内容问题上，被约谈部门推出更严格的内容审核准则，在用户管理上增设黑名单、一键举报功能。

---

① 赵光霞、宋心蕊：《图解：短视频平台频遭约谈敲响警钟，野蛮生长要不得!》，载人民网，http://media.people.com.cn/n1/2018/0411/c14677-29919798.html。

② 赖名芳：《第五届中国互联网新型版权问题研讨会在京举行》，载“中国记协网”，http://www.xinhuanet.com/zgjx/2018-12/25/c_137697114.htm。

三　短视频平台法律治理的困境

（一）短视频导致娱乐过剩，难以治理

内容违反法律法规的短视频在国内法律体系中得到规制，但在市场中内容变现的刺激下，内容符合法律法规、公序良俗，但创作手段过度戏谑、创作内容多为恶搞、主要功能为终端服务与广告营销的入口的短视频难以在法律规范中得到制约。短视频内容创造整体呈现泛娱乐化，对短视频用户，尤其青少年群体的生活和健康造成不良影响。

模仿“恶搞视频”导致现实中被整蛊人身体健康受损的事件已经发生。此类短视频对受众认知与行为会产生诱导，尤其是辨别能力尚未成熟的青少年群体。青少年群体难以辨别不可模仿的恶意搞笑视频与真实记录生活的视频而去盲目模仿。同时由于短视频内容未分级，在法律范围内，对成年人是较为正常话题的短视频内容，而对青少年可能是不适合的。比如美妆、恋爱、生孩子、结婚、夫妻吵架等话题是短视频内容创作的重要来源，而未成年人尤其是学龄前儿童价值观尚未建立，过度、过早地将未成年人暴露在美妆教程，情侣、夫妻关系相处之中，催化未成年人的早熟，对其价值观的正确培养有不良影响，直接影响我国未成年人正常学业任务的完成和健康成长。

内容是大众传媒的核心，在传媒理论下优质内容应有更大的消费需求。但在市场内容变现诱导下，广告营销成为短视频内容的主流，是短视频发展中存在的另一个问题。商品营销市场准确把握大众传媒时代下网络用户的心理，借助大众对“权威”的迷思以及对传媒的“内容需求”逐渐转向“人格追随”，以“科学测评”、“网红推荐”为噱头，将短视频作为硬广或者软广的入口。此类短视频内容虽在法律法规允许的范围内，但由于在市场中广告商作为其资本主要来源，商业营销类短视频制作规模大、传播范围广，占据市场份额多。而市场中消费者数量固定，商业广告性质的短视频增多，内

容优质、宣传正能量、促进文化繁荣发展的短视频份额就会减少，短视频市场整体发展呈现过度商业化，催化社会消费主义风气，短视频作为大众传媒工具的信息传输与资讯获取功能被削弱，受众对市场中产品与服务的选择产生认知偏差。

（二）版权保护技术不成熟

由于版权保护技术开发不成熟、版权保护机制建设不完善，在国内运用短视频初始版权登记体系与防侵害技术需创作者或版权运营平台付出较高成本。而由于短视频流量变现率不确定，当短视频带来的收入与成本无法持平时，短视频版权保护技术开发与使用缺乏动力。版权保护技术与手段不成熟，导致短视频版权侵权问题难以根治。

根据国内已有法律规定与司法实践，符合作品要求的短视频被认定为在著作权保护的范围内，适用现有法律体系。短视频版权问题的产生并非主要由立法体系缺陷导致，短视频版权侵权问题多与新型技术，如算法推荐、终端储存等相关。在共享技术的发展下，与信息传播技术相匹配的版权保护技术尚未成熟应用是短视频版权治理的主要阻碍。我国现有版权保护系统以中国版权中心开发的“数字版权唯一标识符”，即 DCI（Digital Copyright Identifier）体系为代表，该体系主要功能是为数字作品，包括短视频作品提供在线版权登记，为版权登记方确权、授权和维权时提供证据服务。但 DCI 运转中主要以 App 开发者为服务提供对象，即使用 DCI 体系需要第三方平台与其合作并付出对价后，方可对第三方平台中的数字作品版权赋予唯一 DCI 码。该体系通过每件数字作品享有的独特 DCI 码对其版权确认，并对互联网上其他享有该码的作品进行盗版监测，即在该体系下用作比对的盗版监测对象局限于同样使用其平台的第三方平台内的作品。同时该系统技术本身存在很大的不稳定性，官网显示系统“在维护之中”是常态。即使第三方平台愿意使用 DCI 系统，也因为技术问题可能得不到应有服务。除中国版权中心开发的 DCI 系统外，“微版权”“中细软”等知识产权保护平台也提供短视频版权登记服务，但均存在与 DCI 保护系统同样的弊端，即版权保护技术开发不完善，使用不稳定，且使用范围较为局限。而在碎片化阅读时代，用户每日接收信息量巨大，短视频具有时效性，在传播过程中是否会走红而获得高额变现具有不确定性，收益的不确定性导致短视频平台开发者在考量成本时，难以在版权保护技术上投入较多成本。较之于使用版权登记平台的成本，通过侵权维权获得赔偿的成本更低，以诉讼代替初始保护的畸形局面由此形成。浪费司法资源的同时，为获得高额诉讼赔偿不同平台间的内容垄断严重，抑制文化创作与交流，版权保护的真正价值未实现。

四　短视频平台法律治理困境的破解路径

短视频是市场发展的产物，对短视频治理应以充分尊重市场自由发展为前提，以弥补市场竞争下短视频发展的不足为动因，以促进短视频传播更好服务大众为目的，以技术治理为主要治理手段。

（一）治理原则：尊重市场前提下适当干预

短视频作为大众传媒的手段之一，在我国体制下对大众信息交流、社会文化发展与国家繁荣稳定有重要意义。因此在尊重市场经济的前提下，国家机构对短视频发展进行规制干预很有必要。

针对短视频的治理措施应以尊重市场为前提。每个短视频平台的运作必须依靠市场多方融资与技术发展支持，尊重市场规律是发展社会主义市场经济应坚守的基本原则。[①] 但尊重市场并不等于放任市场，尊重市场是在贯彻落实“放、管、服”的前提下，对市场存在问题的地方进行适当的激励或惩罚。采取具体治理措施应以“大众获得真正想要的内容”为目的，即短视频的内容主要是根据人民的需求，传输其想要表达的内容。由于市场中广告商介入、算法工具的使用以及极端内容可带来高额利润的引诱，短视频创

① 卢升鸿：《短视频的内容审查及版权保护机制研究》，《中国出版》2018 年第 19 期，第37 ~ 40 页。

作者与短视频平台在内容创作与内容推送过程中根据市场所需而非大众所需选择传播内容。政府在立法、司法与行政规范中需对短视频市场发展导致的偏差进行纠正，但同时需警惕国家对市场干预的尺度，避免对大众言论自由进行不正当限制。

在市场体制下用激励性政策鼓励优质短视频创作，使优质内容的短视频占据更多的市场份额，这是国家机构可采取的积极治理路径。比如对优质短视频创作间接补贴，包括开展某主题下短视频创作竞赛、短视频创作招投标项目等，在竞赛中以一定数额的资金作为赞助与激励，引导正面内容为主题的短视频创作。同时针对短视频运营平台，可根据具体情况减少对短视频平台的税收，作为间接资助，降低短视频平台运营成本，使平台在算法技术推送内容中减少广告营销等促进消费的内容，增加内容积极向上的短视频的推送。在创作主体层面，可鼓励人民日报、中共党校、各级法院等与民众知情权有关系的国家部门单位入驻短视频平台，国家部门单位积极利用短视频传播，推动短视频发挥新闻资讯、信息传播和知识普及的功能。

对市场中不良发展的短视频平台，以数额较高的惩罚性规则进行治理是具有实际效果的措施。企业是利益的聚合，较大的经济成本是迫使企业规范发展的手段。增大对内容违反法律法规、短视频版权侵权问题严重的短视频平台的惩罚力度，在约谈、整改通知之外以判罚实际罚金为主要手段。

（二）治理手段：以技术治理为主

短视频治理产生困境的主要原因是技术发展下，新型传播形式与侵权形式的出现使得现有治理方式无法应对。短视频发展出现的法律问题，在本质上已有法律体系可对其进行规制，彻底突破短视频治理困境，关键在于与传播技术匹配的治理技术的发展。

1. 防沉迷系统的落实

防沉迷系统初始是针对网络游戏提出的，根据我国《网络游戏管理暂行办法》，网络游戏服务提供者应当按照国家有关规定和标准，采取技术措施，禁止未成年人接触不适宜其的游戏或游戏功能，限制未成年人连续使用游戏的时间和单日累计使用游戏的时间。防沉迷系统提出的初衷是保护青少年身心健康发展，结合当今青少年对抖音等短视频 App 产生类似网游的沉迷现状，短视频系统应同样采用防沉迷系统。

但现有针对青少年的防沉迷系统存在诸多弊端，如“王者荣耀”等网游采用的防沉迷系统只是在用户注册实名制基础上，针对未成年人身份注册的用户，在使用 App 超过一定时长后会产生提醒与限制。短视频平台“抖音”App 采取主动提供“是否选择未成年人模式”的选择，在选择“未成年人模式”后，使用时长、使用时段和内容推送将会被区分处理。首先青少年用户通常不是用自己身份实名注册，账号注册者与账号使用者不一致情况下，平台经营者无法确认使用者是否为青少年，因而无法做出合理限制。同时在短视频平台中，即使未通过该平台实名注册流程注册为用户，在平台内仍可通过“游客模式”搜索并观看短视频。因此切实落实防沉迷系统，技术层面除推出防沉迷模式选择外，正需配合采用不经实名注册无法使用的措施。同时由于沉迷短视频的用户包括大量成年人，使用一定时长将会对用户做出提醒的功能应以所有用户为对象。

2. 版权保护技术应充分考虑文化创造

在版权保护技术层面国外 Youtube 网站的 Content ID 体系可作为借鉴。不同于中国版权中心开发的需要第三方短视频企业寻求合作的 DCI 体系，Content ID 是 YouTube 企业内部开发，针对 YouTube 每一个用户的版权保护体系。主要运作的程序是给内容拥有者上传的作品类似“指纹”的标识，该标识是平台将其他内容与之比对的根据。较之于国内版权保护平台，Content ID 系统最大的特点是，其对版权保护的理念不是“发现侵权——通知删除”，是促进内容创造与版权变现的最大平衡，主要表现在内容拥有者发现自己内容被侵权时，即收到 YouTube 发送的 Content ID 核对中出现的使用原创作者内容的通知时，被侵权者有不主张权利任他人使用、通知删除或者直接分享使用其内容的短视频获得收益三种选择。而在 Content ID 的实际运用中，创作者分享使用其内容进行创作的短视频的收益是 Youtube 重点推广的模式，YouTube 对该选择的定义是，促进并且鼓励文化创作与文化借鉴和交流。在上述明示利益会共享的模式下，短视频内容创作之初创作者考虑到运用他人素材会导致自己无法获得全部收益，将需要共享的收益计算在成本内。原创者在被通知有创作者使用其内容进行创作时，可选择更符合商业实际的利益共享模式。在该模式下他人的利用是对自创内容版权变现渠道的扩充，自创内容的版权收益未受损，版权保护也未形成知识垄断，整体操作流程更符合市场下的版权交易。

但由于我国短视频市场中同时存在数家有竞争关系的视频平台，要求平台内部单独开发版权保护系统，如 YouTube 的 Content ID，平台需要付出高额成本，在上述短视频变现存在不确定的情形下，成本很可能成为作为企业的短视频平台不进行技术开发的主要原因。同时由于互联网无物理空间性，信息多在平台间自由传播。将版权保护体系建设在某家企业内部，难以解决实践中经常发生的跨平台版权侵权问题。因此鉴于我国版权中心已有的 DCI 体系建设的实践，为更适应互联网环境下信息传播与交流，建设一个可以平台间共享的版权保护体系更有实践意义。为进一步完善 DCI 体系，将其定义为我国版权保护的统一平台。降低 DCI 体系使用门槛，召集数字媒体平台，包括短视频平台共同研发版权保护技术。在中国版权保护中心的带领下，企业在技术与资金层面积极与版权保护中心展开合作，综合考虑版权价值、市场效益和社会效益，以及网络时代中信息传播的特点，以建立统一版权登记机制为首要目标，同时参照 Content ID 的成功实践，以促进版权保护与文化创作最大化平衡为原则建设 DCI 体系。

B.12
我国短视频著作权保护分析

周书环*

摘　要： 本文从“中国裁判文书网”和“北大法宝网”以及北京市部分法院收集了总共9起短视频著作权纠纷案，发现这些案件均于2018年审理结案，且涉及的侵权主体均是网络服务提供商，总体可以反映出我国目前短视频著作权纠纷的一些问题。因此，围绕这9起案件，本文从短视频著作权纠纷及其保护现状、诉讼特点、争议焦点和平台侵权等角度展开剖析。考虑到当下日益增多的短视频著作权争议纠纷，结合《著作权法》修订草案，本文最后从法律体系、技术措施和行业努力等三个角度对短视频著作权纠纷问题提出建设性意见。

关键词： 短视频　著作权纠纷　著作权诉讼

当下，短视频作为一种新的表达形式，具有创作门槛低、录影时间短、主题明确、社交性和互动性强、便于传播等特点。① 这导致许多用户直接在短视频平台上使用热门影视剧片段、音乐片段、体育比赛场景、图片等编辑制作短视频，从而使得著作权纠纷越来越频繁。互联网著作权的侵权重灾区，正在转向短视频领域。② 结合短视频著作权纠纷中已有的司法实践，本

* 周书环，中山大学传播与设计学院博士后。

① 北京互联网法院（2018）京0491民初1号。

② 《短视频成版权侵权重灾区！盗版致行业损失百亿》，搜狐网，http：//www. sohu. com/a/284448249_ 120024316，2018年12月25日。

文对短视频著作权纠纷及其保护现状进行了梳理，并探讨了当下短视频著作权的主要争议焦点及诉讼特点，最后对短视频著作权保护提出了建设性意见。

一　短视频著作权纠纷及其保护现状

国家版权局网络版权产业研究基地发布的《中国网络版权产业发展报告（2018）》显示，2017年短视频领域异军突起，用户规模突破4.1亿，同比增长115%。[①] 截至2018年6月，短视频用户规模为5.94亿，占网络视频用户97.5%，短视频用户规模保持强劲增长。2019年初，短视频月使用总时长同比上涨1.7倍，全面超越在线视频。其中，抖音和快手来势凶猛，成功占领了短视频主要市场。[②] 处于短视频平台第一梯队的抖音和快手用户活跃数量维持在2亿左右，位居其后的西瓜视频和火山小视频用户活跃数量分别约为6700万和5000万。因此，在这几类短视频平台上出现的著作权纠纷较为频繁。

2018年有关短视频著作权的纠纷明显增加，有相关报道称，短视频行业可能即将迎来版权之争的“大逃杀”。[③] 2018年发生了好几起有关短视频著作权纠纷的事件，由此引发了社会对短视频著作权问题的关注。一起是2018年9月，爱奇艺诉今日头条未经许可以短视频的方式在其手机客户端上传播热播影视作品《延禧攻略》，并索赔3000万元，目前尚不知案件进展。[④] 同年10月，北京市海淀区法院审结了快手公司诉“补刀小视频”侵犯信息网络传播权的两起案件（以下简称“快手案”），快手公司要求赔偿

---

① 《短视频二次创作属于侵权吗?》，广州版权产业服务中心，https://baijiahao.baidu.com/s?id=1611917307070089011&wfr=spider&for=pc，2018年9月18日。

② 《118亿短视频体量，腾爱优布局竖屏能顺利分羹?》，钛媒体App，http://tech.ifeng.com/c/7lbFewZ251Y，2019年4月5日。

③ 《短视频侵权第一案，行业“大逃杀”来临》，洋葱智库，https://www.sohu.com/a/254606281_100089499，2018年9月18日。

④ 《称〈延禧攻略〉遭擅播　爱奇艺诉今日头条索赔3000万》，腾讯科技，http://tech.qq.com/a/20180903/057411.htm，2018年9月3日。

11 万余元，最后法院判决原告胜诉，被告因不同的涉案短视频分别赔偿经济损失及合理支出 2 万余元。① 还有一起发生在 12 月，抖音因 14 秒的短视频起诉百度旗下的小视频软件“伙拍”（以下简称“抖音案”），要求被告在百度网首页及伙拍小视频首页连续 24 小时刊登致歉声明，并赔偿经济损失费 100 万元，及诉讼合理支出 5 万元。② 此案是互联网法院审理的第一案和中国 2018 年十大传媒法事件之一，一些媒体声称这是短视频首次受著作权法保护。③ 但这起案件的原告没有获得赔偿，而是被法院驳回了诉讼请求。这几起案件引起了社会对短视频著作权问题的广泛关注，反映了技术发展给法律带来的新问题。

目前我国对短视频著作权纠纷主要通过行政手段解决。2018 年 3 月，国家新闻出版广电总局紧急下发《关于进一步规范网络视听节目传播秩序的通知》，进一步规范网络视听节目的传播秩序，明确不得擅自对经典文艺作品、广播影视节目、网络原创视听节目作重新剪辑、重新配音、重配字幕，不得截取若干节目片段拼接成新节目播出；不得传播编辑后篡改原意产生歧义的作品节目片段。严格管理包括网民上传的类似重编节目，不给存在导向问题、版权问题、内容问题的剪拼改编视听节目提供传播渠道。④ 同年 11 月，国家版权局开展“剑网 2018”专项行动，针对重点短视频平台企业存在的突出著作权问题，约谈了抖音、快手、西瓜视频、火山小视频、秒拍、微视、梨视频等 15 家短视频企业，共下架了 57 万部涉嫌侵权盗版短视频。其中，好看、微视、抖音、西瓜、快手、火山等平台企业在约谈后，严厉打击涉嫌侵权盗版的违规账号，采取永久封禁账号、短期封禁账号、停止

① 北京市海淀区人民法院（2017）京 0108 民初 51249 号。

② 《北京互联网法院开审首案　抖音诉百度伙拍小视频侵权》，澎湃新闻，http: //tech. 163. com/18/1030/19/DVD0KQM800097U7R. html，2018 年 10 月 30 日。

③ 《抖音诉百度侵权案被驳回，短视频首次受著作权法保护》，新京报，http: //tech. caijing. com. cn/20181226/4549829. shtml，2018 年 12 月 26 日。

④ 《国家新闻出版广电总局办公厅关于进一步规范网络视听节目传播秩序的通知》（新广电办发〔2018〕21 号），国家广播电视总局，http: //www. cnsa. cn/index. php/industry/policy_details/id/175/type/3. html，2018 年 3 月 6 日。

分发、扣分禁言等措施予以清理。①

与此同时，法律对短视频著作权的保护尚在摸索之中。在实践中，使用短视频的用户在 2017 年已超 2.4 亿，2018 年 6 月已经达到近 6 亿。② 这意味着，短视频原创者和传播平台即将面临大量的著作权侵权风险。在北大法宝上，以“短视频”为全文检索词，案由是著作权侵权纠纷，共检索出 165 条结果；在中国裁判文书网上，同样以“短视频”作为关键词、著作权侵权纠纷作为案由进行检索，出现了 145 条结果。本文整理了所有以短视频（包括爱奇艺、今日头条上出现的十多分钟被法院认定为侵权的短视频）为诉讼标的物的著作权侵权纠纷案，仅有 5 起。③ 结合媒体报道的热门事件，笔者从北京的法院收集到 5 份相关判决书。排除 1 例 2017 年发生在微信公众号上的短视频著作权纠纷案，最后汇总了 9 起短视频著作权案，这些案件均于 2018 年审理结案，且包含了视频业务的网络服务提供商。由于收集资料的局限性，笔者未能全面联系到各地方法院，但网上裁判文书涉及和北京法院审理的这 9 起案件，涉及抖音、快手、西瓜视频、梨视频等几大主流短视频平台，总体上可以反映当下短视频著作权纠纷案的现状。因此，围绕这 9 起案件，接下来本文从主要特点、争议焦点和未来发展三个方面对短视频的著作权保护展开分析。

二　当下短视频著作权诉讼的主要特点

结合这几起著作权纠纷案，表 1 从诉讼主体、涉案短视频类型、权利指向、管辖法院及判决结果对短视频著作权纠纷案中呈现的主要特点进行了分析。

---

① 《短视频平台版权整改取得阶段性成效，下架作品 57 万部》，国家版权局，http://www.ncac.gov.cn/chinacopyright/contents/518/388297.html，2018 年 11 月 7 日。

② 《短视频用户规模超 2.4 亿人，人气高更得质量好》，《人民日报》，http://www.nbd.com.cn/articles/2018-07-23/1237642.html，2018 年 7 月 23 日。

③ 中国裁判文书网，北大法宝网，检索时间：2019 年 2 月 1 日。

表 1　短视频著作权纠纷案的详细情况

序号	案件（简称）	原告身份	被告身份	被诉短视频类型及时长	被诉平台类型	管辖法院	判决结果
1	央视国际公司诉暴风公司	法人	法人	完全原创，体育赛事节目片段；未知	视频播放平台	北京知识产权法院	被告败诉，共赔偿400万元
2	新梨视公司诉搜狐公司	法人	法人	完全原创，纪实类；4分29秒	综合性平台	上海市杨浦区人民法院	被告败诉，共赔偿7500元
3	爱奇艺诉字节公司（今日头条）	法人	法人	完全原创，电视片段；5分钟	综合性平台	北京市海淀区人民法院	被告败诉，赔偿6万元
4	字节公司诉爱奇艺案1	法人	法人	完全原创，脱口秀节目；15分钟	综合性平台	北京市海淀区人民法院	被告败诉，共赔偿12500元
5	字节公司诉爱奇艺案2	法人	法人	完全原创，脱口秀节目；15分钟	综合性平台	北京市海淀区人民法院	被告败诉，共赔偿12500元
6	字节公司诉爱奇艺案3	法人	法人	完全原创，脱口秀节目；15分钟	综合性平台	北京市海淀区人民法院	被告败诉，共赔偿12500元
7	快手案1	法人	法人	二次创作；18秒	短视频平台	北京市海淀区人民法院	被告败诉，共赔偿23460元
8	快手案2	法人	法人	二次创作；36秒	短视频平台	北京市海淀区人民法院	被告败诉，共赔偿24820元
9	抖音案	法人	法人	二次创作；15秒	短视频平台	北京互联网法院	原告败诉

（一）诉讼主体：原被告主要是法人

上述9起短视频著作权纠纷案的原被告均是法人，大致可以分为两类：一类是短视频平台App，如快手、抖音、补刀App、梨视频；另一类是兼营短视频业务的综合性平台和视频播放平台，比如爱奇艺、今日头条、暴风影音等。2018年审理结案的这9起案件当事人均是法人，原因在于，其一，一些用户将短视频的使用权转让给了平台，使平台成为相关权利人，因此有权提起诉讼，成为原告。比如在快手案和抖音案中，用户通过授权协议的方式使得平台拥有了涉案短视频的信息网络传播权的专有使用权及维权的权利；其二，对于权利人而言，直接起诉未经许可上传享有著作权视频的用户很难维护权益，因此权利人选择起诉法人更有利于自己。一方面，“用户的地理位置分散，而且在网络上极易隐藏真实身份和网络地址，要找到用户十分困难”①；另一方面，个人用户的赔偿能力有限，短视频的市场效应期较短，制作成本不高，短视频的权利人起诉用户所获赔偿较低。②

（二）涉案短视频类型：完全原创和二次创作

根据这9起案件，可以将涉案短视频分为两类，第一类为录像或拍摄完成的完全原创短视频，包括节目制作和用户个人拍摄，共6起。2018年，今日头条与爱奇艺发生了4起关于短视频著作权纠纷案，涉案短视频时长是10～15分钟，类型是脱口秀节目的片段。③ 3月，上海新梨视网络科技有限公司与北京搜狐互联网信息服务有限公司侵害作品信息网络传播权纠纷案（以下简称“梨视频案”），涉及4分29秒的纪实视频，由用户个人采访、拍摄并经后期剪辑完成，并上传至梨视频。④

第二类为二次创作的短视频，即用户根据他人的素材进行再创作，有3起案件。抖音案中的短视频时长不到15秒，是用户以网络下载图片为基础素材，结合软件技术，制作的缅怀汶川大地震的短视频。同样，快手案的两个涉案短视频时长分别为36秒和18秒，都是结合网上已有音乐、图片等进行的创作。无论是独立拍摄的完全原创，还是基于他人素材的二次创作；无论时间长短，只要是在15分钟以内的小视频，法院都将这类视频界定为短视频。

（三）权利指向：著作权居多，邻接权较少

我国著作权法对视频的保护主要有两种权利指向，一是电影作品和以类

---

① 王迁：《视频分享网站著作权侵权问题研究》，《法商研究》2008年第4期。

② 李琛：《短视频产业对著作权保护的可能影响》，《中国出版》2017年第4期。

③ 北京市海淀区人民法院（2018）京0108民初24139号；北京市海淀区人民法院（2018）京0108民初24140号；北京市海淀区人民法院（2018）京0108民初24137号。

④ 上海市杨浦区人民法院（2017）沪0110民初12544号。

似摄制电影的方法创作的作品，受著作权保护；二是录像制品，受邻接权保护。这 9 起案件，8 起都与著作权保护有关，只有 2018 年 3 月审理结案的央视国际公司诉暴风公司案与邻接权相关。该案因涉及体育赛事节目的片段，最后法院认定体育赛事片段不构成作品，而是属于录像制品，受邻接权保护。判决结果是，暴风公司未经许可，复制了央视国际公司享有录像制作者权的录像制品并通过该公司服务器向公众提供涉案短视频的在线播放服务，侵害了央视国际公司对录像制品所享有的复制权和信息网络传播权。①

（四）管辖法院：集中在北京

这 9 起短视频著作权纠纷案的管辖法院主要在北京。原因在于，当事人都是法人，且作为原被告的传播平台公司设在北京的较多，比如抖音、快手、伙拍等。唯一一起是上海市杨浦区人民法院审理的梨视频案，由被侵权人住所地的法院管辖，根据《民事诉讼法》第 28 条规定："因侵权行为提起的诉讼，由侵权行为地或者被告住所地人民法院管辖。"而侵权行为地，包括侵权行为实施地、侵权结果发生地。该法第 25 条还规定："信息网络侵权行为实施地包括实施被诉侵权行为的计算机等信息设备所在地，侵权结果发生地包括被侵权人住所地。"② 这意味着，对于短视频著作权纠纷而言，原告和被告所在地法院都有权管辖，不过目前来看，涉案短视频平台公司所在地主要在北京，原被告以法人为主，因此以北京的管辖法院最为集中。

（五）判决结果：原告胜诉多

从法院对这 9 起案件的审理结果来看，只有抖音案中的原告败诉，其余 8 起原告都获胜诉。由此得出以下两个结论：其一，有关短视频著作权的侵权行为较普遍，尤其在独立拍摄类的短视频著作权纠纷案中，如字节公司诉爱奇艺案的三起案件，被告均被判侵权。其二，司法实践非常重视对短视频

---

① 北京知识产权法院（2015）京知民终字第 1055 号。

② 《民事诉讼法》，全国人民代表大会常务委员会，http：//www. npc. gov. cn/npc/xinwen/2017 - 06/29/content_ 2024892. htm。

权利人的保护。表现之一，将二次创作短视频认定为“作品”，比如快手案，法院认为，在短视频产业已渐成规模的当下，法律规范应当对市场及其中的商业逻辑有所回应，尤其不应为“作品”设限，人为提高作品构成要件的门槛。表现之二，要求被诉侵权平台应履行一定的注意义务。在爱奇艺诉字节公司案中，由于涉案剧曾由国家版权局发布预警通知，所以法院认为被告应对涉案短视频片段给予更高的注意，而被告未尽到合理的注意义务，未采取预防侵权的合理措施，因此被判侵权。

三　短视频著作权诉讼的两大争议

当下，有关短视频著作权的争议主要聚焦在以下两方面：第一，十多秒的短视频能否构成“作品”？第二，如果构成作品，传播平台上出现了他人创作的短视频，平台是否构成侵犯著作权？这 9 起案件，只有快手案和抖音案因为用户二次创作短视频，涉及短视频的“作品”标准问题。

（一）十多秒短视频的“作品”争议

时间长短是否会影响诉争的短视频成为作品？2013 年，法院在审理相关案件时，对短视频的时长理解还是 30 分钟以内。① 事实上，随着短视频的发展，其时长也在不断缩短，越来越多短视频 App 将视频时间限制在 5 分钟乃至几十秒内，随之短视频的作品属性问题成为关注焦点。根据《著作权法实施条例》第 2 条规定，著作权法所称作品，是指文学、艺术和科学领域内具有独创性并能以某种有形形式复制的智力成果。短视频作为数字化的视频，能被固定并以某种有形形式复制，因而，独创性是短视频能否构成作品的关键。

2017 年，法院还没有关注到短视频是否构成作品。在关于两家火锅店的著作权侵权纠纷案中，陈某在其开的火锅店微信公众号上使用了黄某火锅

① 广东省深圳市福田区人民法院（2013）深福法知民初第 659 号。

店的宣传片，这一宣传片完整版是 60 秒，剪辑版是 15 秒。陈某未经许可，擅自将 15 秒的短视频发布在自己的微信公众号中，且获得了 1542 次的阅读量。法院认定，黄某火锅店享有该短视频的著作权，陈某的行为侵犯了其著作权，且造成了一定的影响。在这一案件中，法院默认了 15 秒的涉案短视频为作品的前提，随之判决被告陈某侵犯了著作权。[①] 不过，鉴于被告没有对原告维护短视频著作权权利提出质疑，所以 15 秒的短视频是否构成作品不是该案的焦点问题。

1. 快手案：18秒和36秒的短视频具有独创性

然而，随着短视频著作权纠纷的增加，越来越多的被告主张“短视频不是作品，原告不享有著作权”，法院不得不对短视频的作品属性争议问题进行具体审理。在 2018 年 9 月海淀区法院审理的两起快手案中，被诉传播平台不同意原告快手公司的主张，认为涉案短视频不构成作品，快手公司不享有著作权。理由是，第一，涉案短视频时间很短（18 秒和 36 秒）。第二，涉案短视频不具有独创性，其中 18 秒的短视频是打气筒给汽车打气的诙谐场景，类似场景早已在网络上广泛流传。36 秒的短视频是对原创视频的模仿，所用音乐与该歌曲中的音乐相同，未另行编排，且表演者的动作也相似，只是表演者不同。经过审理，法院认为，18 秒的短视频讲述了一个情景故事，融合了两名表演者的对话和动作等要素，且通过镜头切换展现了故事发生的场景，已构成具有独创性的完整表达；而 36 秒的短视频集合了音乐、表演者的表演以及特效制作等内容，不属于对表演的机械录制，加之其不属于创意、思维方法、技术方案等抽象范畴的内容，不是基本素材或公有领域的信息，亦不属于表达方式有限的情形，故是作者思想和情感的表达。

这两起涉案短视频虽然仅有数十秒甚至是十几秒，虽然时长短的确可能限制作者的表达空间，但这并不等于表达形式非常有限而影响其成为思想范畴的产物；相反作者在较短的时间内亦可以创作出体现一定主题，且结合文字、音乐、场景、特效等多种元素的内容表达。故结合其制作方式，法院认

① 江苏省泰州市中级人民法院（2017）苏 02 民终 331 号。

定涉案的两个短视频都属于以类似摄制电影的方法创作的作品，受著作权法保护。因此，只要短视频可被认定为具有独创性的表达，时间长短不能成为否定其是作品的理由。①

2. 抖音案：15秒短视频具有独创性

2018 年 12 月，北京市互联网法院在审理“抖音诉伙拍”案时亦认为，涉案短视频虽然只有十多秒（近 15 秒），但不影响短视频的独创性，法院从作者的独立创作和作品的创作性两个角度进行了阐述。首先，涉案短视频由作者独立完成。制作者黑脸 V 结合党媒平台及人民网的示范视频和下载网络图片，制作出了“我想对你说”短视频，该短视频与前两者存在能够被客观识别出的差异，且与抖音平台其他参与同一画面制作用户的短视频，亦存在较大区别。其次，涉案短视频具有创造性，具体而言：第一，视频的长短与创作性的判定没有必然联系，有些视频虽然不长，却能较为完整地表达制作者的思想感情，则具备成为作品的条件；第二，该短视频是在已有基础上进行的创作，但其编排选择及呈献给观众的效果与其他用户的短视频完全不同，体现了制作者的个性化表达；第三，该短视频回应了公众心中对汶川地震的缅怀之情，传递出正能量，给观众带来了精神享受。因此，法院认为，涉案短视频具备《著作权法》的作品要求，构成《著作权法》中以类似摄制电影的方法创作的作品。

综合以上司法实践，法院认定短视频的“作品”标准主要有两点：由制作者独立创作完成，不与其他已发布的短视频内容雷同；在“短”中能较为完整地表达制作者的思想感情，是作者个性化表达。只要符合这两个标准，即便独创性较低，短视频也可构成作品。

（二）短视频传播平台的著作权侵权问题

短视频传播平台之所以涉嫌侵权，是因为平台上出现了未经权利人许可

---

① 北京市海淀区人民法院（2017）京 0108 民初 51249 号；北京市海淀区人民法院（2017）京 0108 民初 49079 号。

的作品。这种行为是否构成侵犯著作权？以及如果构成侵权，侵犯了著作权的哪项权利？在不符合《著作权法》第 22 条罗列的 12 种合理使用情形，且法院将涉案短视频认定为作品的情况下，短视频传播平台可能因为两种行为涉嫌侵犯权利人的著作权。这两种行为包括直接侵权行为和间接侵权行为。

1. 直接侵权行为及其侵权责任

所谓直接侵权行为，即平台未经权利人许可，上传并提供其作品的行为。《著作权法》第 47 条和第 48 条详细列举的 18 种行为，都是“直接侵权行为”。[①] 其中第 48 条第 1 款明确规定了侵权人要承担侵权责任的行为，包括侵害信息网络传播权的行为，即“未经著作权人许可，通过信息网络向公众传播其作品的，本法另有规定的除外”。

在快手案中，华多公司补刀 App 平台上出现了和快手公司同样的两个短视频，被法院认定侵犯了快手公司的著作权。依据在于：华多公司没有依据证明涉案短视频为第三人即平台用户上传。因此，法院最后认定，涉案短视频为传播平台自己上传，补刀 App 未经快手公司许可，在自己平台上发布了涉案短视频，使公众可以在个人选定的时间和地点获得短视频。所以被诉平台的行为是直接侵权，侵害了快手公司对涉案视频依法享有的信息网络传播权，应当承担赔偿经济损失等侵权责任。

短视频传播平台如何对该行为承担侵权责任？《最高人民法院关于审理侵害信息网络传播权民事纠纷案件适用法律若干问题的规定》第 3 条明确规定，“网络服务提供者未经许可，通过信息网络提供权利人享有信息网络传播权的作品、表演、录音录像制品，除法律、行政法规另有规定外，人民法院应当认定其构成侵害信息网络传播权行为。”[②]《著作权法》第 48 条对这一行为应承担的侵权责任进行了具体规定，“未经著作权人、表演者、录音录像制作者许可，复制、发行、通过信息网络向公众传播其作品、表演、

① 刘平：《著作权“间接侵权”理论之检讨与展望》，《知识产权》2018 年第 1 期。

② 《最高人民法院关于审理侵害信息网络传播权民事纠纷案件适用法律若干问题的规定》，最高人民法院，http：//www. law – lib. com/law/law_ view. asp? id =406054。

录音录像制品的，除本法另有规定的外，是侵权行为，应当根据情况，承担停止侵害、消除影响、赔礼道歉、赔偿损失等民事责任。”① 所以，短视频平台如未经许可，向公众提供属于作品的短视频，使公众可以在其个人选定的时间和地点获得该作品，构成侵犯权利人的网络信息传播权，应该承担停止侵害、消除影响、赔礼道歉、赔偿损失等民事责任。在快手案中，侵权人被认定为侵害了权利人的信息网络传播权，对每个涉案短视频案件承担了赔偿两万余元的民事责任。

法院仅考虑了侵权行为，没有考虑其是否存在故意或过失的主观过错。可见，对于直接侵权而言，短视频传播平台承担的是一种无过错责任，即无论短视频传播平台主观上是否具有过错，只要其未经权利人许可提供了他人作品，且无合理使用或者法定许可的免责事由，就可认定其行为构成侵权。

2. 间接侵权行为及其侵权责任

所谓短视频传播平台的间接侵权行为，即因用户侵权，传播平台自己具有主观过错造成的侵权。抖音案中的被告就是因用户的侵权行为而被起诉，涉嫌间接侵权。如果社交短视频平台仅为用户提供一个自动接收和发布信息的平台，侵权行为是由用户实施的，根据间接责任规则，短视频平台可能基于用户的直接侵权行为需承担间接责任。

在抖音案中，被告伙拍 App 上也出现了与原告抖音 App 上一样的短视频，原告主张被告构成直接侵权，但法院最终认定被告不构成直接侵权。原因如下，被控侵权短视频是由其他用户上传至被告的伙拍 App 上，侵权行为是由用户产生的，短视频平台仅仅作为提供信息存储空间，对于伙拍用户提供被控侵权视频的行为，履行了通知 - 删除义务，不具有主观过错，不构成侵权行为，不应承担相应责任。另一个案件情节与抖音案类似，判决结果却截然相反，在爱奇艺诉头条案中，法院认定被诉平台侵权，原因是被告对涉案侵权行为应当知晓，并应通过正常的审核程序予以阻止，但被告未尽到

① 《著作权法》，全国人民代表大会常务委员会，http：//www.gov.cn/flfg/2010 - 02/26/content_ 1544458.htm。

合理的注意义务，未采取预防侵权的合理措施，使涉案部分剧集在热播期通过其平台进行了传播，并达到一定数量。最终，法院认定被告存在主观过错，构成帮助侵权，应承担侵权的法律责任。这就是间接侵权责任。

法院对短视频平台的间接侵权行为的判定步骤是，首先，短视频是否由第三人上传，与平台无关；其次，平台不具有主观过错。在间接侵权行为中，短视频平台如果符合《信息网络传播权保护条例》第 22 条规定的五项条款，即“避风港规则”，则没有主观过错，不构成间接侵权，无须承担侵权责任。抖音案的被告正是如此，因其履行了通知 – 删除义务，则免于承担责任，而在爱奇艺诉字节公司案中，因为涉案部分剧集是在热播期间通过平台传播的，且达到了一定数量，所以法院认定字节公司对用户的侵权行为应当知晓，构成间接侵权。由此可见，短视频平台在间接侵权行为中承担的是过错责任。

根据“避风港规则”，如果短视频平台具备了下列五项条件，没有主观过错，不必承担赔偿责任：（一）明确标示该信息存储空间是为服务对象所提供，并公开网络服务提供者的名称、联系人、网络地址；（二）未改变服务对象所提供的作品、表演、录音录像制品；（三）不知道也没有合理的理由应当知道服务对象提供的作品、表演、录音录像制品侵权；（四）未从服务对象提供作品、表演、录音录像制品中直接获得经济利益；（五）在接到权利人的通知书后，根据《信息网络传播权保护条例》规定删除权利人认为侵权的作品、表演、录音录像制品。否则，短视频平台也因用户的直接侵权行为，间接侵犯了权利人的信息网络传播权，应承担停止侵害、消除影响、赔礼道歉、赔偿损失等民事责任。

总之，在当前的短视频著作权纠纷案中，一旦短视频被认定为作品，短视频传播平台可能因两种行为侵犯权利人的著作权，一种是平台未经许可擅自提供他人作品的直接侵权行为；另一种是因用户的直接侵权而导致的间接侵权行为，这一种行为受避风港规则的保护。由于短视频作为一种新的传播形式，此前司法实践和学界对短视频是否受著作权保护一直争论不休，所以这两种侵权行为在当下的短视频著作权侵权纠纷中都有发生。

四　对短视频著作权的保护建议

尽管我国已有司法实践解决短视频的作品争议和平台侵权责任问题，但随着短视频的内容形式越来越丰富，将来会有更多个人用户作为原被告牵涉其中，有关短视频的著作权问题也会愈发复杂。目前短视频著作权侵权行为主要有两种：第一，短视频自己直接上传侵权短视频内容，这种情况目前比较少；第二，平台间接侵权，由第三方上传或引导其他自媒体上传侵权短视频，利用“避风港规则”来逃避责任。后者除了把长视频剪辑成短视频，同时把短视频“拼凑”成长视频的侵权行为也逐渐增多，新型侵权方式和法律问题也会随着技术发展不断出现。[①] 结合 2014 年 6 月我国颁布的《著作权法（修订案送审稿）》的变化和调整，有关短视频著作权的保护可以从以下三方面展开。

第一，完善短视频著作权保护方面的法律体系。

《著作权法》草案在邻接权的保护范围中删除了“录像制品”，这意味着，如果短视频没有丝毫的独创性，则修订后的《著作权法》不会再对其予以任何保护，将来著作权法只保护被认定为“作品”的短视频。此外，草案还将《伯尔尼公约》提出的“三步检验法”加入合理使用条款中作为判定条件，这有利于司法实践对合理使用进行判断。[②] 短视频的迅速发展适逢《著作权法》第三次修订之际，因此，法律和相关司法解释可以根据实际情况做出自我调整。

在新技术的发展下，结合短视频著作权侵权案例，法律还可以对平台的注意义务、侵权责任的主观过错标准等进行完善，不断平衡创作者、传播者和社会公众利益的关系，处理好保护著作权与促进信息传播的关系。除了完

---

① 《短视频版权保护不容忽视》，经济日报，http：//www. xinhuanet. com/2019 - 01/02/c_1123934704. htm，2019 年 1 月 2 日。

② 国务院法制办：《著作权法（修订案送审稿）》第 17 条，http：//www. law - lib. com/fzdt/newshtml/20/20140609090547. htm，2014 年 6 月 9 日。

善相关民事法律外，同时也要关注到著作权侵权的犯罪行为，构建民事、行政、刑事全方位的保护体系。

第二，运用必要的技术保护措施。

随着技术的进步，平台可以对短视频采取一些技术措施，加强对短视频著作权的技术保护，同时也可获得更大的经济利益，比如爱奇艺设置会员，将部分短视频作为商品出售。《信息网络传播权保护条例》（以下简称《条例》）第26条第2款将技术措施定义为："指用于防止、限制未经权利人许可浏览、欣赏作品、表演、录音录像制品的或者通过信息网络向公众提供作品、表演、录音录像制品的有效技术、装置或者部件。"其第4条第2款明令禁止任何组织或个人故意避开或破坏技术措施。《著作权法》草案第6章也专门对技术保护措施进行了规定，借鉴了该《条例》对技术保护措施的定义和相关规定。

"技术措施"是用于保护作品或其他受保护的客体。[①] 它可以用来防止未经许可实施的复制或网络传播等行为，间接保护著作权。随着技术的进步，技术保护措施可以被权利人用来阻止他人未经许可对作品或其他受保护的客体实施某种行为。对于短视频平台而言，可以采取技术措施确保只有付费用户才能观看一些短视频，或者确保用户只能在线观看短视频而不能下载等，防止未经许可复制。权利人还可以在用户上传短视频时刻上用户的电子签名、电子水印等这类标记，防止未经许可的传播。但是权利人的技术保护措施也不能滥用，否则可能侵犯公民的合理使用，比如要求用户付费观看短视频时进行捆绑销售。

第三，提高平台注意义务，打造良性的行业规则。

上述技术措施主要是作为权利人的短视频平台为了防止未经许可复制和未经许可传播行为而实施的，对于易被诉侵权的短视频平台来说，可以适当提高注意义务。比如考虑把内容识别技术引入其中，自动识别上传视频是否属于侵权视频。此外，很多短视频用户并不知道自己上传未经许可的原创短

---

① 王迁：《版权法对技术措施的保护与规制研究》，中国人民大学出版社，2018，第6页。

视频或裁剪电影片段等行为构成侵权，传播平台可以在用户上传短视频之前，提醒用户可能的侵权行为，或者设计一些问答，用户通过后才能继续上传短视频。

《著作权法（修订案送审稿）》还引入集体管理组织可以代表非会员权利人的延伸性集体管理制度，有利于数字技术时代下版权产业的大规模发展。除了传播平台自身的努力，平台之间也可以相互合作，成立行业协会，充分发挥相关行业协会的作用，如监督短视频平台的行为，创造权利人和平台之间的沟通机会等，打造良性的行业秩序。同时短视频行业也可借鉴国外著作权集体管理组织的成功经验，充分发挥集体管理组织的自治社团优势，形成市场导向的集体管理机制。

五　结语

一方面，短视频正处在移动互联网的“风口”，2018 年移动互联网行业用户数已超过 11.2 亿，其中最大红利来自短视频，各大行业纷纷涌入该领域；另一方面，短视频正沦为著作权侵权的重灾区，“搬运工”和“剪刀手”未经许可，擅自传播影视综艺、体育赛事、他人原创的视频内容，导致短视频著作权侵权问题严重。

对于短视频领域，首要问题是短视频著作权认定的困难。目前我国已经有了认定短视频为“作品”及认定短视频平台构成直接侵权和间接侵权的司法实践，这在一定程度上可以解决实践中短视频的作品争议及平台侵权的问题。适逢我国《著作权法》修订之际，也是短视频新技术发展及其著作权纠纷频发之时，立法者可以完善著作权法，更好地为平台和平台之间及平台和用户之间营造良性的法律环境，平台也要利用技术措施，发挥行业作用，共同解决短视频出现的著作权问题。

B.13

从“微博热搜”看互联网商业传播的法律调整*

雷丽莉**

摘 要： 本文以新浪“微博热搜”被整改事件为出发点，分析“微博热搜”的信息属性，指出热搜榜反映公众新近关注的议题，具有新闻属性，是互联网新闻新形态。与传统的专业新闻报道由媒体设置议程不同，互联网为公众设置议程提供了技术工具和平台，而“微博热搜”正是公众议程设置的一个范例。本文还分析了新浪“微博热搜”整改措施存在的问题，并指出对“微博热搜”的治理措施取决于其对互联网的态度。网络平台服务商的时代使命不同于传统专业媒体，它并不是互联网时代专业媒体的替代品，而是其补充，是在媒介议程之外由公众进行议程设置的平台。因而，网络平台服务商不应当对其平台上的内容履行类似专业媒体的把关之责。作为企业，其有选择提供商业信息服务和公共信息服务的自由，但其义务是让公众知情，能够清楚地判断其发布的究竟是公共信息还是商业信息。互联网商业传播的治理要在尊重网络服务商商业自由的同时，保持网络的公共性。

关键词： “微博热搜” 新闻 广告 “假事件” 公众议程

---

* 本文得到国家社科基金一般项目（项目编号：17BXW090）和教育部人文社科基金青年项目（项目编号：15YJC860010）的资助。

** 雷丽莉，大连理工大学新闻传播系讲师。

一　问题的提出：被整改的新浪“微博热搜”

“微博热搜”是新浪微博2010年推出的应用功能，按照字面意思理解，微博热搜就是在新浪微博上被搜索频率最高的事件或词汇。相关报道称，“微博热搜”通过短时间内可信用户（排除了“僵尸用户”“虚假账号”的真正用户）的行为变化趋势，计算热搜内容的热度。可信用户由微博根据用户使用微博的日常行为和终端情况等进行判定。① 因此，微博热搜榜显示新浪微博一个时间段内被大量搜索和关注的热点事件或热点词汇，实时显示50个热搜内容，并按照热度，即搜索量进行排名。“微博热搜”每分钟就会更新一次内容，因此显示的都是用户最新的关注信息。

2018年1月27日，新浪微博被北京市网信办约谈，“微博热搜”因存在买卖和负面娱乐新闻过多等现象，下线一周全面整改。此外，有媒体报道，包括QQ群、淘宝、猪八戒网在内的多个平台都有内部人士宣称，只要支付一定费用，就能够提供“上榜热搜”服务，价格随时长、排位而变化。保底上榜一个小时，一次性支付60万元，可提供包上热搜一天的“套餐”。除此之外，为了使买来的热搜显得更加“真实”，还搭配销售转发和评论。②

据网络专家称，提供“刷榜”服务的公司，通常采用类似黑客技术的操作手法，即通过劫持大量普通用户的账号，利用这些账号频繁地刷某一关键词，达到上榜目的。或者通过劫持流量，使一些微博用户强制点赞某条内容，或关注某人的微博，还可在用户发微博时，强制插入关键词，以达到“刷榜”的效果。用于“刷榜”的微博，大多是盗取的。“撞库”是盗号的方式之一，即收集在网络上已泄露的用户名、密码等信息，再用技术手段前

① 《微博热搜榜产业链调查：实时热搜1万元起　明星是买榜主力》，澎湃新闻，东方网，http：//news.eastday.com/eastday/13news/auto/news/csj/20180209/u7ai7424792.html，2018年2月9日。

② 《新浪微博“刷榜”，60万进热搜前十》，新京报，凤凰网，http：//news.ifeng.com/a/20180113/55086012_0.shtml，2018年1月13日。

往一些网站逐个“试”着登录。鉴于微博平台的用户数量庞大，如果进行“撞库”，会得到数量达千万级别的账号，从而轻松将某一个关键词顶上热搜榜。[①] 也有一些推广服务代理商会极大批量地养实时号并加V认证，从而制造出能产生切实流量的可信账户而非僵尸粉。而以上步骤都可以通过平台来进行批量化操作。手机号可以用虚拟卡商注册，批量养号也有专门的平台。有的人为了赚钱可以养几十万甚至上百万的实时号，用以引导流量。在收费方面，代理商会根据客户即买方提供的词语的冷热程度以及目标刷榜排名做出评判，进行估价，然后通过第三方软件将自己养的数十万甚至上百万实时账号调动起来搜索这一关键词。[②]

热搜灰色产业链由来已久，而“微博热搜”之所以会东窗事发，是由于此前不久，“紫光阁地沟油”这一“乌龙话题”登上微博热搜榜，从而引发社会关注，并引起主管部门的注意。“紫光阁”是中共中央国家机关工作委员会机关杂志。此前，“紫光阁”和共青团中央官微、《人民日报》、新华网等多家权威机构，批评嘻哈歌手PG One歌词低俗、教唆吸毒、侮辱女性。此后网上多张微博截图显示，PG One的粉丝将“紫光阁”当作一家饭店官微，因而集资购买微博热搜话题。于是，子虚乌有的“紫光阁地沟油”标签，成为当天的微博热门搜索话题。[③]

事实上，类似“紫光阁地沟油”这样的热搜词在热搜榜上并不常见。据报道，影视娱乐行业是热搜“刷榜”的最大买家。现在明星与粉丝互动的主要渠道是微博，微博热搜“刷榜”就成为包装首选。从艺人自己花钱买到雇营销公司买，再到粉丝自发为艺人买，“买热搜”成为行业公开的秘密。[④] 经

---

① 《新浪微博“刷榜”，60万进热搜前十》，新京报，凤凰网，http://news.ifeng.com/a/20180113/55086012_0.shtml，2018年1月13日。

② 《微博热搜榜产业链调查：实时热搜1万元起　明星是买榜主力》，澎湃新闻，东方网，http://news.eastday.com/eastday/13news/auto/news/csj/20180209/u7ai7424792.html，2018年2月9日。

③ 《新浪微博“刷榜”，60万进热搜前十》，新京报，凤凰网，http://news.ifeng.com/a/20180113/55086012_0.shtml，2018年1月13日。

④ 吴学安：《强化平台责任　斩断“上榜热搜”灰色链条》，《中国商报》2018年1月23日，第2版。

纪公司、公关公司、粉丝后援会，都会通过各种渠道的刷榜来为明星“造势”。[①] 据《新京报》报道，“这是因为娱乐话题具有一定关注度，刷热搜不容易掉下来。”[②] 公司的品牌推广，一般选择微博话题榜，但是明星包装、影视剧造势，则主要选择刷“热搜”[③]。这种“造势”不仅用于平时活动、影视作品等的宣传，也用于在明星出现负面新闻时，通过买其他明星的热搜来为自己降热度。除了给自家明星的负面新闻降热度，更有粉丝为了打压自家偶像的竞争对手，故意买对别家不利的热搜。韩国某团体粉丝韩佳（化名）曾抱怨，在2017年9月18日自家偶像在韩国低调复出时，被另一天团后援会直接花三万买了话题空降热搜，企图抹黑他们的偶像。[④] 明星粉丝买热搜致使相关话题长期盘踞“热搜榜”。“紫光阁地沟油”意外地上“热搜”实际上也是明星粉丝公关引发的。据报道，在娱乐圈，能不能上热搜已经成为评价明星热度的一个重要指标，如果明星上了热搜，经纪公司就能将明星的合作价码抬高。明星上了热搜，就意味着获取了巨大流量，曝光度提升，可以推高明星影视剧作品和其个人的热度。[⑤]

传媒经济是眼球经济，互联网时代的信息经济也是如此。与电影电视伪造票房和收视率一样，互联网时代对流量数据的伪造表现为“刷榜”“刷量”“刷单”“刷粉”。一些商家或个人可以利用“热搜榜”的排名机制，选择花钱买流量，实现人为打造热点，由此形成广告宣传效应，制造所谓的话题式营销、炒作。[⑥]

---

① 《新浪微博“刷榜”，60万进热搜前十》，新京报，凤凰网，http://news.ifeng.com/a/20180113/55086012_0.shtml，2018年1月13日。

② 《微博热搜榜产业链调查：实时热搜1万元起　明星是买榜主力》，澎湃新闻，东方网，http://news.eastday.com/eastday/13news/auto/news/csj/20180209/u7ai7424792.html，2018年2月9日。

③ 《新浪微博“刷榜”，60万进热搜前十》，新京报，凤凰网，http://news.ifeng.com/a/20180113/55086012_0.shtml，2018年1月13日。

④ 《微博热搜榜产业链调查：实时热搜1万元起　明星是买榜主力》，澎湃新闻，东方网，http://news.eastday.com/eastday/13news/auto/news/csj/20180209/u7ai7424792.html，2018年2月9日。

⑤ 《微博热搜榜产业链调查：实时热搜1万元起　明星是买榜主力》，澎湃新闻，东方网，http://news.eastday.com/eastday/13news/auto/news/csj/20180209/u7ai7424792.html，2018年2月9日。

⑥ 徐晓燕：《打掉“热搜”背后的灰色利益链》，《经济日报》2018年1月17日，第9版。

在这次整改后，新浪微博修改了热搜榜的算法机制。新浪微博给澎湃新闻的一份声明显示，热搜榜单将不再完全基于纯算法排序，而是引入人工干预，算法只用作内容挖掘，确保内容的全面性，比如控制明星娱乐内容的比例，不过度娱乐化。①

新浪微博自己称，其一直在想方设法地升级算法机制。在热搜榜中，每天约有40%的热搜词被系统识别为流量异常而不能上榜。② 但刷榜代理商也在不断升级，适应微博平台的新规则。不过，新浪微博一名内部人士则称，这些刷榜者本质上还是一种机器行为，容易被平台抓住规律性。③

2018年2月4日微博热搜榜恢复上线后，新榜单24小时置顶显示时政热点内容，同时上线“新时代”频道，邀请央媒入驻并开放运营。新浪微博表示，将同时加强内容审核的技术和人力投入，在2018年上半年，将监督员团队从目前的762人扩展至2000人。④ 一周整改期结束，新浪微博大幅修改上榜规则后，虽然愿意接单上榜的公司少了很多，但依然存在少数公司表示可以“预约接单”。⑤ 尽管新浪微博已经推出多种技术手段打击刷榜行为，但黑客技术也在不断升级。

本文不讨论“刷榜”黑市的灰色产业链治理问题，微博推广代理商的刷榜行为要视其采用的方法确定，自己“养号”刷榜和“盗号”刷榜的行为属性在法律的界定上会有差别。本文只讨论“微博热搜”本身的法律调整问题，即微博热搜自身的“白市”的法律问题。

---

① 《微博热搜榜产业链调查：实时热搜1万元起　明星是买榜主力》，澎湃新闻，东方网，http：//news.eastday.com/eastday/13news/auto/news/csj/20180209/u7ai7424792.html，2018年2月9日。

② 《微博热搜榜产业链调查：实时热搜1万元起　明星是买榜主力》，澎湃新闻，东方网，http：//news.eastday.com/eastday/13news/auto/news/csj/20180209/u7ai7424792.html，2018年2月9日。

③ 《微博热搜榜产业链调查：实时热搜1万元起　明星是买榜主力》，澎湃新闻，东方网，http：//news.eastday.com/eastday/13news/auto/news/csj/20180209/u7ai7424792.html，2018年2月9日。

④ 《微博热搜榜产业链调查：实时热搜1万元起　明星是买榜主力》，澎湃新闻，东方网，http：//news.eastday.com/eastday/13news/auto/news/csj/20180209/u7ai7424792.html，2018年2月9日。

⑤ 《微博热搜榜产业链调查：实时热搜1万元起　明星是买榜主力》，澎湃新闻，东方网，http：//news.eastday.com/eastday/13news/auto/news/csj/20180209/u7ai7424792.html，2018年2月9日。

二　问题的核心：“微博热搜”的法律属性

“微博热搜”是互联网平台上新的信息形态，由于微博拥有数亿用户，每天都有数亿的搜索量，热搜榜正是在这些搜索数据的基础上形成的。如果要在法律的框架下讨论“热搜”问题，首先需要明确其法律属性。只有明确了信息的属性，才能找到根据什么标准来确定其传播边界，认定其是否合法。鉴于目前关于互联网信息传播没有从法律层面对信息进行分类，讨论“新浪热搜”的法律调整问题，只能根据目前立法中已有的对于信息的分类来进行衡量。从法律层面对信息传播的内容监管仍然是按照传统的新闻和广告二分法来进行的。① 那么，“新浪热搜”的法律属性如何呢?

根据2018年最新修订的《广告法》第2条规定，“商品经营者或者服务提供者通过一定媒介和形式直接或者间接地介绍自己所推销的商品或者服务的商业广告活动，适用本法”。国家工商行政管理总局2016年颁布的《互联网广告管理暂行办法》第3条规定，本办法所称互联网广告，是指通过网站、网页、互联网应用程序等互联网媒介，以文字、图片、音频、视频或者其他形式，直接或者间接地推销商品或者服务的商业广告。前款所称互联网广告包括推销商品或者服务的付费搜索广告。“微博热搜”既不是为了推销商品，也不是为了推销服务，尽管有人会付费上热搜，但也很难被认定为广告。

鉴于我国目前立法中没有对新闻的界定，因此只能参考学界关于新闻的定义。新闻学界对新闻有多种定义，如陆定一认为“新闻是新近发生的事实的报道”，刘建明认为“新近发生的对公众有知悉意义的事实的陈述”，此外还有“新闻是对新近已经发生和正在发生或者早已发生却是新近发现的有价值的事实的及时报道”等观点。以这些定义观照“微博热搜”：首

① 对于综艺节目等内容，目前主要是依据主管部门的行政指令进行监管，法律层面没有对其进行界定。

先，“热搜”更新时间间隔以分钟为单位，肯定是“新近或正在发生”的；其次，新浪尽管在法律属性上是民营企业，但其作为门户网站，用户已达数亿，“热搜”反映的是用户在搜索什么，热搜榜反映了公众普遍关注的问题，而公众在关注哪些问题，无疑对公众是具有价值和知悉价值的。因此，“新浪热搜”从其内容属性看完全可以划分到新闻的范畴。它通过提供微博热词榜及热搜指数，使用户能及时获取实时新闻热点。据调查，微博热搜已成为大学生获取新闻资讯的重要渠道①。新浪微博目前拥有近 4 亿月活跃用户，在国内舆论场中扮演着重要角色。因此，“微博热搜”不仅给用户的印象是新闻，而且事实上，它的应然属性也是新闻。此外，类似百度指数、微信指数等实际上都具有新闻的属性。需要注意的是，本文所说“微博热搜”具有新闻属性，是指热搜榜本身，即公众在关注什么这个事实，而不是榜上的具体的搜索内容。

按照上述分析，如果“上热搜”和“撤热搜”不是完全按搜索人数和次数统计，而是可以人为操纵，那么，新浪微博收费“上热搜”和“撤热搜”的行为性质是什么？如果对传统媒体，可以定性为受贿，但网络服务商又不是媒体，很难被认定为受贿，因此，这种行为缺乏法律规定。

当然，如果所有“热搜”是收费上榜，且其明确标示付费“上榜”，公众也都知道“上榜”是要付费的，那么，“热搜”提供的就是商业性信息发布的服务。对提供平台服务的企业而言，这种营利模式无可非议。只要其让公众知情即可。只是不能再冠以“热搜”这种使人难以确认其为广告的名称。根据《价格法》第十三条规定，“经营者销售、收购商品和提供服务，应当按照政府价格主管部门的规定明码标价，注明商品的品名、产地、规格、等级、计价单位、价格或者服务的项目、收费标准等有关情况。经营者不得在标价之外加价出售商品，不得收取任何未予标明的费用”。《价格法》第四十二条规定：“经营者违反明码标价规定的，责令改正，没收违法所

① 谢盼盼、叶璟、程振伟：《高校调查：热搜成为大学生获取新闻资讯主渠道》，新浪网，https：//edu. sina. cn/2018 - 12 - 22/detail - ihmutuee1584116. d. html？pos = 45&vt = 4，2017 年 12 月 22 日。

得，可以并处五千元以下的罚款。”但是，实际情况显然不是如此，新浪微博不可能对此服务明码标价。

而且，现实情况是，并不是所有上“热搜”的内容是付费的。据内部人士透露，新浪热搜第3条、第5条是“广告位”，是收费的。如果对传统媒体付费，可能构成受贿，但网络服务商不是媒体，很难被认定为受贿。如前文所述，新浪尽管在法律属性上是民营企业，但其作为门户网站，其微博活跃用户已达数亿，且微博热搜已经成为大学生了解时事的主渠道。① 在这种情况下，明知公众将“微博热搜”当客观的信息发布来接收，那么收费“上榜”就很难说是提供合法的信息发布服务了。②

那么，立法为什么要对信息按照新闻和广告进行分类，区别对待呢？根据《广告法》第14条规定，广告应当具有可识别性，能够使消费者辨明其为广告。大众传播媒介不得以新闻报道形式变相发布广告。通过大众传播媒介发布的广告应当显著标明“广告”，与其他非广告信息相区别，不得使消费者产生误解。法律这么规定的目的是什么？同样都是信息，为什么公众对收费刊发的广告能够接受，对有偿新闻却深恶痛绝？答案不言自明。而公众对新闻报道和广告的认知模式、信任度是不一样的。标示广告能够让公众知情，能够对信息的性质有所判断。

但是，互联网商业模式层次丰富，迭代迅速，远非广告可以覆盖。并不是所有的付费信息是广告。“微博热搜”虽然不是广告，却有商业传播的属性。如果“新浪热搜”不能标示为广告，就应当以其他方式让公众知道其商业传播的属性。公众只有知情，才有可能实现意思自治。网民们之所以对热搜产业链有如此强烈的警惕甚至不安，是源于一种被商业资本所绑架的担忧，③ 而这种担忧来自不知情。

---

① 谢盼盼、叶璟、程振伟：《高校调查：热搜成为大学生获取新闻资讯主渠道》，新浪网，https：//edu. sina. cn/2018 - 12 - 22/detail - ihmutuee1584116. d. html? pos = 45&vt = 4，2017年12月22日。

② 不过，将这种行为认定民事欺诈也有一定的困难，主要在于损害难以证成。

③ 吴学安：《强化平台责任　斩断“上榜热搜”灰色链条》，《中国商报》2018年1月23日，第2版。

更为复杂的是，互联网商业模式丰富多样，有的信息传播虽然没有收费，但有别的形式的利益交换。

事实上，不论是付费，还是“资源置换”，从商业的角度都无可非议。问题的关键在于要让公众知情。因为其中买卖双方的交易关系已经影响作为用户的公众。信息传播的目的仅仅是传递信息还是有其他的诉求？如果是后者，信息的真实性、客观性就值得怀疑。因此，界定“热搜”属性的目的是明确法律规范，避免公众在不知情的情况下被操控。

互联网商业模式日新月异。只有把握住不变的、本质的属性，才能讨论法律该如何调整。换个角度，从商业伦理看，如果双方之间的交易会对作为第三方的用户产生影响，那么应当让第三方知情，才能做出自己的决策。当然，对用户公开网络平台与他人的合作情况，这又涉及商业秘密，需要对公共利益和商业秘密之间的冲突和平衡进行论证。这就是另外一个问题了。

总之，在互联网语境下，网络信息已不再被区分为新闻和广告，这种二元分类的方法已不再适用。网络信息统统被称为“内容”，法律规定的“禁载事项”适用于所有属性的内容。但在此之外，是否已经不再需要对不同属性的内容进行区分了呢？显然不是的。平台究竟要做商业性质的传播还是公共信息传播，企业有权自由选择，但公众有权知晓。如果没有标明其是收费上榜，那么，用户对它就有一个合理期待，“微博热搜”的“报道对象”，不是人为编排的，而是统计数据形成的。

三　当前“微博热搜”的治理路径：从网络“假事件”到“假新闻”

“微博热搜”被要求整改后，诸多评论呼吁“热搜”加强平台责任，完善管理制度，还将此事件与百度“竞价排名”类比，指出此前百度搜索就是因关键词竞价排名，莆田系医院推广，引发“魏则西式悲剧”。评论还指出“热搜产业化”比百度搜索竞价排名的社会危害更大。当热门新闻也在利益驱动下，以假粉丝、假转评赞等方式人为制造时，捧红或抹黑某人或某企业也就成为可能。相对于某些搜索引擎的收费推广、一些电商的花钱刷好评，这种“花钱上热搜”现象的危害程度有过之而无不及。[①] “微博热搜”过于追求利润，漠视社会责任，会导致公众对互联网媒体的信任被透支，困扰和冲击价值判断和审美导向。[②] 通过明码标价换来的“热搜榜”，不仅混淆视听，造成“真正想看的看不到、不想看的涌上来”，更有可能被一些人当作打击报复或者蓄意炒作的新型“利器”。[③] 此外，还有观点认为，暴力、色情、恶意炒作等违法违规或有违公序良俗的信息，即便真的关注、搜索者众多，也不该放任其登上热搜榜。“技术无罪不代表平台无责”。平台不只是用技术提供服务，对内容的问题也不能置身事外。网络运营者不能以仅提供平台服务作为挡箭牌，而要尽到审查和监管义务，发现有发布或传输违规信息的，应立即停止传输该信息，采取消除等处置措施。这样才能将不良信息剔除，挤出热搜榜的水分，让人们看到想看到的热门新闻，而非看到炒作者想看到的“热门新闻”。[④]

2018 年 1 月 28 日，新浪微博发布公告，将热搜榜、话题榜等七个板块下架，进行为期一周的整改。微博官方称，新浪将加大对热搜榜、热门话题榜刷榜行为的处理力度，并对直接受益者进行处罚；对于存在刷榜行为的热门话题及主持人，对于流量异常搜索词及指向对象进行连带处置。微博还对 38 个刷榜话题和热搜词做出“3 个月禁上热门话题榜和热搜榜”的处罚，其中包括李小璐现身、直播答题、嘻哈歌手 GAI 等。[⑤] 在此之前，新浪微博也曾公布通过违规手段刷话题阅读数，旨在冲击热门话题榜单的账号，并对话题和主持人做了封号处理。[⑥]

---

① 史洪举：《微博热搜榜：在法律之内运行》，《人民法院报》2018 年 2 月 1 日，第 2 版。

② 吴学安：《强化平台责任　斩断“上榜热搜”灰色链条》，《中国商报》2018 年 1 月 23 日，第 2 版。

③ 徐晓燕：《打掉“热搜”背后的灰色利益链》，《经济日报》2018 年 1 月 17 日，第 9 版。

④ 史洪举：《微博热搜榜：在法律之内运行》，《人民法院报》2018 年 2 月 1 日，第 2 版。

⑤ 《微博处罚一批热搜刷榜！背后产业链发达，2 万元就能上热搜前十》，南方都市报，网易新闻，http：//news. 163. com/18/0128/21/D993TH8O000187VE. html，2018 年 1 月 28 日。

⑥ 《新浪微博“刷榜”，60 万进热搜前十》，新京报，凤凰网，http：//news. ifeng. com/a/20180113/55086012_ 0. shtml，2018 年 1 月 13 日。

整改后的热搜榜与此前相比，少了明星八卦、恶俗炒作，多了很多正能量的内容。热搜榜还增加了一条置顶内容，展现国内的新面貌。本文写作之时微博热搜榜的“置顶”热搜是“聚焦数字中国建设峰会”。除此之外，微博热搜还增加了一个新板块——新时代。这个板块以反映时政要闻、国家大事为主，展现最新的积极、正能量的信息。

推广代理商基于特定的目的，利用人工或使用机器软件重复搜索的“刷榜”行为无疑会制造“伪热点”，因此，打击热搜灰色产业链，使公众通过热搜榜了解到真正的热点新闻，无疑是十分必要的。但是，且不说微博自身出售热搜“广告位”同样也是在制造“伪热点”。这种控制使得本来不是搜索量最多的事件上了“热搜榜”，而搜索量大的内容（不论是自然产生的搜索，还是人为操作的搜索）因为控制比例的要求没有上榜。这本身也违背了新闻的客观真实原则。

“假事件”是美国历史学家丹尼尔·布尔斯廷提出的一个概念，指经过设计刻意制造出来的新闻。陈力丹在丹尼尔·布尔斯廷的基础上，将由传媒公然策划并作为新闻进行报道的事件或公共关系活动称为“传媒假事件”。而在互联网传播语境下，网络推广代理商的“刷榜”实际上是这种“假事件”的新形态。因为这些数量的搜索是真实发生的，但不是自然发生的，而是在人为设计策划下发生的。然而，新浪的整改措施，包括“3个月禁上热门话题榜和热搜榜”的处罚，新榜单24小时置顶显示时政热点内容等，使得热搜榜单不是真正按搜索量排名形成的榜单，没有被“热搜”的上了榜，而本来被“热搜”的（不论是否人为操纵的热搜）被撤下榜单。因而，这样的榜单反映的仍然不是用户真实的搜索情况。因此，新浪微博的整改措施实际上是在用“假热搜”纠正网络“假事件”。此外，鉴于微博热搜自身有公开的“广告位”，那么微博治理黑市“刷榜”产业链到底是在尽平台的监管责任，还是维护对热搜买卖的垄断利益就值得探讨了。

四　结论与启示：我们究竟想要一个怎样的互联网

（一）“微博热搜”：网络新闻新形态

用户在微博上搜索相关信息，这本来只是用户的信息活动，但“微博热搜”利用信息技术将用户的搜索内容进行统计排列，使得用户的搜索行为具有了信息生产的属性。用户在无意识中成为新浪微博热搜榜的信息来源。于是产生了“微博热搜”这样的网络新闻新形态。在传统媒介环境下，议程设置都由媒体完成，互联网的出现使得公众进行议程设置成为可能。而这种议程设置是在用户集体无意识的状态下产生的，反映了公众最为关心的议题。公众议程与媒体的专业化议程设置不同，碎片化、娱乐化是公众议程设置的正常现象，而不仅仅是因为明星“刷榜”造成的。

无论是网络推广代理商的“刷榜”，还是微博平台的治理措施，实质都是对数据和流量的造假。尽管榜单上的搜索量数据本身可能是真实的，但高搜索量的信息没有在榜单上呈现也是一种造假。因为在榜单上排前列的，实际上可能不是搜索量最高的。这种情况下，“用数据说话”就变成“用数据说谎”。

（二）“热搜”治理路径探讨

如上文所述，互联网技术的发展，使得公共议程的实现成为可能。但我们发现，“微博热搜”是用户在无意识的情况下进行的议程设置，本身应该是无价值性的，而公众也会把它当作价值中立的信息来接收。但经过价值判断和选择的榜单就不再是“热搜”，而可能是“热荐”了。

现实是，在商业利益的驱动下，原本的公众议程为商业议程所把持。而新浪所采取的整改措施实际上是让本来的公众议程，从商业议程回归到传统的媒体议程，只是媒体变成了平台。“热搜”的问题，从表面上看，是以发布公共信息的形式发布了具有商业属性的信息，但其实质是互联网作为公共信息平台的公共属性和它作为企业的商业属性之间的冲突的外化。而对这一冲突解决方案的选择取决于我们对互联网的态度。

我们需要考虑的是，我们究竟想要一个什么样的互联网平台？在互联网已经成为大量用户了解新闻的首选端口时，究竟是要最大限度保持其公共性，还是要将其变成网络传统媒体？ISP 究竟应该扮演什么样的角色？是把关人？还是服务者？我们应该把平台变成一个“类媒体”，还是真正的公共平台？用户究竟应该在网络公众议程设置中扮演什么样的角色？是虚假的“参政议政”者，还是真正握有选票的议程设置者？只有回答了这些问题，才能讨论该如何对“热搜”进行治理。

笔者认为，网络平台服务商的时代使命不同于传统专业媒体，它并不是互联网时代专业媒体的替代品，而是在媒介议程之外为公众议程设置提供的平台，是媒介议程的补充。因而，对于内容，其不应当履行类似专业媒体的把关之责。作为企业，其有选择提供商业信息服务和公共信息服务的自由，但其义务是让公众知情，能够清楚地判断其发布的究竟是公共信息还是商业信息。正如《广告法》要求广告具有可识别性，应当显著标明“广告”，与其他非广告信息相区别，不得使消费者产生误解一样。而《广告法》之所以要求广告发布者“明示”，避免公众产生误解，是因为公众对广告和新闻的信任程度是不同的，由此产生的“信赖利益”也不同。由于广告倾向于作用于人的自由意志，给人以自由做出决策的错觉，因此公众对其持有更多的怀疑和警惕态度，而如果广告以新闻的面貌出现，公众就不会有很强的怀疑和警惕心理。公众只有在知晓信息属性的情况下，才能真正做到意思自治。同样，公众对于通过付费或资源置换上热搜和自然上热搜的信息的信赖程度也是不同的。如果某个信息是通过付费或资源置换上了热搜榜，而没有告知公众，使其认为是公众真正关注的热点，那么，尽管公众没有遭受实际的损害，难以构成欺诈，但也是有损公众的“信赖利益”的。而据微博方面称，热搜榜的确存在推广和广告，但是要经过审核，而且会有“荐”字样。[①] 但“荐”

① 江德斌：《微博热搜榜切莫沦为“作恶”工具》，《检察日报》2018 年 1 月 10 日，第 6 版。

这样的标示并不能使普通公众明确地认识到其商业属性。信息属性要明示，不是基于新闻专业主义对网络信息平台的要求，而是基于商业伦理和民法上的诚信原则。

此外，基于互联网信息服务的商业模式很多元，并非所有的商业性传播是广告，互联网传播模式使得信息按照新闻广告二元分类受到挑战，而广告的内涵也不宜任意扩张。因而并非所有的商业信息适合标注为广告。但公众对商业信息和公共信息的“信赖利益”是不同的，因而，互联网平台需要对商业传播进行明确标示，以保障公众的知情权、意思自治。

总之，互联网平台不是专业媒体，也没有能力也不应当做内容把关人。不应把平台本身变成类似传统媒体的议程设置者，而应当让商业活动回归商业，同时遵循商业伦理和诚信原则。而且，对互联网信息的治理既要防止黑产业链，也要防止平台垄断控制，治理应当以公众看得见、可监督的方式进行，而非“黑箱治理”。这样，公众才能够对作为“私权力”的平台进行监督，从而在尊重网络服务商商业自由的同时，保持网络的公共性。

网络社会治理

Governance of Network Society

B.14

互联网时代的基层社会治理：反思与重构

宋 煜*

摘 要： 基层社会治理是国家社会治理体系的基础，也是社会治理的重点和难点。随着以互联网为代表的网络信息技术的迅猛发展，技术应用在基层治理中发挥着重要的作用。本文从概念反思明晰了基层社会治理的范围和内容，从技术反思总结了三种不同的影响范式，总结了信息技术在基层社会治理中所发挥的各种作用。在新的形势下，本文分别从技术视角从信息化研究框架入手分析了基层治理信息化发展的现状，从基层治理变迁的角度对信息应用的重点环节进行了阐述，提出现实发展中的关键问题和对策。

* 宋煜，中国社会科学院社会学研究所助理研究员。

关键词： 互联网时代　基层社会治理　社区信息化　网络信息技术

一　问题的提出

21世纪以来，全球范围内的移动互联网、物联网获得了迅猛的发展，不断降低社会公众信息获取与交互的成本，在不同区域不同程度地影响着传统的生产和生活方式，并以人机共生的状态推动社会治理状态的发展。从全球性的网络空间治理，到一个小型居住社区的变迁，政府、企业和社会各界都意识到了互联网对传统治理模式的深刻挑战，迫切地寻找并尝试着与之相适应的方法和路径。

四十年来，伴随着互联网的高速发展，中国经济社会也发生巨大的变化。基层社会从具有鲜明时代烙印的城市"单位制"和乡村"人民公社制"，逐渐演变为城乡之间既有相同点又有不同点的"社区制"。"新区制"在组织结构、治理内容和工作方式上都或多或少地与网络通信技术的发展密切相关，特别是在精细化服务和网格化管理的话语体系下，党和政府在基层社会治理中的角色愈发重要。

中国作为全球互联网发展的热点之一，中央政府推出了诸如"大数据""智慧城市""互联网+""智慧社会""数字中国"等应用服务理念，各地也热情组织各类国际性会议，如世界互联网大会、大数据产业博览会、世界人工智能大会等。在实践层面，中央和地方各级政府都致力于推动针对社会管理与公共服务的互联网应用，尝试通过互联网应用实现"对外便民"与"对内减负"的双重效果，推动社会治理中心向基层下移。然而，现实中的基层社会治理却疲于应对"互联网"带来的"烦恼"，网络信息技术的发展到底是"雪中送炭"，还是"锦上添花"？

面对这种困惑，我们需要去反思互联网对基层社会治理所带来的影响，以及由此而产生的涉及信息技术与治理行为之间关系的讨论。为了更为简洁地表述这个问题，本文将之分解为三个问题：一是以互联网为代表的信息技术对基层社会治理的影响力体现在哪里？二是技术与治理视角下基层社会治理与信息应用面临何种挑战？三是如何在新的技术发展条件下迎接基层社会治理转型发展的未来？

二　互联网与基层社会治理的反思

互联网对社会生产生活的影响往往被形容为“无处不在”，但如果从基层工作的角度来看，互联网各类应用所带来的困扰往往大于收益。基于互联网所出现的新型治理模式与传统社会管理模式间的矛盾以及各相关主体之间的博弈，已经形成一种现实挑战。化解这些挑战的前提是如何明确过去与当下对基层社会治理内涵的理解，以及技术应用与治理的关系，从而对目前所呈现的问题或挑战有一个清晰的认识。

（一）对基层社会治理的概念反思

基层社会治理是国家社会治理体系的基础，也是社会治理的重点和难点。在实践中，基层社会治理往往被简单地理解为“社区治理”。社区作为一个基本的社会单元，更是当前社会治理的重要着力点，受到了政府、市场和社会的高度关注。在学术的话语体系中，“社区”代表了一种由各类关系所组织的共同体，既是一种区域性社会单元，也是一种基层治理模式的体现。在政府的话语体系中，“社区”被定义为一种区域性的社会生活共同体，但实际的政府文件更强调其代表性组织：村（居）民委员会。所谓的“社区工作”，就是指居民委员会所承担的工作，与老百姓的生活息息相关，关系社区居民的根本利益，这也正是社会治理的重要内容。基层社会治理的目标正是让基层社区各类组织和个体参与公共事务，实现共同的目标。如上文所述，基层社会治理的关键在于社区治理，但问题不仅在于此，因为基层社会的范围远比“居委会辖区”更加丰富。

基层社会是以社区（村）为基础，以街道、乡镇为单元的，处在国家建设和社会发展中的基础性地位，其有效运行构成了整个国家和社会治理的坚实基础。在基层社会治理的外延中，基层政府及其派出机构（乡镇政府、办事处）也发挥了巨大的作用，主要体现在管理下放和服务延伸上，开展区域内综合性的社会治理。在各级中共党委和政府的重视和支持下，基层社会组织在创新基层社会治理中发挥着重要作用，推动了多元主体参与的社区治理格局的完善。

伴随着网络信息技术的应用创新与快速普及，传统的社会治理已经难以适应，不同社会治理主体的行为规范和社会角色都发生了或多或少的变化。在互联网的框架下，基层政府及其派出机构、社会组织与商业企业，以及公众个体都将参与到治理活动之中，社会治理迫切地需要进行重新的定位和规范。

（二）对基层社会治理的技术反思

当前，学界对信息技术与社会治理之间关系的研究比较丰富，但总结起来主要有三种范式，即工具范式、问题范式和治理范式。

工具范式是集中于信息技术的工具性作用。网络信息技术作为一种工具，在提高效率、降低成本上发挥了至关重要的作用。一方面，信息技术改善了现有的处理方式的信息基础和信息通信手段，直接导致新的沟通方式的出现，比如远程会议、决策支持系统等；另一方面，信息技术被视为体能的延伸和增强，人们可以利用信息技术完成以前条件下无法完成的工作，有利于治理主体组织结构的扁平化。信息技术作为工具，并不唯独为政府所垄断。事实上，市场组织和社会组织在信息技术应用上往往领先于政府。这就意味着政府与社会均接受了信息技术的再造，这必然会使治理内容与方式面临新的问题，对整个组织的变革提出了新的要求。

问题范式强调信息技术对现有社会管理体制的挑战。在传统的管理过程中，信息大部分掌握在政府及相关的机构手中。公民个体或组织与之相比，所掌握的信息相对贫乏，处于严重的信息不对称状态，导致了双方基于信息的判断存在偏差，在政府管理的参与过程中处于比较被动的地位。近年来，信息设备的发展使得人们更便于获取信息，方便地参与公共议题的意见表达。互联网的传播模式破坏了原有的信息权益控制与传播的方式，所形成的新的社区集体认同与政府公共政策逐步对立，打破了原有的社会治理体制，损害了政府在社会治理中的公信力，导致了传统管理面临极大的挑战。[①]

治理范式强调信息技术促进了社会更大范围的参与治理，从而让“多元共治”成为可能。作为现代信息技术的集大成者，互联网不仅是一种工具，也颠覆了传统的政治、经济和社会关系中形成与连接的具体方式，而“互联网+”则为这种“颠覆”提出了更高的要求，需要经济、政治和社会主动地发生“变异”。这种“变异”的根本便是创新，也是推动社会发展的重要来源。[②] 另外，信息技术降低了民众参与政府决策的门槛，也帮助政府“系统和全面地了解公众的意见”，增加了决策表达，使决策能够整合更多和更复杂的利益。[③]

这三种范式其实都是建立在社会与技术关系上的研究，其间具有一定的逻辑关系。工具范式是问题范式和治理范式的基础和表现，问题是矛盾，而治理则是结果，这一关系体现出信息技术在社会治理中的应用所引起的变革过程。可以说，技术的发展首先是工具性的，是适合传统的管理模式时期生存下去的基础。在应用中出现这样或者那样的矛盾和冲突，恰恰是技术变革所带来的对管理机制和体制的挑战。正确地面对这些挑战，化解存在的问题，最终形成一个多方参与并利益协调的治理方案和机制，进而产生新型的社会治理模式。

三　互联网与基层社会治理的重构

党的十九大提出，要提高社会治理社会化、法治化、智能化、专业化水

① 宋煜、王正伟：《“互联网+”与基层治理秩序再造》，《社会治理》2015 年第 3 期。

② 黄璜：《互联网+、国家治理与公共政策》，《电子政务》2015 年第 7 期。

③ Robbins, M. D. , Simonsen, B. , & Feldman, B. , Citizens and Resource Allocation: Improving Decision Making with Interactive Web-Based Citizen Participation. *Public Administration Review*, 68 (3), 2008.

平，其落脚点之一就是网络信息技术的应用，具体到实践，涉及最多的莫过于“社区信息化”。随着互联网技术的进步，社区信息化的概念逐渐被智慧城市中的所谓“智慧社区”所替代。智慧社区是社区信息化的继承与发展，二者之间存在许多不同之处，特别是“智慧社区”建设所采用的各类新技术，如物联网、云计算、大数据等是其他概念出现时所没有的。但在当前“互联网+”发展的社会环境下，更应强调的是诸如社会治理理念提出、社会组织的蓬勃发展、政府企业和百姓对社区的再认识等。

（一）技术视角下的基层社会治理

从20世纪90年代起，已经有一些地方自发地开展了提升基层社区组织信息化水平的实践，与社区相关的信息化理念和实践层出不穷，如“电子社区”“数字社区”“社区信息化”等。如今由于网络普及等原因，互联网等技术更多的是作为一种“先进”的工具，主要针对基层社区的办公自动化以及信息网站建设，普遍实现了基层台账的电子化，建立了百姓服务相关信息汇总的网站，一些地区也搭建起专门的社区服务热线系统。值得关注的是，社区信息化的启动是以自下而上为主发生的，市场和公众的需求也在一定程度上推动了信息技术在基层的应用。

随着移动互联网和物联网应用的迅猛发展，各地在基层治理中加大了对移动客户端应用的支持，以微博、微信和客户端为代表的互联网应用大量出现，对原有的网站和热线电话造成了极大的冲击。综合以上的现象来看，基层社会治理的技术应用仍然延续着电子政务的建设模式，已经日益演变为自上而下的政府主导模式。

我国的信息化理论研究与发展是与政府推进电子政务工作密切相关的，形成了以“系统”为中心的信息化研究框架，更加重视应用与服务（所谓“服务为王”），强调对信息化建设的支撑与保障。从传统信息化研究的视角来看，基层社会治理所涉及的信息化建设包括四个方面，即信息基础设施建设、信息资源开发利用、信息技术应用与服务和信息支撑保障体系。

信息基础设施建设主要包括为各类社区应用所必要的网络基础环境、可靠的信息传输服务通道、通信手段以及社区信息化所需装备、各种软硬件产品，概括为网络和终端两个部分。网络建设主要依托互联网，建立从社区、街道、区，一直到市一级的社区专网，统一提供互联网接入服务。

信息资源开发利用是信息化建设的核心。在社区信息化建设中有必要强调如何采集、共享和利用有用的信息资源。对社区信息资源的开发利用，需要从三个层面去理解。首先是如何认识社区信息资源的内容和结构，为应用和服务打下基础。其次是如何建立信息资源采集和更新的机制，以保障其时效性和准确性，为数据挖掘服务提供支撑。最后是如何有效利用信息资源为个人、家庭、社区和社会提供服务。

信息技术应用与服务是社区信息化建设成功的基础。为社区居民和组织提供的信息化服务，如果无法获得认可，就难以体现社区信息化建设的成果。社区信息应用与服务是以业务应用系统的形式来表现的。以政府建设的社区信息化项目为例。多年来，各地政府建立的社区业务应用主要分为三个大类，即服务热线、社区网站和综合业务管理（社区数据管理系统）。此外，商业企业也推出了以社区商业服务为目的的应用系统。另一类适应基层社会治理的应用是网格化管理。目前，各地按照“以楼带房、以房带户、以户带人、以人带事”的基本思路，对社区进行单元网格划分，建立社区人员、社区组织、社区物件、社区事件等社区网格管理信息系统，以信息流转为核心，实行社区网格化数字管理，力图实现社会管理的全覆盖。

信息支撑保障体系涉及政策法规与标准、投入和考核评价、信息安全、人才队伍建设等方面。在政策、法规的建设和资金投入等方面，各地政府尝试通过购买信息服务、奖励、补贴等多种形式，按照规范的流程，引导社会资金积极投入，发挥电信运营商、信息服务商和软硬件企业在技术、人才、资金和信息基础设施等方面的优势。

社区信息化的标准建设很早就上升到了国家层面，地方的标准建设也比较丰富。例如杭州、北京、深圳和天津都在 2005 年后就制定或颁布了地方性的社区信息化标准。民政部和原信息产业部也曾联合开展了社区信息化标准的研究工作，其他地区也都相对独立地开展了社区信息化标准的建设。然而，这些社区信息化标准的局限性大，适用性差，已经很难满足发展的需要，也制约了社区建设的可持续发展。

社区信息化评价指标体系通过评价发现典型，由典型探路，促进各地互相学习、取长补短、横向交流，推动基层原始创新、学习借鉴和应用创新。另外，通过评价指标体系的推出，引导社区信息化建设的可持续发展，使其在竞争中追求自我完善、自我发展，推动社区信息化方便居民、服务社区，促进国家信息化全面融入社会生活、支撑产业发展、重构和谐社会关系。在这方面，杭州、深圳等地方已经积累一些有益的经验。

更为重要的问题是人才问题。社区信息化人才队伍以信息技术企业的技术人才为主，这也是电子政务发展中所遗留下的问题，导致基层治理现代化过程中缺乏社区专家参与的尴尬处境。技术专家缺乏对社会问题，特别是社区内各类问题的分析和处理经验，缺乏对社区、社区组织及其需求的深入研究，难以充分利用信息技术手段实现其目标，使最终用户和建设者对社区信息化建设的认同感不断降低，直至放弃。

（二）治理视角下的技术发展目标

传统的社区治理体系是以党组织为核心，以社区自治组织为依托而建立和运行的。由于种种原因，基层自治组织的行政化趋势愈加明显，基层自治组织处在“实现自我治理”与“协助行政管理”的困境之中。传统社区面临着解体的风险，过去以居委会为唯一的社区自治组织的管理体制受到了挑战。随着各类社会组织和经济组织参与到社区治理之中，新型的社区治理体系呼之欲出，迫切地需要再造和变革，并实现其基于互联网的现代化目标。

传统的基层社会治理体系中，存在着与自治组织平行的公共事务组织，如社区警务室或卫生站等机构。随着政府在社会参与中更多强调社会组织的参与，这些公共事务组织也更多地考虑委托社区社会组织或相应的专业机构

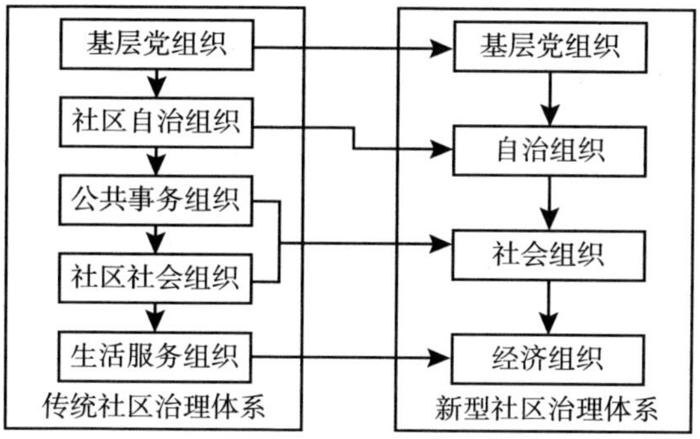

图1　基层社会治理的组织变迁

承担相应的职能。新型的社区治理体系在街道和居村建立以党组织、自治组织、经济组织和社会组织为核心的管理体制，分工合作，实现党组织领导和协调，经济组织支持和参与，自治组织和社会组织贯彻执行的格局。同时，群众和各类组织要共同监督基层各项事务的运行。

信息化在其中能够发挥重要的作用，主要体现在社区组织形态和行为模式上。社区各类组织具体到个人就是智慧社区所服务的对象；至于如何去协调、如何去参与、如何去执行，这些都需要科技手段来实现。社区的各类组织都有着强烈的信息化需求，但官方语境下的“社区信息化”并未包含社会组织，因此这类组织的信息化建设也无法获得政府的支持，导致信息化与社区建设脱节。在具体实践中，社区各类组织应当发挥其主观能动性，参与到社区信息化建设的全过程，共同推动新型社区治理体系的发展。

在基层的社会治理的变革中，信息对称十分重要，更是核心目标。很多基层治理问题的出现，都是由于信息不对称造成的。社区信息化顶层设计的核心目标，就是利用信息化的手段，比如网站、微信、微博等，让信息通过这些渠道实时交互，让政府、市场和各类组织了解社区居民需要什么，应该提供什么。只有这样，才能共同建设美好的社区，提升基层社会治理能力，保证一个和谐社区建设的环境。

发展之初，基层治理的信息化建设和电子政务建设的逻辑基本是一致的，即从内部办公自动化，到工作流程的标准化，进而实现对外服务的信息化。随着各项工作的深入，特别是以促进民生为内容的社会建设受到更大的关注，信息技术已经无法解决社区建设中所呈现的大量社会问题，诸如人口数据的采集与共享问题、社区老年人的养老问题、社区医疗卫生中所涉及的转院问题等。研究者发现，这些非技术性问题绝不是靠建设新的信息系统就能够解决的。

四　关键问题与对策

目前，各地在开展基层社会治理的创新工作中，都力图采用信息化的手段，将社会服务与人有效地结合起来，让每一个生活工作在这里的人，参与到本地社区的管理和服务中来，从而创造和谐的社会关系、规范社会行为、化解社会矛盾，营造良好的社会环境。但在实践中，仍然存在一些迫切需要解决的关键问题。

（一）缺少对多元用户需求识别与评估

新型基层治理体系中的参与者都应当也必然是信息化的用户。按照需求导向的原则，在基层技术应用中更应做好用户需求的识别与评估工作。目前，由于缺乏对基层社会治理体系建设的完整认识，在实践中往往将社区自治组织，即村居委会，作为唯一的应用对象，频繁地开发各类专门软件系统或平台，形成了“上面千条线，下面一根针”的信息孤岛现象。近年来，社会组织的发展日益受到政府的重视，相关的信息系统也不断上线。以志愿者为对象的资源服务信息采集和管理平台在各地落叶生根。但这一平台却缺乏对参与基层治理的社会组织的需求识别，而是从政府管理的角度出发来进行规划设计的，如使各级民政部门能够掌握相应行政区域内志愿服务整体情况等。因此，准确识别用户需求的任务日益紧迫，要做好结果评估工作，要充分了解技术应用所产生的效果，大量的人财物投入是否实现了预期的目标，这需要一个相对科学和中立的机构建立一个评价体系和机制。

（二）对信息安全与信息公平重视不足

随着互联网与社会治理的日益紧密结合，公众个人和各类组织，以及不同领域的数据信息将会随着技术应用不断叠加，形成巨大的数据累积。这些数据也会通过互联网传递，而如何保障信息安全目前仍然没有受到应有的重视。一方面，人们在使用各类信息产品的同时，会为个人隐私和信息安全担忧，这也是近年来频频发生的信息安全事件所造成的；另一方面，政府对基层治理中的数据安全隐患的认识仍存在缺陷，如在技术层面由于基层应用数量大，安全等级设置较低，一些个人和组织为了获取经济利益，利用非法渠道获取这些信息进行交易。除此之外，基层治理中大量公众对互联网领域层出不穷的新概念并不了解，而建设者们又常常过于急躁，这就导致“数字鸿沟”所引起的“知识鸿沟”进一步扩大，信息化建设的成果难以落地。因此，基层治理的互联网应用也是一把“双刃剑”，对于信息能力不足的个体而言，造成了信息应用的社会公平问题。

（三）信息资源的开发与利用严重滞后

信息资源是政府在社会管理服务中的核心资源，也是体现基层社会治理能力现代化的关键所在，但现实中基层治理信息资源开发与利用却严重滞后。虽然近年来大数据、云计算、物联网和人工智能技术都得到了长足的发展，但由政府主导的基层治理数据开放度不高，导致这些信息资源并未得到合理的开发利用。基层社会治理的数据作为核心资源，内容十分丰富，针对具体的社区治理问题，众多的服务得以衍生。但目前基层治理多元主体之间的信息共享机制并不完善，不同业务部门之间，政府、企业和社会组织之间缺乏数据清洗的协调机制，导致了信息资源的深度开发与利用难以实现。因此，当务之急是要实现政府基层治理中的公共数据开放，让更多的个人和组织利用数据进行社会服务。在工作中要依法依规按照各部门的职责开展数据共享，防治数据集中可能造成的数据安全问题，保障必要信息的及时沟通即可。通过更多的主体采集和共享数据，让数据更为鲜活，让数据服务于人类的生产与生活，为社会治理提供互联网的支撑。

（四）基础设施建设与运营的机制不畅

基层治理中的信息化基础设施建设是发展的前提。当前，大量的基础设施建设是由基层政府的财政投入来实现的，这也造成了应用开发中强调政府需求的现象。另外，政府财政投入往往“重建设，轻运营”，更看重项目建设的前期投入，而忽视信息系统运行期间的全周期管理，对于基层社会治理的互联网应用还停留在粗放式阶段。一些地区积极鼓励社会资本和公众参与，采用了政府和社会资本合作（PPP）模式，试图保障项目的顺利进行和运营。但项目推广和开发的诸多缺陷，导致社会力量参与设施投入的动力不足；政府和社会资本的责任和义务不清晰，导致大量的前期投入浪费。未来我们应当尝试构建多元化投融资新格局，创新基层治理信息基础设施建设和运营模式，健全投入长效机制。

五　结语

信息是国家治理的重要依据，更是一种强有力的资源，也必然要在基层社会治理创新进程中发挥重要作用。随着我国社会主要矛盾发生新变化，基层社会面临诸多风险矛盾，基层社会治理也面临着各种挑战，迫切需要各地积极探索创新基层社会治理的方法和路径。以互联网为代表的信息技术能够使人们更好地感知社会态势、畅通沟通渠道、辅助科学决策，改进社会治理方式，激发社会组织活力，让政府和公民之间的互动渠道越来越多样和便利，从而为实现多元参与条件下的基层社会治理奠定良好的基础。同时，在行动中既要发挥互联网的优势，又要防范和规制其所产生的问题，健全完善公共安全体系，进而适应新型的基层社会治理体系建设，提高基层社会治理现代化水平，才能够最终打造“共建共治共享”的社会治理格局。

B.15

互联网治理的伦理共识框架分析

周建青　邓惠玲*

摘　要： 互联网治理需要形成伦理共识，推动全球互联网治理体系的形成以及达成社会各方的协商合作。融贯权衡模式为互联网治理的伦理共识的形成提供了分析框架。在此框架下，笔者认为，互联网治理的伦理共识形成需要经历三个阶段，分别为伦理底线的形成、功利原则的确立、道德策略的灵活运用。这三个阶段既可以层级递进，也可以交叉进行推进伦理共识的形成。本文进而探索伦理共识形成的三阶段所应遵循的伦理原则，并认为互联网治理需要坚持“以人为本”的伦理底线，坚持共赢的发展理念，贯彻具体问题具体分析的道德策略。

关键词： 互联网治理　伦理共识　融贯权衡

一　问题的提出

关于互联网治理，目前在全球范围内普遍使用的概念，是在2004年信息社会世界高峰论坛提出的：“互联网治理是政府、私营部门和民间社会根据各自的作用制定和实施旨在规范互联网发展和使用的共同原则、准则、规

* 周建青，华南理工大学公共管理学院教授、博士生导师；邓惠玲，华南理工大学工商管理学院博士研究生。

则、决策程序和方案。”① 互联网治理是一个动态演变的发展过程，经历建设期、推动期、普及期和治理期四个阶段，当前正值治理期阶段。在这一阶段，互联网在商业力量的推动下深入社会生活的方方面面，由此带来的治理问题远非政府或者单个组织能够解决，需要所涉主体，即政府、企业、社会组织、广大网民等社会各方面的协商合作。

互联网治理分为法律、技术和伦理三个基本维度。法律是互联网治理的基本条件，技术给予互联网治理技术支持，而伦理则是互联网治理的基本道德准则。伦理关于行为道德，源自文化传统，是具有社会有效性的道德权利和行为规范。因此，伦理也是互联网治理主体协商合作的基础和重要机制之一。然而，由于互联网伦理建构的缺失以及现实伦理与网络伦理的冲突问题，互联网治理领域“总体呈现热闹景象，但缺乏共同、具体的目标，缺乏就‘关键问题’主动协调立场，达成共识”②。因此，达成价值共识的研究能够推动互联网各治理主体参与到互联网治理中，并为互联网伦理失范问题提供共同的价值观基础，从而为互联网治理奠定伦理基石。在此认识下，本文选用伦理学的研究方法，聚焦于如何形成互联网伦理共识研究，对当前互联网伦理价值观和道德准则展开分析，其目的是推进互联网伦理建构的研究以及为社会各方在互联网环境中达成伦理共识提供思路和框架。

二 研究的理论框架——融贯权衡模式

自然科学领域的研究方法与人文社会科学领域的研究方法有很大的不同。自然科学领域的研究方法是实证的，立场是中立的，且其研究结果是可重复的。人文社会科学领域的研究所面对的对象是人的关系，在坚持探究真理的中立立场下，具有批判性，往往事实上表达研究者的主观倾向，而其结

① Bossey C. D., Report of the Working Group on Internet Governance, June. 2005, http://www.wgig.org/docs/WGIGREPORT.pdf, Dec. 12, 2014.

② Jon Pierre. Debating Governance: Authority, Steering, and Democracy. Oxford: Oxford University Press, 2000.

果更多的是具有或然性。伦理学的研究方法属于人文社会科学领域的方法，是对存在的一种特殊的主观表达。① 这种特殊性体现在从某一特定角度纲要性地把握研究对象的总体性及其变化规律。当代伦理学有理性主义、经验主义、社群主义、义务论、契约论等伦理思想方法，这些方法体现了三种研究模式：自上而下模式、自下而上模式以及整合模式。

自上而下模式，也被认为是演绎模式，是通过涵盖判断的规范性原则体系来推导合理的道德判断。这种方法是指把诸如原则、规则、权利等应用到符合这些规则的具体案例中。自上而下模式体现理论对应实践的线性相关关系，但在现实中具体案例却不可能只规制于一个大的规则或原则之下，而且某一普遍规范无法解释所有实际情况。自下而上模式，从实际决策出发，属于案例与归纳概括的模式，它否定道德实践能够通过原则的意义、功能和价值来源反思的作用。这种模式认为原则需要参考案例的经验，并来源于具体案例。整合模式是融合自上而下和自下而上两种模式的方法体系。这种融合的方法既强调理论，也强调案例或个人判断。两者的结合可以达到约翰·罗尔斯所指称的“反思平衡”。这种方法兼收并蓄，在承认各种研究方法的相对合理性的基础上，包容并综合应用。本文选用这种融贯的方法探讨互联网治理的伦理共识问题，有两个原因。

一方面，融贯的方法可以从各种伦理学的思想方法中选择论据，为自身面临的实际问题的解决提供价值支撑和观念指导，同时这种方法不是从某一种或几种原则出发，而是根据具体案例来选择伦理原则，从而为社会现实中的道德冲突的解决提供伦理导向。运用这种方法来研究互联网治理的伦理共识问题，既能充分考虑到不同治理主体的伦理立场和价值观，也能根据实际情况达成协商合作的目的。

另一方面，互联网治理所引发的问题和矛盾越来越影响人们的生活和社会的进步，并且这种困境所带来的影响很有可能是全球性的，并且不断蔓延到世界各地的政治、经济和文化等方面。这就亟须在处理互联网治理问题时

---

① 高兆明：《伦理学理论与方法》，人民出版社，2013，第 170 页。

达成一定程度的共识来展开全球互联网治理的合作。不同治理主体归属不同的文化群体，既可能促进彼此交流，也可能由于文化差异加深文化间的误解。运用融贯的方法研究互联网治理的伦理共识问题就能够充分考虑不同文化身份的问题，并且从治理的互联网环境出发，做出道德判断和决策。

融贯是一个抽象的概念，其内涵是将各种有效的道德元素提取出来，并在一个权衡的程序下展开伦理分析。具体如何运作融贯的概念，本文根据甘绍平所著的《伦理学的当代建构》所叙述的融贯主义权衡模式展开分析。

融贯主义是指道德规范和原则相互适应，从而形成内在关联性的整体，是介于演绎模式和归纳法的伦理分析思路。在这种意蕴下，融贯主义权衡模式分为三个层级。第一层级所指向的是义务论所论证的个体价值原则。个体价值原则体现现代人类文明社会最基本、最核心的价值，即人的生命神圣不可侵犯、人的身心完整性、人的尊严、人的其他基本权利，是始于人类行为规范的底线，具有在其他价值面前的优先性和不可妥协性。①

第二层级所指向的是功利主义理论。功利主义理论体现的伦理价值是普遍福祉的最大化和痛苦的最小化。两个层级的理论都是融贯权衡模式的重要组成部分，但是人们展开道德分析时，第一层级是被优先置于第一考虑的伦理价值观，即在基本价值与基本权利的优先性得到保障的前提下，功利主义原则才能发挥效力。② 此外，如果在一种两难性冲突情境中，人们在义务论层面不可能做出优先性的决断，则依照对后果的权衡，如给所有参与者带来最大好处的决策优先。例如，孕妇难产时，在挽救孕妇还是胎儿的生命的决策过程中，显然，挽救孕妇对于大多数人来讲会有更积极的效果。

第三层级指向的是一些具体应对道德冲突的策略与方式。在保证前两个层级的价值的情况下，现实的道德情境中还需要考虑各种各样的伦理原则，从而做出伦理决策。我们常用的有美德伦理的中庸原则、契约论或者双重效

---

① 甘绍平：《伦理学的当代建构》，中国发展出版社，2015，第206页。

② 甘绍平：《伦理学的当代建构》，中国发展出版社，2015，第212页。

应原则等。

本文根据融贯主义权衡模式的三层级思路，分析互联网治理的伦理共识的形成阶段，每个层级代表伦理共识形成的每一阶段。第一层级对应的是伦理共识形成的第一阶段，第二层级对应的是伦理共识形成的第二阶段，第三层级对应的是伦理共识形成的第三阶段。根据这种分层，下文将对互联网治理的伦理共识每一阶段的内涵进行分析和探讨，并最终提取出互联网治理伦理共识每一阶段的伦理原则。

三　融贯权衡模式下互联网治理的伦理共识形成阶段

不同于“管理”理念，治理强调平等协商和多元参与，这种理念与互联网精神内核保持一致。互联网治理秉持自由平等和开放包容的互联网精神，建立政府、企业、行业组织与公众共同参与的协商合作机制，并在治理过程中形成共识从而达成治理目的。现阶段，互联网治理在形成共识方面，存在着外部环境的压力和挑战，同时有一些自身的管理问题。一方面，互联网自身特点为治理增加了难度，主要表现在三方面：网络舆论空间的压力以及网络空间的安全问题日益突出，使互联网治理承受巨大的压力，并且制约舆论引导的效果；互联网去中心化的媒介特点，使信息难以有效控制并可能导致把关失效；线上线下联动可能会为一些非理性行为提供技术便利。另一方面，我国采用的传统的以政府为主导的管理方式，并不适用当前的互联网治理环境，主要表现在：互联网立法滞后，而且政府主导过度；行政监管存在“九龙治水”的问题；使用“防火墙”限制开放交流。

显然，传统的管理理念无法适应多变的互联网治理环境。这意味着，互联网管理需要转变方式，从“管理”转向“治理”，强调政府、市场与社会共同参与协作的治理方式。治理的责任应该由政府、企业、非政府组织、公民等组建形成的一个自治网络共同承担，并加强政府对市场和社会的引导作用。这意味着以法律和技术为治理手段的方式是远远不够的，还需要增强伦理在其中的作用。但是目前互联网缺乏统一的伦理规范，在面对信息技术突破原来的伦理底线以及现实伦理与网络伦理的冲突等问题时，不道德行为，如网文抄袭剽窃、网络色情暴力、网络骚扰诽谤等不良风气开始滋生与扩散。为了全面建设互联网治理体系，应对互联网的伦理问题，针对互联网环境达到伦理共识显得尤为关键。

目前，学界已经注意到互联网治理的伦理共识的重要性，例如谭天认为，由于互联网缺少统一的伦理规范，在面对道德选择的时候，针对互联网新的传播环境达成新的伦理共识也就至关重要。① 杨嵘均强调互联网治理体系的建构的核心问题是价值共识没有达成②，但是却没有就如何达成伦理共识问题展开分析与研究。采用融贯的方法把互联网治理所强调的伦理价值观和原则有序地排列组合，可以初步形成一个伦理共识的分析框架，为伦理共识的达成奠定理论基础。

根据融贯权衡模式，互联网治理的伦理共识的确立需要思考三个问题：什么伦理价值观和原则在互联网治理过程中被反复强调，并且涉及不可妥协的个体价值；有哪些伦理规范和原则能够充分协调互联网治理主体的最大利益；在面对具体伦理问题和困境时，各治理主体又是如何选择道德策略？围绕这三个问题，下文将根据融贯主义权衡模式的层级思路展开分析和探索。

（一）互联网治理的伦理底线

融贯主义权衡模式的第一层级考虑的是那些具有排他性的个体价值，这就为互联网治理的伦理共识指明了基本方向：伦理共识的形成首要是明确互联网治理的伦理底线。

伦理底线的具体内涵可以追溯到底线伦理的研究。“底线”是一种比喻的说法，其内涵是指“最基本的”或“最重要的”。底线伦理是指基本的道德义务，或者说基本的道德行为规范。这种基本性使其还有“最后的”“不

---

① 谭天：《伦理应该成为互联网治理的基石》，《新闻与传播研究》2016 年增刊。

② 杨嵘均：《网络空间全球治理体系的价值共识与伦理责任——基于技治主义语境的思考》，《中国行政管理》2017 年第 10 期。

可妥协”的临界点的含义，因此，底线伦理在对我们道德要求的次序上是最先的，也是第一位的。

“底线伦理”是从20世纪90年代开始在中国形成、发展、流传并产生一定影响的一种伦理学理论，在当时既是对诸如“文革”一类事件的反思，也是对新的市场环境和社会转型所引发的伦理问题的反应。因此，不仅伦理学界关注底线伦理的发展，其他诸如法学界、社会学界、经济学界以及政界和商界也受到其影响。从底线伦理的发展脉络来看，对于伦理底线的强调不仅是针对职业伦理的个人努力，还受到制度和社会氛围的影响和推动。因此，强调互联网治理的伦理底线，不仅要考虑个人层面的原因，还需要关注社会环境和制度层面的原因。

那么，互联网治理的伦理底线是如何确立一些最基本的道德行为规范的？这就需要深入思考底线伦理的属性和特点。在国内，促成底线伦理的发展与完善的代表学者为何怀宏。他认为，底线伦理是一种比较温和的义务论，是一种普遍主义的义务论，也是一种强调基本义务的义务论，主张行为或行为准则的“正当性”（right），而正当与否的最终依据不在行为的后果而在行为或行为准则本身。[①] 底线伦理的“普遍主义”主要指的是普遍适用于所有人，不允许任何“主体的例外”，即要求无论是谁都要受到一些道德规范的约束。这就要求我们确立某种具有客观普遍性的道德规范，也需要我们对这些规范形成共识。至于提及的“基本义务”则明确了底线伦理的界限，它缩小了道德约束的范围，把人们对“美好的生活”或“至善的理想”价值追求排除在外，看似在道德上要求的程度是降低的，但又加大道德要求的强度。“基本义务”与“普遍主义”两者是紧密联系的。“底线”意味着一种普遍性，这种普遍性又是最小范围内的“普遍”，即某些基本义务的道德约束，不能将其扩展至价值或生活方式上。

这样，互联网治理的伦理底线的设定明确了具体要求：道德意义上最小范围的“基本义务”，并且普遍适用于所有互联网治理的主体。而融贯主义

---

① 何怀宏：《底线伦理的概念、含义与方法》，《道德与文明》2010年第1期。

的第一层级的个体价值原则的内涵，则明确了这种“基本义务”的内涵的具体指向，即我们人类最基本、最核心的道德——尊重生命、维护作为人的基本尊严和基本权利。

（二）互联网治理的功利原则

融贯主义权衡模式指引着我们为进一步形成互联网治理的伦理共识展开分析与探索。该模式的第二层级对应的是功利主义理论，它要求只有在第一层级的个体价值得到保证和获得优先地位的情况下，功利原则才能发挥效力。为什么在第一层级的底线伦理之下还需要考虑全社会的普遍福祉？这是因为：一方面，伦理问题的复杂性决定了底线伦理不可能适用所有的道德实践。当依据伦理底线无法做出优先性的决断时，则只有转向一种后果论的利益权衡的分析思路。另一方面，后果的权衡和评估可以最大程度给所有参与者带来最大可能的好处或者利益平衡。因此，互联网治理的伦理共识形成的第二步指向的内涵是，当没有跨越底线伦理划定的界限时，则可以启动功利主义式的权衡利弊的决策方式。

互联网治理的最终目的是保证互联网以有序的方式合理运作，并且造福大众。[①] 伦理底线是确保运作的秩序，而功利原则考虑大家的福祉优于个人的福祉。功利原则广泛运用于我们道德生活的方方面面，在互联网治理方面所体现的应用价值主要有几个方面。

首先，功利主义强调“为最大多数人谋求最大幸福”的道德哲学或“两利相权取其重、两害相权取其轻”的处世经验，其实质在于将行为的后果或者遵循行为规则的后果能否有助于所有当事人的功利（快乐、幸福、利益等）总量的最大化视为其是否合乎道德的标准。[②] 可见，功利主义伦理原则关注的是行为的结果，行为的正确与否由该行为产生的结果来决定，是比较务实的原则。

---

① 章晓英、苗伟山：《互联网治理：概念、演变及建构》，《新闻与传播研究》2015 年第 9 期。

② 甘绍平：《伦理学的当代建构》，中国发展出版社，2015，第 124 页。

其次，功利主义以最大多数人的利益最大化为目的来决定行为的正确性，这种从整体利益出发，以大局为重的道德判断在互联网治理中具有重要的现实意义。从功利主义角度来看，趋利避害的原则广泛应用在互联网的伦理实践中。在网络空间，给社会带来正能量的道德行为有益于人们的身心健康与社会发展，要得到鼓励与支持；那些网络侵权盗版、网络欺诈等行为严重损害上网环境并可能影响社会稳定，要坚决制止与约束。

最后，功利原则倾向于给利益的关者带来快乐、幸福或者好处，利益攸关者既可以指具体的个人，也可以指共同体。这种共同体为导向的思维方式与互联网治理的合作共享的精神内核吻合。但是功利原则只有在不违背伦理底线的前提下才能发挥作用。那种为了大多数人的利益牺牲少数人生命的行为是不被允许的。

互联网治理需要这种伦理思考方式，从共同体的利益出发，为最大多数人谋求福祉，同时，尽可能减少伤害。

（三）互联网治理的道德策略

当前互联网与手机等新媒体产品日益多元化，而新媒体的用户越来越自媒体化，这引发了与现实伦理的矛盾，并使互联网伦理问题越来越复杂。这种复杂性成为难以形成伦理共识的关键。但是随着互联网的全球性影响不断加强，互联网治理的重点需要从本国视角逐渐转向推进全球互联网治理体系的合作。这就需要互联网治理的各方主体协商合作，求同存异。前文所探讨的正是“求同”方面的问题，笔者认为在个体价值原则的指引下应该明确一些适用所有人的基本义务，并且在此前提下，坚持社会利益总量的最大化。在这一部分，我们探讨如何“存异”的问题。“存异”在本文意指在“求同”的前提下，互联网治理可以根据互联网伦理实践情况运用一些更为具体的应对道德冲突的策略与方式。融贯权衡模式的第三层级思路也是为应对现实环境的复杂性而设定的，是最为动态发展和灵活多变的部分，为互联网治理的伦理共识的“存异”部分提供了发挥的空间。

互联网治理的道德策略如何制定，则需要结合目前互联网治理的问题与难点来分析与讨论。在全球范围内，互联网治理体系的形成存在以下几个难点、痛点。首先，治理理念各不相同，这也是本文讨论的起点，从伦理角度探索如何确立互联网治理的基本共识的问题；共识没有形成网络空间的基本规约也难以形成，这导致治理依据的问题。其次在互联网参与主体多元化的情况下，多元主体治理模式如何充分发挥作用，并且各国政府和联合国又如何发挥主导作用，这是“由谁治理”的问题。最后，治理主体的问题引发如何治理的思考，即治理主体应该积极参与和引领，还是旁观和追随？而我国在互联网治理方面，采取的是以政府为主导的管理方式，其管理的手段主要有网络立法、行政监督、技术控制、行业自律、公众监督等五种手段，并且主要依赖前三种。[①] 互联网治理过度强调政府的管理权力，由此导致在互联网立法方面，“市场（企业）、社会（公民）处于缺位状态，企业、公民的权利没有在互联网法律法规中得到充分的体现，只有责任义务没有权利，因而缺乏自律自治的动力”[②]。

无论是全球范围内还是在中国，我们发现伦理共识建立在“同”的基础上，还需要协调利益各方的“异”。就我国的治理模式来看，还需要调动市场与公众共同参与的积极性，并把两者纳入治理主体的范围。针对这些难点，从伦理的角度如何促成这些问题的解决？根据融贯权衡模式的第三层级的思路，我们从伦理学的思想巨库中可以选择依据，为这些互联网治理所面临的问题的解决提供观念指导与价值支撑。笔者认为，契约论的无知之幕的方法、美德伦理的道德美德以及双重效用原则，可以为当前的互联网治理的问题提供指导。

契约论的无知之幕方法假设“任何人在达成一致意见之前，不可能利用自己了解的有关人性、人类行为、历史、社会体制和管理政治团体等一般

① 钟瑛：《我国互联网管理模式及其特征》，《南京邮电大学学报》2006 年第 2 期；另见叶敏《中国互联网治理：目标、方式与特征》，《新视野》2011 年第 1 期。

② 张志安：《国家治理视角下的互联网治理》，《新疆师范大学学报（哲学社会科学版）》2015 年第 9 期。

性内容以达成共识并提出一个能为公众接受的公正的原则”①。这可以在一定程度上促使利益各方暂时抛开自身的立场展开协商，从理性的角度商议各种问题的解决方案。美德伦理的道德美德强调“我们应该成为一个什么样的人”，使我们聚焦行为主体本身，这有利于推动互联网道德教育的发展与完善。双重效应原则充分考虑到行为后果的双重效应，即一种行为既可能达成目的，也可能带来不好的后果。互联网治理面向的是全球范围，必须充分考虑一种决策所带来的后果。双重效应原则有利于达到全面审慎考虑问题的解决方案的目的。

在融贯权衡模式下互联网治理的道德策略会经历一个动态发展的过程，会随着互联网治理体系的逐渐发展与完善而转变。在这一过程中，伦理的原则性与具体的个别情境的判断在一种相互修正和校正中达到相互平衡。

四　互联网治理的伦理共识的讨论

本文通过融贯的伦理学研究方法，解析了互联网治理中伦理共识如何形成的问题，并在此基础上分析伦理共识各方面的具体内涵与思路。综合前文分析，笔者认为，互联网治理的伦理共识的形成需要经历三个阶段：伦理底线的形成、功利原则的确立、道德策略的灵活运用。这三个阶段的发展，既可以是层级递进，也可以交叉进行。从当前互联网治理情况来看，伦理共识形成的要务是确立伦理底线。伦理底线的确立则需要综合考虑当下互联网相关的伦理价值观或者伦理原则的内涵、特点以及可适用性。

伦理价值观是人们对待伦理问题的根本看法与态度，表征为群体规范，是根据风俗、习惯和观念发展而形成的一种行为判断标准。有关互联网治理的伦理价值观与原则的研究，主要有以下几个方面：从规则制定的角度提出柔性的伦理原则、从伦理建设的角度明确伦理价值取向、从信息社会角度提取相关的伦理价值与原则。在规则制定方面，伦理原则被视为“软规则”，

① 〔美〕约翰·罗尔斯：《正义论》，何怀宏等译，中国社会科学出版社，1988，第18页。

是指当前互联网普及状态下普通公民的网络实践所要遵循的一般规范。喻国明认为，软规则的制定应该注意以下三方面：第一，这些规则应尽可能包容多种多样的人群、多种多样的价值观，使人们在规则体系里各美其美，和而不同；第二，互联网治理的逻辑应该理智与情感并重，在摆事实、讲道理的同时，要重视诉之于关系属性的凝聚能力；第三，软化治理方式，即在政府为主导的治理模式下，让市场与政府也参与其中，并把国家诉求的价值与老百姓实际生活、实际诉求关联起来。① 在伦理建设方面，互联网治理需要考虑自由与责任统一原则、开放性与包容性原则、全民性与包容性原则以及全面可持续发展原则等方面的价值取向。② 从信息社会相关的伦理价值观来看，公正或者平等、自由、关爱、参与、分享、可持续性、责任等基本伦理价值观与互联网治理息息相关。③

从这些研究来看，尽管学界从不同视角提出相关的伦理价值观，但是基本指向的是支持运用硬规则，即制定法律法规和采用技术手段来规范上网行为和保证网络安全，但在伦理治理方面，坚持“以人为本”。作为伦理底线存在的“以人为本”，具有普遍性与基本义务两个属性。也就是说，“以人为本”着眼于人类赖以生存以及最基本的价值，并且在这个边界内所制定的规则需要适用所有人，但又把这种普适性缩小到“基本义务”的范围内，不需要考虑崇高的道德理想或者善好的生活等更高层面的价值观。坚持“以人为本”实际上是融贯权衡模式第一层级所指向的个体价值原则在互联网治理方面的体现。综合两者分析，坚持“以人为本”的伦理底线是指互联网治理要维护作为人的基本权利、人的身心完整性、人的基本尊严，并且这一价值在其他价值面前具有无可比拟的优先性。在互联网时代，网络空间的资源可再生、数据可复用、信息可共享，这种可复制、可增值的资本催生了新的生产关系和生产方式，从而使人类正逐渐形成“你中有我”“我中有

① 喻国明：《现阶段互联网治理应遵循的重要原则》，《新闻记者》2017 年第 8 期。

② 于孟晨、王苏喜、考秀坤、高运芳：《法律、伦理、技术：互联网治理的三重路径》，《西部素质教育》2017 年第 3 期。

③ 罗尔夫·韦伯：《互联网环境中的伦理》，《信息安全与通信保密》2017 年第 1 期。

你”的共生关系。坚持“以人为本”的伦理底线嵌合这种共生关系，通过缩小道德约束的范围从而使“以人为本”的道德要求大大加强。互联网治理应该在“以人为本”方面寻求更为普遍与广泛的共识，逐渐形成共生共荣的互联网治理发展观。

在“以人为本”的伦理底线得到维护的前提下，互联网治理进一步达成第二阶段的伦理共识，即在功利原则的指导下，形成以共同体利益为导向的思维方式。这一阶段，我们提倡大家的福祉优于个人的福祉，并按照总体效用最大化原则做出治理决策，例如紧急的需求优先于非紧急需求，在大多数情况下直接的道德责任优于长远的责任，后果可逆的决断优于后果不可逆的决断等。

“共同体”即哲学意义上的社会，包括三个层面：微观意义上的共同体，指以血缘关系为纽带形成的氏族和部落，以婚姻关系和血缘关系为纽带形成的家庭；中观意义上的共同体，是指以共同的经济生活、居住地域、语言和文化心理素质为纽带形成的民族；宏观意义上的共同体，是指生活在同一地球的人类社会。① 在信息化、全球化时代，互联网治理的以共同体利益为导向的思维首先是指维护整个人类社会的福祉，再从中观和微观层面考虑各个中小共同体的利益、福祉。

以共同体利益为导向的思维方式体现在互联网治理方面，是坚持合作共赢的伦理原则。共赢既是指人与人之间共赢的公共行为规范，也是指人与自然、人与自己共赢的主体行为规范。前者体现在互联网治理的发展过程中，是指各治理主体通过共同协商所形成的法律、制度等有形契约以及约定俗成的习惯、风俗等无形契约。后者指的是兼顾中小共同体的利益，在发展所属共同体的同时也应以自身促进其他共同体的发展，即“己他两利”。需要注意的是，共赢是一个伦理“质”的渐进提升过程和伦理“量”的渐进拓展过程。现阶段处于初级阶段，共赢最起码要秉持互利性发展、互荣性发展、互保性发展等原则，即互利互惠、共生共荣、共同保护赖以生存的人类社会。在这一阶段，共赢需要

① 王黎静、谢戬恒：《构建“人类命运共同体”道德大厦的哲学思考》，《云梦学刊》2018 年第 5 期。

厚积薄发，可以先达成中小共同体的共赢，再逐步推进更大范围的共赢。总之，共赢是一个不断拓展的过程，是推进互联网治理最重要的伦理原则。

最后，在前两个阶段得到推进与落实的情况下，我们可以采用具体问题具体分析的道德策略。以短视频的互联网平台治理为例，短视频平台目前存在内容分类雷同化、平台资金力量垄断化、视频发布低门槛等问题。目前对这类平台存在的问题的治理情况则多为事后治理、政府管理、内容管理，但是缺乏规则规范、平台管理、全面管理。[①] 在坚持"以人为本"的理念和共赢的发展观的前提下，针对这些短视频平台存在的治理问题，我们可以创新治理思维与手段，比如，在禁止性规范颁布的同时，根据不同用户需求，以分众化、专业化的视频内容分别推送给目标用户；同时，通过物质的或非物质的奖励措施鼓励用户上传或推送原创视频，拒绝抄袭等。互联网治理可以根据不同平台、不同主体来调整治理策略，因势利导，才能又快又好地促进互联网有序地长效发展。

五　结语

互联网治理需要形成伦理共识，推动全球互联网治理体系的形成以及达成社会各方的协商合作。本文运用融贯的伦理学方法，整合自上而下和自下而上的研究模式，通过融贯权衡模式为伦理共识提供了分析框架。在该分析框架下，伦理共识需要明确义务论的个体价值、功利主义理论以及具体的道德策略三个层级的理念与内涵。基于此，本文分析指出，伦理共识的形成需要经历三个阶段的发展，分别为伦理底线的形成、功利原则的确立以及道德策略的灵活运用。这三个阶段的形成非一蹴而就，是一个长期积累与发展的过程。本文进而探索伦理共识形成的三阶段所应遵循的伦理原则，并指出互联网治理需要坚持"以人为本"的伦理底线，坚持共赢的发展理念，贯彻具体问题具体分析的道德策略。

---

① 吕鹏、王明漩：《短视频平台的互联网治理：问题及对策》，《新闻记者》2018 年第 3 期。

B.16

网络问政的运作及其限度

——基于S市地方领导留言板的实证研究

杨良伟　邵梓捷*

摘　要： 网络作为数字时代下连接国家与社会的公共空间，在政务网站创设地方领导留言板的初衷是通过双向互动机制增进网民与政府之间的信任。现有研究虽然注意到政府选择性回应的存在，但其侧重于从外部视角剖析其成因并在统计层面上进行相关性的解释，缺乏从制度与组织层面对政府回应进行过程分析。本文通过对5914个个案的文本分析并借助深度访谈对政府与民众互动现状、互动路径进行考察，进而识别出中国地方政府回应不足的成因。研究发现，由于回应发动点与回应调节点的错位，"诉求"与"问责"呈现分离的状态，导致回应路径呈现"钟摆式"。在"钟摆式回应"路径中上级政府作为回应调节点，通过"权力"调节回应性，自上而下传导压力从而控制"钟摆"的摆动幅度，导致回应性呈现倒"U"形。

关键词： 钟摆式回应　网络问政　政府回应性　民众诉求

一　研究背景与问题

由于长期形成的国家与社会二元互动的格局与关系，社会和公众在很大

* 杨良伟，清华大学公共管理学院博士生；邵梓捷，中山大学政治与公共事务管理学院特聘副研究员、科研博士后。

程度上不得不依赖政府科层体系，因此作为国家与社会二元互动的交界点，政府科层体系对社会公众利益诉求回应的时效与质量，直接反映了政府治理水平及国家与社会的关系。随着信息通信技术的迅猛发展，以电子政务建设为核心的数字政府治理运动，在过去四十年间成为全球政府治理改革的一个核心议题，其愿景是在建设服务型政府的过程中利用新型信息技术来创新政府管理与服务方式，政府科层体系实时对公众的服务要求做出响应①，并为公众反映利益诉求、表达意见和参与公共事务提供了双向互动机制②，从而改善政府回应性③。然而，已有研究指出政府科层体系对民众诉求的回应性存在不足这一现象，回应性受到内容类别与议题、诉求表达方式等因素的影响而存在选择性④。政府科层体系更倾向于回应经济建设与发展类议题⑤、采取贤能话语政治价值取向与集体认同取向的表达方式的诉求，而选择性地忽视民众反映的其他诉求⑥。

在推进国家治理体系现代化过程中，各地政府将以互联网为代表的新型信息技术应用于政府管理与服务当中，逐步构建了具有划时代意义的政府－公众互动模式，即网络问政。一方面，政府通过网络问政平台了解民意并在一定程度上主动回应公众需求，实现回应性与有效治理，从而构建相对和谐稳定的社会政治秩序；另一方面，公民通过网络问政平台得以表达利益诉求，一定程度上得到回应和解决，从而增强公民对政府的信任与支持，改善

① 董新宇、苏竣：《电子政务与政府流程再造——兼谈新公共管理》，《公共管理学报》2004年第4期，第46－52＋94页。

② 朱旭峰、黄珊：《电子政务、市民特征与用户信息行为——基于天津市市民调查的实证研究》，《公共管理学报》2008年第2期，第49－57＋123－124页。

③ Dunleavy P, Margetts H, Bastow S, et al., "New Public Management is Dead: Long Live Digital－Era Governance," *Journal of Public Administration Research and Theory*: J－PART, 2006, 16 (3): 467－494.

④ Meng, T., Pan, J., & Yang, P., "Conditional Receptivity to Citizen Participation: Evidence From A Survey Experiment in China," *Comparative Political Studies*, 2017, 50 (4), 399－433.

⑤ Su Z, Meng T., "Selective Responsiveness: Online Public Demands and Government Responsiveness in Authoritarian China," *Social Science Research*, 2016, 59: 52－67.

⑥ 李锋、孟天广：《策略性政治互动：网民政治话语运用与政府回应模式》，《武汉大学学报(人文科学版)》，2016年第5期，第119～128页。

政府与公民的关系。然而，政府选择性回应不仅在一定程度上忽视了某些公民的利益诉求，而且恶化政府与公民的关系与信任。因此，逐步提升政府回应性，避免选择性回应的产生成为中国政府实现有效治理与社会稳定的基本要求。

在此背景下，大多数研究虽然注意到政府选择性回应的存在并在统计层面上进行相关性的解释，为我们提供了富有洞见的分析视角，但鲜有研究从制度与组织层面对政府回应性进行过程分析。鉴于此，本研究试图借助诉求个案的文本分析并借助深度访谈对政府与民众互动现状、互动路径进行考察，从而剖析中国地方政府回应不足的深层原因。

二　文献评述

在网络问政时代，大量的网民在网络公共领域表达利益诉求，面对如此庞杂的利益诉求，且受制于有限的注意力，地方政府部门往往会做出选择性回应的行为，那么政府如何分配有限的注意力以回应利益诉求，即政府选择性回应的影响因素是什么？对此，已有研究主要分别从利益诉求的内容、利益诉求的表达方式、社会自下而上的压力三种视角解释政府的选择性回应。

关于政府回应影响因素的研究大多聚焦于探讨网民利益诉求内容对政府回应的影响。孟天广和李锋对 2006～2014 年地方政府领导留言板的留言进行研究，发现网民留言的议题领域与政府回应性存在一定的相关性。① 具体而言，当地政府对经济建设与发展类议题的回应性普遍较高，而对民生福利类议题的回应性处于中等水平，对官员腐败和“三农”问题等议题的回应则处于相对较高的水平。此外，Su 等人的研究也发现经济性议题、低成本且单一议题诉求容易得到政府回应。② 以上研究反映了利益诉求内容对政府

① 孟天广、李锋：《网络空间的政治互动：公民诉求与政府回应性——基于全国性网络问政平台的大数据分析》，《清华大学学报（哲学社会科学版）》2015 年第 3 期，第 17～29 页。

② Su Z., Meng T., "Selective Responsiveness: Online Public Demands and Government Responsiveness in Authoritarian China," *Social Science Research*, 2016, 59: 52－67.

选择性回应产生一定的影响，但是仅仅是统计层面上的相关关系，并没有解释政府选择性回应背后的因果机制。

相比于此前的研究，另一种代表性的观点认为利益诉求的表达方式会影响政府的回应性，即网民选择不同的政治话语表达利益诉求会影响政府的回应行为。李锋和孟天广的研究表明，面对大量的网络留言，地方政府会根据网民所采用的话语模式、政治价值取向和身份认同进行选择性回应。具体而言，政府最倾向于回应采用贤能话语政治价值取向与集体认同取向的留言，而最不愿意回应不具有政治价值倾向与采用泛集体主义和个体主义的留言。该观点相比于此前只关注利益诉求的内容研究，提出了新颖的见解，但不足以回答我们提出的问题。首先，该观点仅仅呈现了网民诉求表达方式与政府回应性之间的相关关系，没有解释政府为什么更愿意回应以贤能话语作为政治价值取向的利益诉求，也没有解释政府为什么更愿意回应以集体认同进行的利益诉求，即没有解释清楚政府选择性回应这些运用不同政治话语的利益诉求背后的因果机制。

还有一种代表性的观点是，社会自下而上的压力对政府回应性产生一定的影响。Hassid 等人的研究发现，中国地方政府之所以在媒体曝光社会事件之后迅速回应网民的留言，主要是因为地方政府官员认为网络言论可能会酝酿集体行动。[①] Chen 等人的研究进一步验证了这个观点，通过对 2103 个中国县级政府留言板进行在线实验，发现大约 1/3 的县政府回应了网友的留言，其中来自集体行动的潜在威胁使得县政府的回应更加灵敏，而在留言中表明中国共产党员的身份并没有增加政府的回应性。[②] 该观点从社会自下而上的压力出发解释了政府对网民利益诉求选择性回应的因果机制，为我们提供了富有洞见的分析思路，但也不足以回答我们提出的问题，得到政府回应的并不都是会引发集体行动的留言，难以解释为何其他留言也会得到政府的回应。

---

① Hassid J. ,"China's responsiveness to internet opinion: A Double-edged Sword," *Journal of Current Chinese Affairs - China Aktuell*, 2015, 44.

② Chen J. , Pan J. , Xu Y. , "Sources of Authoritarian Responsiveness: A Field Experiment in China," *American Journal of Political Science*, 2016, 60 (2): 383 -400.

面对上述三种观点试图从外部视角解释前文所述问题的局限，笔者认为，政府在面对网民各种各样的利益诉求时所做出的选择性回应行为，受到多维制度环境的约束而具有复杂性，单一维度的解释容易导致结论的片面性与表面性。因此，通过诉求个案的文本分析并借助深度访谈对政府与民众互动现状、互动路径形态进行考察，从过程视角展现政府回应性的动态变化，进而找出中国地方政府回应不足的深层原因。首先，本研究采用文本分析，从类别与领域、回应效果、回应程度等维度识别政府科层体系对民众诉求的回应时效与质量。与此同时，从过程视角考察“地方领导留言板”从创设后逐步成为S市的重要网络问政平台的历程，逐一分析其回应发动点、回应调节点、回应解决点的特征，来展示回应路径的形态，剖析相关利益主体如何塑造“留言板”的回应效果及其变化。

三　民众诉求与回应效果的考察

为了分析政府科层体系对民众诉求的回应时效与质量，首先我们需要对案例中的民众诉求与回应结果进行考察。这需要根据留言的具体内容和所要研究的问题将留言进行编码，对变量进行界定。在对5914个案例编码的过程中，笔者首先对留言的类型进行了区分，按照留言的诉求类型划分为：建言、投诉、咨询、救助及其他五种。根据留言的诉求领域划分为15类：城建、环保、交通、教育、金融、就业、旅游、其他、企业、三农、文娱、医疗、征集、政务、治安。根据“官方回复”内容划分为四类：无官方回复；回复状态中仅表示“收悉”含义，则视为重视；回复状态中表示“指示”，则视为一般重视；回复状态中表示“督办”，则视为高度重视。同样的，笔者按照答复程度将最终的回复内容也划分为五类：“无对话”、“解释、说明”、“承诺、许诺”、“对策”和“行动”，程度也逐渐提高。

（一）民众诉求类别与领域分析

S市民众对地方领导信箱的偏好更倾向于市长和市委书记，分别占总体的

27%与19%。其中，作为书记往往被民间认为拥有更高的地位、更大的权力、更强的问题解决能力，因而普遍更受民众青睐，这一点的结论与李慧龙和于君博①的研究发现一致。在民众诉求类别分布上，投诉最多，其他类最少。其中，投诉类问题占比近1/2（49%），其余为救助类（21%）、咨询类（20%）、建言类（9%）、其他类（1%）（见图1）。值得注意的是，“投诉类”问题的占比多年来保持稳定，民众主要通过“地方领导留言板”表达不满情绪，这意味着“地方领导留言板”逐步成为调节来自自下而上的社会压力的“泄压阀”。其次，“救助类”诉求占比为21%，这意味着留言板成为民众向地方领导求助和咨询的重要途径。

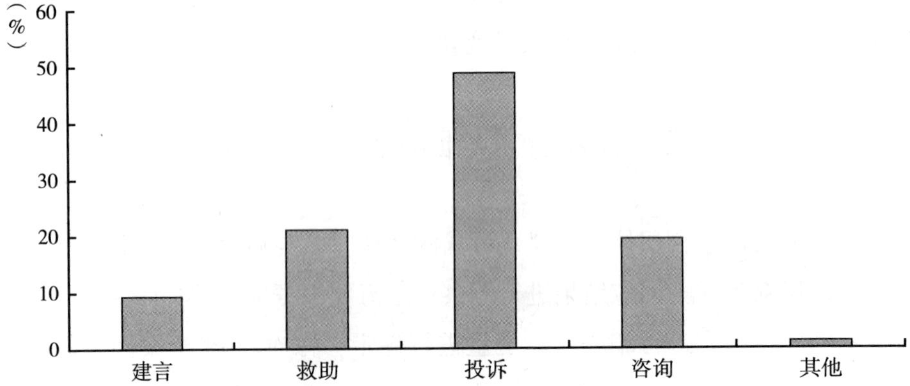

图1　民众诉求类别分布

在民众诉求领域，城建领域问题最多，征集领域最少。其中，城建领域问题占比近1/5，其余为环保领域（17%）、其他（16%）、交通（13%）、治安（9%）（见图2）。其中城建领域中投诉的占比为58%，这与S市高速发展需求下，城市建设日益加快、人口密集密切相关，其主要是由于城市建设工程所产生的噪音扰民、空气污染以及占道经营所产生的道路受阻，这表明在快速城市化进程中的民众诉求呈现出改善人居环境的强烈意向特征。进

① 李慧龙、于君博：《数字政府治理的回应性陷阱——基于东三省“地方领导留言板”的考察》，《电子政务》2019年第3期，第72～87页。

一步，通过对 5914 条诉求进行词云分析，可以发现扰民问题已经成为 S 市民生痛点，这也意味着当前以 GDP 增长为主导的城镇化模式已经与以“人”为核心的城镇化模式产生偏离，忽视了对人居环境质量的关注，已经损害当地民众的人居环境。

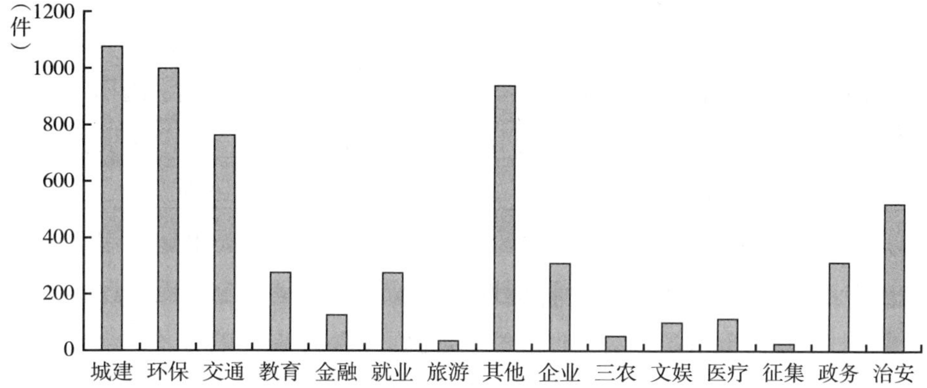

图 2　民众诉求领域分布

图 3　民众诉求的词云分析

（二）“网络问政”回应效果分析

1. 回应率呈倒“U”形变化趋势，存在空间、行政级别和时间上的波动性

整体上看，民众留言的回复率为 57%，这意味着超过四成的诉求得不到政府的回应，通过对相关工作人员的访谈发现，这主要是由于“地方领导留言板”在 2013～2017 年不受上级领导重视，且由于多平台竞争导致其生存空间受限、运作效果有限。从空间维度来看，福田、罗湖、南山等区委书记信箱的回应率在全市范围内遥遥领先，均超过 98%，回应性极差的为 67%，回应性在空间上呈现关内与关外的波动性。从行政级别来看，区委书记信箱的平均回应率为 75%。然而，更受民众青睐的市委书记、市长的信箱的回应率则分别不足 30%，回应性在行政级别上呈现自上而下逐步递增的波动性。从时间维度来看，回应性呈现倒“U”形变化趋势，民众留言的回应率从 2011 年的 58%，上升到 2012 年的 61%。然而 2013 开始下降到 2015 年的最低点（22%），回复情况不容乐观，随后逐步上升到 2017 年的 42%，值得注意的是，回应率在 2018 年达到了 91% 的历史最高点，呈现出时间上的波动性。

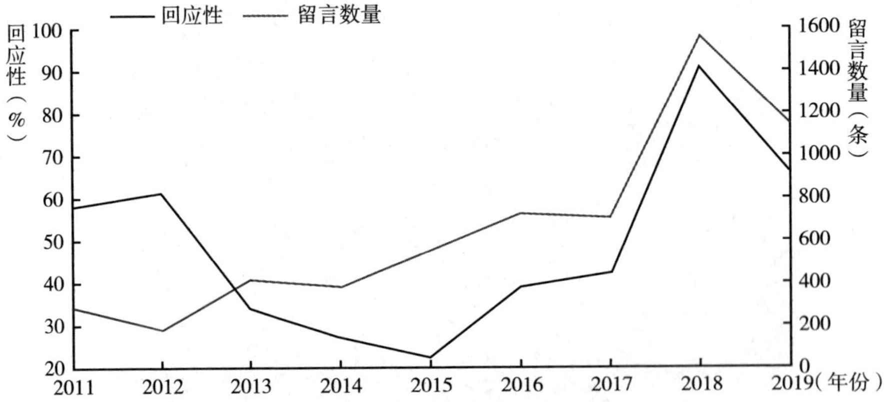

图 4　民众留言数量及其回应性

2. 回应时间逐步实现“30天”答复

留言的回复时间是对政府的回应速度衡量的重要标志。整体上，民众诉

求的回应天数平均超过 120 天，这意味着政府科层体系对民众诉求的回应时效较差。其中，回复时间小于 7 天的占比为 9%，7～14 天的占比为 17%，回复时间为 14～30 天的占比为 37%，30～60 天的占比为 15%。通过对相关工作人员的访谈发现，这主要是由于“地方领导留言板”在 2013～2017 年不受上级领导重视，且由于多平台竞争导致其生存空间受限、运作效果有限。

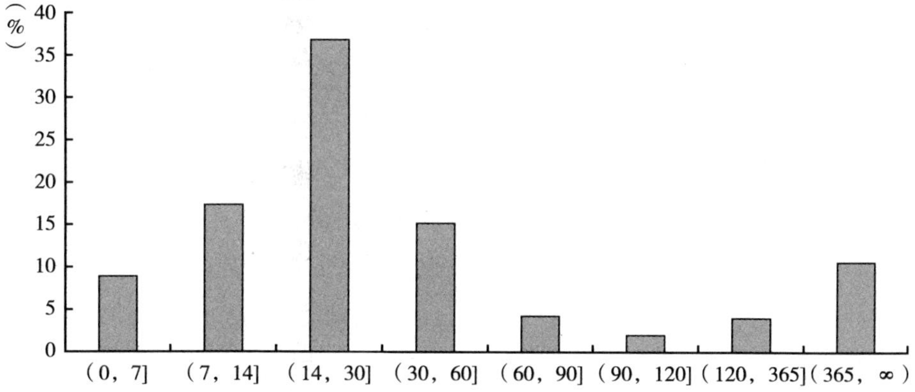

图 5　民众留言回复的天数分布

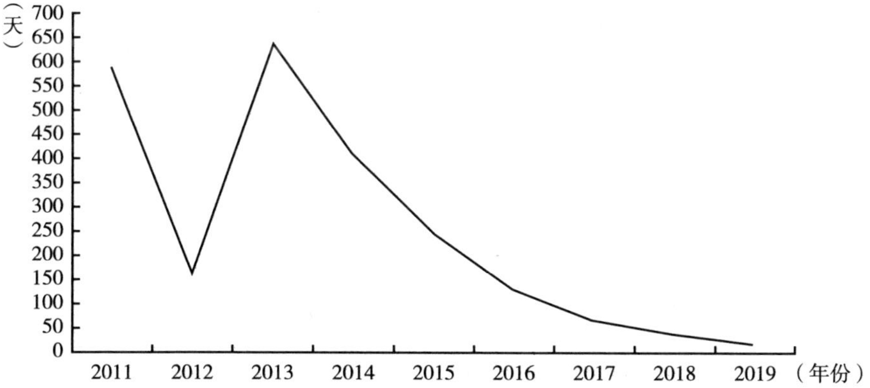

图 6　2011～2019 年民众留言回复的天数变化趋势

在时间维度上，回复时间从 2011 年的 592 天减少到 2012 年的 161 天，然而在 2013 年反弹到 639 天，随后逐年下降，尤其是 2017～2019 年逐步缩减到 20 天，初步实现“30 天”答复。这是因为 2017 年全国各地级市的留言板运作要接受评估和排名，对表现优异的进行表彰，对表现差的给予亮红灯、亮黄灯的警告，其中，S 市作为表现差的被给予黄灯警告，引起了上级领导的高度重视，因此，从 2017 年开始 S 市高度强调加强“地方政府留言板”的回应工作，切实做好民众诉求的解决工作。

3. 回应程度：重视与解释说明

高度重视指的是政府对民众诉求给予了极大的注意，受到高度重视的民众诉求，其回应时间和解决情况有所改善。政府对民众诉求的解释指的是对相关政策、事情、业务作解释与说明，这体现了对民众诉求的深层次回应，良好的解释能够改善民众与政府之间的关系，增进彼此间的信任，因而，单单从回复率和回复时间考察回应性是不足以深度分析回应性的。从回复的重视与解释说明上，可以厘清回应性深层内涵。从政府对民众诉求的重视程度来看，约 1/10 的诉求受到高度重视，这些诉求得到回复的时间约为 42 天，得到较为详细解释的占比为 99%，得到解决的占比为 66%；而未受到高度重视的诉求得到回应的时间为 130 天，得到较为详细解释的占比为 86%，得到解决的占比为 1%，这表明政府对民众诉求的重视程度是影响其回应速度和回应质量的关键因素。从政府对民众诉求的解释说明程度来看，约 77% 的诉求得到政府较为详细的解释，回复内容的字符平均长度为 297。从政府对民众诉求采取的行动来看，政府对 68% 的诉求采取了实际行动，其中得到解决的比重为 99%，这说明政府强大的执法能力有效解决了民众的诉求。

表 1　民众诉求的最终回复情况

诉求最终回复	个数	比重(%)
重视程度	375	11
解释	2613	77
行动	2279	68
解决	535	16

（三）过程分析：S 市网络问政的政府回应是如何形成的

为了更加精确了解回应的效果和机制，本文从过程视角考察“地方领导留言板”从创设后逐步成为 S 市的重要网络问政平台的历程，逐一分析其回应发动点、回应调节点、回应解决点的特征来展示回应路径的形态，剖析相关利益主体如何塑造“留言板”的回应效果及其变化。

1. 回应发动点：媒体制造回应

中央政府通过分权与集权并存的权力配置，将管治民众的权力和责任授予地方政府的同时掌握地方政府官员的政治任免权，并对地方政府的核心任务进行明确规定，通过考核以减少委托人与代理者的目标不一致，从而控制地方政府的实际运作。“地方领导留言板”是人民网①于 2006 年设立的，旨在为全国网民与省市县等党政领导干部互动提供平台，发挥着表达利益诉求、反映民意等作用，在一定程度上也是控制地方政府实际运作的工具。S 市于 2011 年初在留言板上开通了涵盖市级与区级领导的信箱。然而，S 市当地存在与地方领导留言板所提供的表达民意等功能相似的渠道，如于 2007 年开通的 12345 热线电话②，S 市宣传部于 2010 年设置的“问责 S”留言板等。因此，地方政府留言板作为中央官方媒体自上而下为地方民众与地方领导互动而设置的留言板与其他功能类似的平台之间产生了张力，这种张力表现在不同平台之间的竞争性及其背后地方政府领导的政绩竞争。

> 人民网是一个党媒，在全国范围推动地方领导留言板的建设，为全国网民与省市县等党政领导干部互动提供平台，发挥着表达利益诉求、

① 人民网的控股股东及实际控制人为人民日报社，人民日报社是中共中央直属事业单位和中共中央的新闻机构，因此人民网的实际背景是官方媒体。

② 2007 年 12 月 12 日 S 市人民政府 12345 公开电话日正式启用，市民只需用电话拨打 12345，就能对市政府五十多个职能部门进行咨询或投诉。12345 公开电话整合了 S 市政府 56 个部门和单位的 96 个服务咨询电话，是市政府处理行政机关职能范围内非应急事务的公开电话服务平台，主要负责行政机关职能范围内市民咨询、反映、建议、求助、投诉等来电的处理。

反映民意等作用，其实这样的平台在S市也有很多，而且成立得比它还早，做得也比较成功。比如12345热线电话和S新闻网设立的“问责S”。这些平台是当时市级领导推动的品牌工程，大家做的事情一样，但是还是存在竞争关系。

一方面，较早成立的当地其他平台具有“先发优势”，于2011年设置的地方领导留言板的知名度较低，大多数民众甚至不知道地方领导留言板；另一方面，“地方领导留言板”等功能类似的平台本身是收集汇总民众诉求的工具，真正回应与解决诉求的是各底层职能部门及其工作人员，在有限的时间、精力的情况下，他们需要理性分配时间、精力以回应与解决诉求，因此，中央官方媒体设置的留言板的生存空间在一定程度上受到其他平台的挤压。

我们也很困惑这一点，各个媒体都来开设留言板和信箱，说是来监督政府，走广开网络问政的道路。但是广开口子之后，最后的东西最终是要人去办理、去回复的。监督政府的媒体设置了这些留言板和信箱是它们的职责，但是汇集了大量的留言对底层部门产生了巨大的压力。

另外，当地的其他平台本身是当时任职的地方政府领导设置的品牌，其象征着任职的政绩，因此在保护政绩的理性下，作为中央官方媒体自上而下设置的地方领导留言板在S市的推行过程中得不到当地政府领导的重视，因此这种媒体制造的回应在与当地其他平台的竞争过程中难以真正实现，表现在2018年前的留言回复率呈现较大波动性，一度下降到22%。

我们区委宣传部以前就设立了书记信箱，这是我们区的品牌工程，当时就要求“每信必看，每信必回”，但是人民网设置的“地方领导留言板”在平台这方面未受到我们领导重视，不是说你一个媒体开了之后就要我们主动积极配合，我们领导也有自己的考量，需要考虑我们自己的品牌工程。

2. 回应调节点：上级领导意志

人民网在设置“地方政府留言板”的同时，每年定期对全国各地级市的留言板运作情况进行评估和排名，对表现优异的进行表彰，对表现差的给予亮红灯、亮黄灯的警告，这在一定程度上影响了当地领导干部的政绩表现。网络问政领导重视是前提，由于网友反映的问题牵扯到方方面面，涉及很多部门，领导重视不重视，是问题能否很好解决的前提条件。

> 地方领导留言板它是在2011年开始设立的，从整个S市来看回复率总体是60%左右。因为这个制度是一开始没有设置好，还没有很好地去完善它。这个标准还没有制定好，市级层面的重视程度不够。但是2017年之后人民网对全国地方领导留言板的回复工作做了评估和排名，开个了大会。2017年市级领导对排名的结果很重视。现在我们区里面这边领导比较重视合作。

在压力型体制中，上级领导意志是决定下级部门推行网络问政的关键因素。上级领导通过“行政发包”将留言板的回复任务下发到基层，并将“绩效考核”作为奖励依据，从而激励基层政府完成任务。绩效考核作为上级控制下级的重要考核手段，对官员的评优资格、年终奖和晋升产生重大的影响。对于基层官员而言，网民的每一条留言背后都反映了各自的利益诉求，面对如此庞杂的利益诉求，他们很难做到一一回应，而不回应网民的利益诉求则会产生一定的风险，虽然这些风险的成因具有不确定性和宽泛性，但是否会演变成政治风险则是他们最关心的。据访谈资料，由于2018年市领导针对本市地方政府留言板的排名问题明确提出了加强留言板回复的要求，并将其纳入单位的绩效考核指标当中，推动了各单位落实留言板的回复任务。因此，2018年的留言数量和回复率显著提高，分别猛增到1557和91%。

3. 回应解决点：解决率较低

“上面千条线，下面一根针”，作为解决民众诉求的末端，S 市基层政府部门及其工作人员在精力和时间有限的情况下，面对诸多问政平台所带来的庞杂且日益增加的民众诉求，所做出的最终回应策略，基本上分为三类：对于个人投诉类的基本给予必要的帮助和解决；对于普遍存在的问题，表现高度重视且尽快解决；对于难以短期解决的，表示“尽快督办”。其中，多以解释说明为主，占 77%，采取行动对策的比重较多，占 68%，但是解决率只有 16%，这表明了“网络问政”的模式下，尚未真正建立有效的诉求跟踪解决与反馈机制。从表达方式和对结果的接受程度来看，被动接受的居多。值得肯定的是，S 市建立了督办机制。根据访谈资料，S 市对于长期未落实解决的民众诉求采取了督办，但仍然没形成制度的过程，进一步的效果还有待观察。

四　讨论：“钟摆式回应”

通过分析 S 市 5419 个个案文本并借助深度访谈对政府与民众互动现状、互动路径、机制与形态进行考察，从过程视角展现政府回应性的动态变化，笔者发现，“网络问政”平台即回应的发起点对政府部门回应性产生了重大影响。已有研究忽视了问政平台的异质性，即将其视为提供表达利益诉求和不满的渠道，但是，这些功能相似的平台背后的利益相关者塑造其运作状态。通过 S 市的地方领导留言板的个案分析，笔者发现媒体发动的问政平台是否能常态化、制度化运作依赖上级领导的重视程度，上级领导的重视程度成为回应的调节点。回应过程的启动若非当地政府自发进行的，而变成媒体推动的，那么回应受到重视的程度则会降低。上级领导作为回应调节者，用“权力”调节“回应”，使得回应性呈现倒“U”形特征。通过分析整个回应过程的各个节点，我们不难发现案例中的回应路径形态呈三角形。民众在地方领导留言板上向 S 市各区区委、市委与市长提出诉求，由负责地方领导留言板相关工作的部门“网信办”进行诉求转移，按照属地化原则将诉求划分到相关责任单位并由其落实，由网信办进行跟踪并负责最后的答复处理工作。

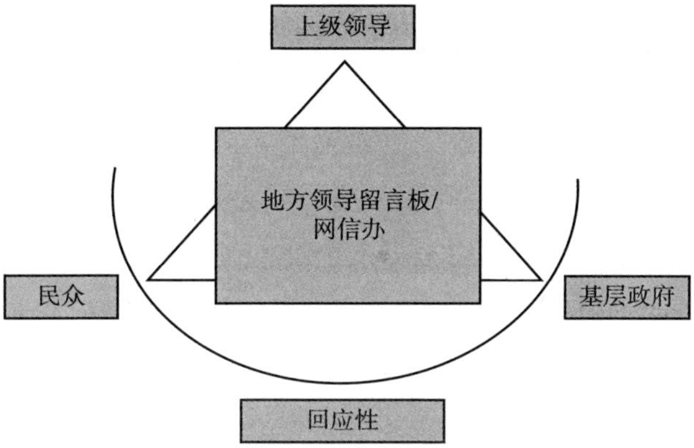

图7　民众诉求回应路径形态

首先，在这个三角形的回应路径中，上级领导作为回应路径的核心节点，用“权力”调节“回应”，人民网设置的“地方领导留言板”的制度化、常规化运作取决于上级领导的重视程度，使得回应路径出现发动点与调节点的错位。其次，民众通过地方政府留言板向政府部门提出诉求，但是不存在有效的问责权力，不能约束政府部门的选择性回应行为。在当前的网络问政的制度设计中，上级领导掌握着目标设定和结果评估的权力，通过人事任免和绩效考核等方式约束基层政府部门的选择性回应行为，呈现“诉求”与“问责”分离的状态。因此，民众诉求是否得到合理回应，很大程度上取决于地方上级领导干部的重视程度。这样的回应制度设计使得作为回应解决者的基层责任部门，不用直接面对来自自下而上的社会压力，而是面对自上而下的行政问责压力，导致回应性存在严重的波动性，容易导致网络问政平台出现“诉求庞杂而无力解决”的局面。与此同时，基层责任部门在面对日益庞杂的民众诉求时，容易陷入“心有余而力不足”的困境。由于回应发动点与回应调节点的错位，“诉求”与“问责”呈现分离的状态，因此回应路径呈现“钟摆式”。在“钟摆式回应”路径中上级政府作为回应调节点，通过“权力”调节回应性，自上而下传导压力从而控制“钟摆”的摆动幅度，导致回应性呈现倒“U”形变化。这种模式受到上级领导重视程度的影响，不利于问政平台的常规化、制度化运作，使得出现严重的波动性回应，不利于增加民众与政府的信任。

B.17

税务微信的传播效果提升策略分析：以“广东税务”为例

林功成*

摘　要： 本文通过对“广东税务”微信公众号的案例分析，讨论了该公众号在功能设计、推文阅读量、粉丝增长量等方面的发展现状和传播效果。同时，研究还采用问卷调查方法，对“广东税务”的用户进行了群体细分。研究建议：税务部门宜搭建省级税务融媒体中心，统一领导省内各地市的税务宣传；将深度的专业内容“转译”成适宜用户阅读的通俗文字；改变单一的宣传，强化反馈互动。

关键词： 政务微信　广东税务　电子政务

2014年，国家税务总局办公厅下发《关于建立全国税务系统微博微信矩阵的通知》，要求各省、自治区、直辖市等地方税务部门于2014年10月前开通本级官方微博微信，并鼓励各市、县税务机关因地制宜开通微博微信。此后，全国各级税务机关双微平台建设步入“快车道”，截至2018年国税地税合并之前，仅广东省内就有189个涉税微信公众号。① 然而，过多

* 林功成，博士，中山大学传播与设计学院副教授。本文得到广东省哲学社会科学“十二五”规划项目“公共事件中的微信舆论——传播规律及引导机制研究”（编号GD15YXW01）以及广东省舆情大数据分析与仿真重点实验室、广州大数据与公共传播研究基地的资助。

① 本论文的数据由广东税务总局及“广东税务”微信公众号团队提供，特此致谢。

的涉税类微信号也带来一些问题，例如原创比例较低、内容的针对性和适用性不强、更新较慢等。[①] 2018 年国税地税征管体制改革，全国各级税务系统在机构改革的同时，对微博微信进行统一优化整合，既在主体上实现二合一，又取消了县区局双微平台以及第三方新媒体平台。这一举措使得全国税务系统双微数量大幅精简，广东省税务微信公众号从 189 个大幅压缩至 24 个，有效实现了集约化管理，率先在全国政务新媒体健康有序发展上先行迈出坚实的一步。

数量上的精简是否带来整体运维效果的提升？机构整合后的税务部门如何借助新媒体平台拓展纳税服务的发布空间？更具体地看，政务新媒体是否有助于巩固和加强税务信息的到达率？如何进一步提高税务新媒体的影响力？带着这些问题，我们选择“广东税务”作案例探讨。2014 年 8 月“广东国税”微信公众号正式开通；同年 10 月“广东地税”微信公众号开通。2018 年 6 月，因机构改革，省税务局挂牌，两个微信号也合并为“广东税务”，合并之日拥有用户 263 万。而时至今日，“广东税务”的粉丝量已增长至 600 万（2019 年 9 月 16 日数据）。鉴于此，本文试图通过量化比较该公众号和同类型税务公众号的异同，并对该公众号的推文内容进行分析，以呈现与解读税务微信的发展现状与存在问题，以期为税务部门提高新媒体管理服务水平提供一些参考和建议。

一 “广东税务”微信公众号功能及其与国内同类微信公众号的对比

由原广东国税、广东地税微信公众号合并而成的广东税务微信公众号于 2018 年 6 月 16 日正式上线。“广东税务”对微信公众号的寄望最高，其成功得益于精准的定位：第一是权威的发布平台，建立官方、权威、专业的发布渠道，将微信打造成纳税人身边的“税务专家”；第二是高效的办税平

① 蒋余良：《税务公共关系管理初探》，《税务研究》2015 年第 12 期。

台，为纳税人和缴费人带来方便的办税体验。截至目前，“广东税务”微信公众号的订阅用户已达600万，用户基本来自广东省内城市，也包括一些临近省份的用户。图1展示了“广东税务”自国地税合并以来的累积关注人数，从中可以看出，该号的订阅人数持续高速增长。根据后台数据显示，来自广州市的用户最多（199.44万），其次分别是佛山市（52.82万）和东莞市（47.42万）（见表1）。随着粤港澳大湾区的融合步伐，该微信号也得到越来越多港澳居民的关注，“广东税务”拥有港澳用户1.18万，已成为港澳居民在湾区内工作生活的必备工具。

表1　微信公众号的用户地域分布

排名	地域	用户数	占比(%)	排名	地域	用户数	占比(%)
1	广州	1994443	33.78	11	梅州	138552	2.35
2	佛山	528207	8.95	12	河源	135455	2.29
3	东莞	474189	8.03	13	汕头	115600	1.96
4	惠州	294017	4.98	14	湛江	111457	1.89
5	深圳	291533	4.94	15	茂名	111021	1.88
6	中山	218657	3.70	16	韶关	107455	1.82
7	珠海	198164	3.36	17	揭阳	102125	1.73
8	江门	177121	3.00	18	阳江	70725	1.20
9	肇庆	157470	2.67	19	潮州	69553	1.18
10	清远	156805	2.66	20	云浮	58376	0.99

对每日净增关注人数的分析可发现，“广东税务”的日均净增关注人数达6940人，峰值出现在2019年1月。当月4日和9日，净增关注人数高达3.2万和2.8万（见图2）。1月4日文章《今天你领红包了吗？3～11日，广东税务福利送不停!》阅读人数达17.78万，被转发3576次。文章主要介绍了新个税法的规定，2019年1月起实施综合与分类相结合的个人所得税制。同时，个人所得税改革首次增加包括子女教育、继续教育、住房贷款利息、住房租金、大病医疗和赡养老人支出等6项专项附加扣除。由于专项附加扣除的程序较为复杂，“广东税务”迎来了一波用户的增长浪潮，该公众号于1月开展了个人所得税知识竞赛，直接推动了净增关注人数的增长，影响力一直持续到1月中旬。

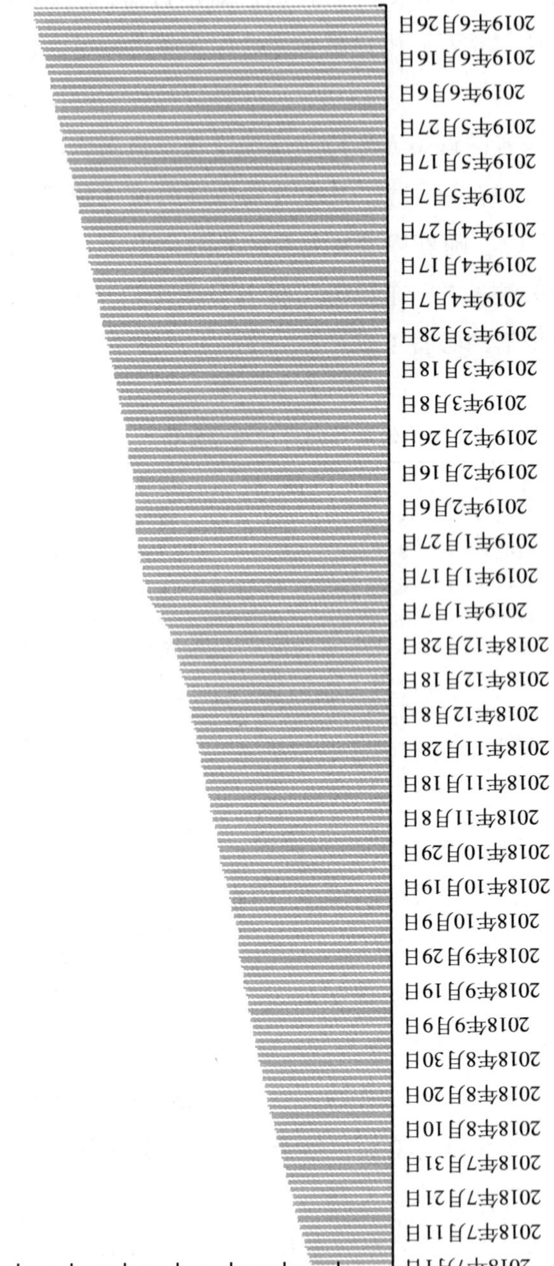

图1 “广东税务”微信号的累积关注人数增长情况

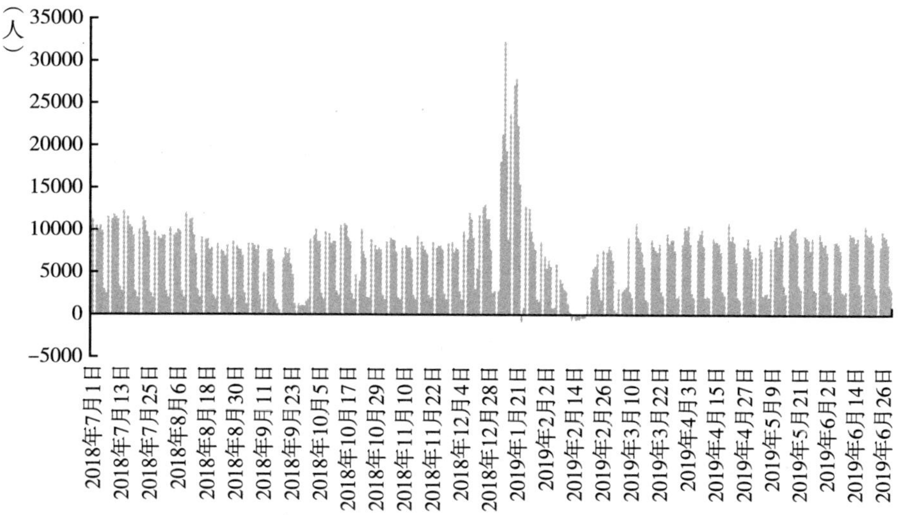

图 2　“广东税务”微信号的每日净增关注人数变化情况

表 2 展示了“广东税务”微信平台的业务功能。国税、地税合并后，微信号功能全面升级，拓展至个税、社保、发票、预约办税、电子税票等六大类 95 项常用办税功能，基本完成对数据管理的信息化，实现了涉税业务系统向移动媒体的延伸。① 对 2018 年 7 月至 2019 年 6 月期间用户对菜单的调用数据分析可发现，“微办税”下的“个人业务”被点击 1654 万次，“微服务”下的“预约办税”被点击 874 万次，成为网民最频繁使用的业务类型。而其他菜单的点击率也非常高，充分说明“广东税务”微信号的业务功能得到了用户的肯定。

表 2　“广东税务”微信平台业务功能

一级菜单	二级菜单	三级菜单
微发布	通知公告	链接至官网
	办事指南	办税指南、社保费业务办理指南、行政许可指南、税务行政救济、二维码一次性告知

① 严丽梅、岳瑞轩：《改革开放铿锵行，广东税月春秋四十载印记》，《羊城晚报》2018 年 12 月 3 日。

续表

一级菜单	二级菜单	三级菜单
微发布	政策法规	总局法规、地方法规、按文号查询、按税种查询、按规费查询
	政策解读	链接至官网
	办税日历	链接至官网:广东省税务局征期日历
微办税	增值税和发票等业务	用户信息、切换身份、便捷开票、代开增值税普通发票、代开增值税电子普通发票、非税收入申报、申报作废等
	其他税(费)业务	附加税申报、零申报、税费缴款、预约办税、办税服务厅等候情况、印花税申报、问题反馈等
	房地产交易智能办税	含存量房交易、增量房、申报查询、预约办税、票证打印、税费清缴等
	个人业务	实名认证、个人所得税查询、社保费查询、电子税票、城乡居民保险等
	用户中心	修改密码等
微服务	预约办税	预约功能
	办税地图	省内各地办税服务厅地址及联系方式
	凭证查验	文书查验、发票查验、个税完税查验、车船税凭证查验、电子税票查验
	便民服务	办税服务厅等候情况、纳税信用查询、咨询热点、青少年税法学堂、纳税人学堂、税收优惠政策一本通、12366 平台智能咨税
	深化增值税改革	链接到官网同名专题页面

我们通过与同类型微信号的对比来探讨“广东税务”的发展策略和影响力。比较的内容包括这些公众号 2019 年 6 月至 8 月在发布篇数、总阅读数、总点赞数方面的情况。通过对比分析“广东税务”及其他税务微信号，我们得出以下发现，详见表 3。

表 3　2019 年 6 月至 8 月“广东税务”与同级微信的比较

	发布篇数	总阅读数(万)	总点赞数
广东税务	270	356	6710
国家税务总局	386	642	22122
北京税务	306	315	23641
上海税务	250	254	28762

续表

	发布篇数	总阅读数(万)	总点赞数
河南税务	311	229	8978
重庆税务	218	208	3411
福建税务	287	226	8958
山东税务	251	111	4394
四川税务	306	104	2580
河北税务	316	100	2304
云南税务	348	95	3556
陕西税务	395	103	2137
广西税务 12366	86	45	921
江苏税务	264	58	1515
安徽税务	244	46	1537
新疆税务	373	28	5805
山西税务	253	35	584
甘肃税务	447	24	2385

注：部分省份税务微信的阅读量较少且不活跃，未被列入比较对象中，如宁夏税务、西藏税务、内蒙古税务、青海税务、贵州税务、海南税务、湖南税务、湖北税务、江西税务、浙江税务、黑龙江税务、吉林税务和辽宁税务等。

总体而言，“广东税务”在 2019 年 6 至 8 月的总阅读数排名第二，仅居于“国家税务总局”之后。从各省税务移动服务水平的比较可发现，税务服务的发展水平与当地经济发展程度有较强相关性，上海、北京和广东三地的税务微信稳居第一梯队。而中西部省份的税务微信表现较为一般，无论是阅读量，还是税务服务的种类数量，尚有一定程度的提升空间。从发布篇数看，“广东税务”的活跃度较低。在样本微信号中，三个月发文总量最大值是 447 条，最小值是 86 条，平均值是 295 条。“广东税务”推送 270 条，处于相对较低的水平。不过，我们认为过多的推文可能分散用户的关注力，且易造成文章质量下降。因此，保持较稳定的推文节奏，更加有利于“广东税务”的良性发展。

二　“广东税务”微信号推送内容分析

自 2018 年 7 月 1 日至 2019 年 8 月 30 日，“广东税务”共推送文章

1288 篇，图 3 展示了日均推文数变化趋势。扣除未推送文章的天数，“广东税务”日均发文 4 条，高峰出现在 2019 年 4 月 1 日（8 篇文章），当日内容以个人所得税申报指引、最新增值税税率表等政策解读类文章为主。

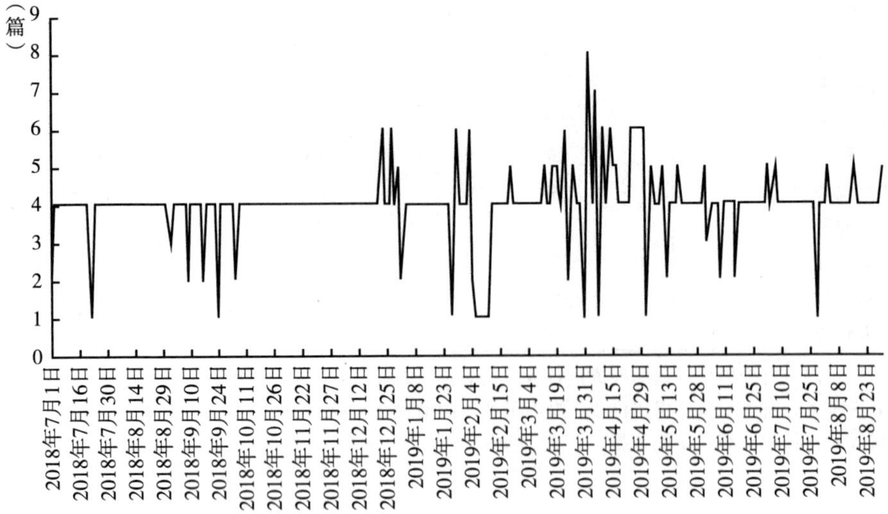

图 3　日均发帖量变化

我们对 1288 篇文章的标题进行了词云分析。前十大高频词语分别是：税务（143 次）、政策（142 次）、个税（117 次）、减税降费（108 次）、增值税（105 次）、改革（97 次）、纳税人（81 次）、扣除（80 次）、申报（72 次）、发票（59 次）。这些最常出现在文章标题中的词语，基本都与税务密切相关。我们进一步统计了“广东税务”在抽样时间内每日的文章阅读数分布。结果显示，样本周期内该微信号的总阅读数高达 2478 万次，平均每日阅读数 62734 次。从整体趋势看，“广东税务”的日阅读数保持稳定的发展态势。

公众号共有 32 篇文章阅读量突破 10 万。其中，阅读量排名第一名的是 2018 年 12 月 22 日推送的《定了！明年 1 月 1 日起，个税专项附加扣除要这么扣》，当日共得到 69.96 万次阅读。由于微信仅显示 10 万 +，我们从后台抓取了阅读量最高的前十篇文章的数据。表 4 依据这些文章的阅读量进行排序，从推送内容看，高阅读量的文章均是紧密围绕政策解读的文章，惠民利民服务的内容更易带来高阅读量。

表 4 “广东税务”人气最高的前十篇文章

标题	发布时间	阅读数	留言数
定了！明年 1 月 1 日起，个税专项附加扣除要这么扣	2018 年 12 月 22 日	699586	600
新版个人所得税办税系统今天上线！5 分钟短片教你怎么用	2018 年 12 月 31 日	379173	103
刚刚，新个税法通过！起征点每月 5000 元，10 月 1 日起实施	2018 年 8 月 31 日	365701	206
关于推广使用个人所得税手机 APP 及网页版的通知	2018 年 12 月 30 日	294442	66
“个人所得税”APP 下载及注册指引	2018 年 12 月 27 日	281133	100
月入 2 万以下能减多少税？收好这张表，一查便知！	2018 年 10 月 9 日	239081	109
定了！5 月 1 日起社保费率要这样降	2019 年 4 月 8 日	214516	118
“五险一金”变“四险一金”，企业和职工到底是“赚”是“赔”？	2019 年 3 月 28 日	200327	78
重要通告！扣缴个人所得税申报将有重大变化	2018 年 8 月 17 日	190782	39
@所有人，改革后，你的个税这样算！	2018 年 8 月 28 日	185040	175

对文章主题的进一步分析发现，以“减税降费”为主题的文章占全部推文的 1/3。“广东税务”平均每天推出至少一篇减税降费有关内容，相关推文总阅读量 313 万人次，新增关注 101 万。“减税降费”是党中央在新形势下稳增长、稳就业、稳市场、稳大局的重要举措。为配合国家税务总局的宣传，“广东税务”先后推出减税降费一本通（电子书）、减税降费 36 计融媒体宣传系列、《听税》、财务珊说税等系列产品。在产品策划创意上，2019 年 3 月 15 日政府工作报告表决通过，“广东税务”即推出《90 秒带你读懂减税降费有啥干货》原创视频，推文得到国家税务总局微信公众号的采用。4 月 3 日推出“减税降费一本通”电子书，获得超过

180 万点击量。以“减税降费 36 计”为例，该栏目由广东省税务局与新华社广东分社新媒体中心深度合作，通过新闻通稿与 VLOG（视频日记）方式，展现广东税务为减税降费推出的政策措施。在推文形式上，“广东税务”突破传统，积极创新，更多地运用直播、图解、街拍、动漫、MV、二维码海报、H5、小游戏等形式，使税收宣传既权威又生动。例如，在个税改革期间，“广东税务”制作的二维码海报《中秋团圆节，一起分享个税改革红利》，成为全国首个全面推广个税改革的新媒体作品；与重庆市局跨区域合作街拍视频《个税改革好不好，你们说了才算数》，得到大量网友留言。

图 4 显示了抽样时间内每条信息的平均阅读数在一周内的分布，结果发现“广东税务”微信号在周六产生的阅读量最高，周六推送的文章平均每条的阅读量可达到 8.5 万次。其次是周日、周五和周二。周一的阅读量最少。若不考虑节假日、重大事件或舆情热点的影响，该数据在一定程度上反映了用户群体的阅读习惯，其在非工作日期间的阅读量更高，而工作日的阅读情况会明显走低，尤其是星期一。因此，建议“广东税务”应重视在周六和周日的推送信息，由于用户在双休日有更多自由时间，这两天的文章阅读率较高。

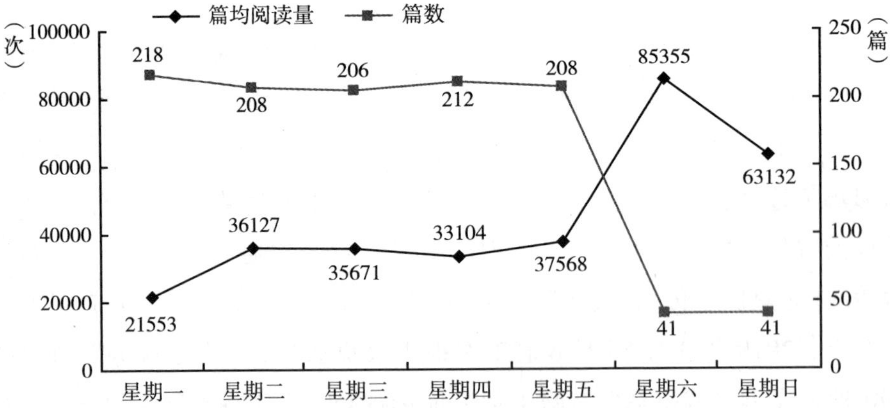

图 4　“广东税务”微信号推文篇数及篇均阅读数的周内分布

三 “广东税务”微信公众号用户构成与态度特征

为进一步分析用户的行为特征，我们于 2019 年 8 月展开了一项针对“广东税务”微信用户的在线问卷调查，以系统地分析用户的构成、行为与评价。问卷通过“广东税务”的微信推文派发。本次调查最终收集有效样本 1311 个，根据样本分析，发现如下特征。

（一）用户特征

就受访者的构成来看：45% 为男性；大多数（41.1%）调查对象的年龄分布在 19～30 岁，而 31～40 岁的样本占 34%；37% 的样本人群教育程度为大学本科，33.6% 是大专学历；四成受访者是企事业单位职工等。在使用时长上，17.4% 受访者的使用时长超过了 3 年，15.7% 的用户使用时长为 2～3 年，31.7% 的用户使用时长为 1～2 年，35.2% 的用户使用时长不超过 1 年。这说明调研中年轻用户的占比较大，且三成用户对税务微信的使用较晚。

（二）用户所关注的内容与需求满足度

用户最关注税务微信提供的办税操作指引，对国际国内的涉税新闻则较不关注。从关注程度来看（采用四级量表，1 = 非常不关注，4 = 非常关注），税务微信所推送的文章中，用户最关注的是“办税操作指引”（$M = 3.25$，$SD = 0.84$），其次是“税费政策解读”（$M = 3.22$，$SD = 0.86$），随后依次是“最新通知公告”（$M = 3.14$，$SD = 0.86$）、“最新宣传动态”（$M = 2.99$，$SD = 0.89$）、“地方税收新闻”（$M = 2.98$，$SD = 0.88$）和“国际国内税收新闻”（$M = 2.79$，$SD = 0.89$）。

在需求的满足方面，调查问卷中问到“广东税务能在多大程度上满足您的下列需求”。其中，用户最满意的是税务微信能“提供服务（如预约办税、个税查询、税费清缴等）”（$M = 3.01$，$SD = 0.92$），其次分别是

“提供权威政策解读”（$M=2.83$，$SD=0.88$）、“提供本地税法知识培训或普及宣传等相关活动预告”（$M=2.76$，$SD=0.95$）、“提供本地税收新闻”（$M=2.67$，$SD=0.95$）、“提供辟谣信息”（$M=2.59$，$SD=0.98$）、“提供国际国内时事热点和新闻资讯”（$M=2.48$，$SD=0.96$）和“提供福利放送”（$M=2.23$，$SD=1.04$）。

（三）用户使用评价及用户期待

1. 对“广东税务”有用性和实用性的评价及兴趣度

调查对象对“广东税务”所推送文章信息的有用性评价十分积极。29.4%的调查对象认为“广东税务”的文章和信息“非常有用”，62.5%认为“比较有用”，这两类用户总占比为91.9%。仅有6.3%和1.8%用户分别认为广东税务的文章和信息“比较没用”和“完全没用”。调研对象对“广东税务”微信号的兴趣度也很高。25.4%的调研对象对推送的文章持非常感兴趣的态度，58.0%的调研对象表示“比较感兴趣”，15.5%的调研对象“不太感兴趣”，1.1%表示“完全没兴趣”。

在调查问卷所询问的五项微信办税功能中，43.7%的调查对象认为“个人业务”功能最实用，其次是“预约办税”（26.9%）和“增值税和发票等业务”（20.7%）。认为“其他税（费）业务”和“房地产交易智能办税”功能最实用的人数比例最低，分别为5.6%和3.1%。

2. 取消关注“广东税务”微信公众号的原因

问卷向调查对象询问了一系列有可能导致取消关注的因素，用户提及的原因分别为“服务功能不能满足需求”（64.6%）、“提供的文章信息没有用”（36.9%）、“提供的文章信息太少”（22.3%）、“一对一互动服务令人不满意”（21.4%）以及“不需要政务微信公众号提供的服务”（19.5%）。由此可见，政务微信公众号是否能满足用户的实用需求是决定用户会否取关的核心因素。

3. 对“广东税务”每天推文数量和时间段的建议

调研对象中，26.8%希望每天推送1条信息，25.9%希望每天推送2条信息，25.6%希望每天推送3条信息，8.8%希望每天推送4条信息，12.8%希望每天推送5条或以上。超过3/4的调查对象希望每天的推文数量不超过3条。调查对象主要希望在上班和下班时段接收到推文。33.5%的调查对象希望在每日上午7~9点收到推文，30.9%希望在下午17~18点接收到推文。有22.2%的调查对象希望在12~14点的午间时段接收到推文，13.4%的调查对象希望在晚上21点后接收推文。

4. 用户对政策解读形式的偏好

问卷向调查对象询问了他们对政策解读形式的偏好，用户对各种形式的偏好度排序如下：“案例分析”（66.1%）、“政策图解”（61.8%）、“文字解读”（49.2%）、“视频动漫”（33.3%）以及“直播、微课堂”（29.5%）。用户更喜好图片和文字相结合的案例化解读方式。

（四）用户细分

从实践需求和理论意义出发，我们选择了前文中的“关注度”、“满足度”、“有用性”、“兴趣度”四方面用户心理特征，使用K-means聚类方法将用户细分成不同的群体。在聚类分析之前，我们针对“用户对广东税务微信公众号各主题内容的关注度”（共6项，Cronbach's Alpha=0.917）求取了均值，计算出“关注度”这一变量值；针对“广东税务微信公众号对用户不同需求的满足程度”（共7项，Cronbach's Alpha=0.905）求取了均值，计算出“满足度”这一变量值。此外，为了保持分值意义的一致性，我们将“有用性评价”和用户“兴趣度”这两个变量的数值进行了反向编码。

聚类分析结果将用户分成4个类别人群。我们使用了单因素方差分析（ANOVA）比较了四类人群在上述三个心理及行为方面的差异，结果显示四类人群在上述4个变量上均存在显著差异（见图5）。为了识别出各类用户，我们也分别描述了四类人群的人口统计特征和使用“广东税务”公众号的时长，并使用卡方检验比较各人群的差异。结果显示，四类人群的性别分布具有近于显著的差异，年龄、学历、职业以及使用公众号的时长均存在显著差别。

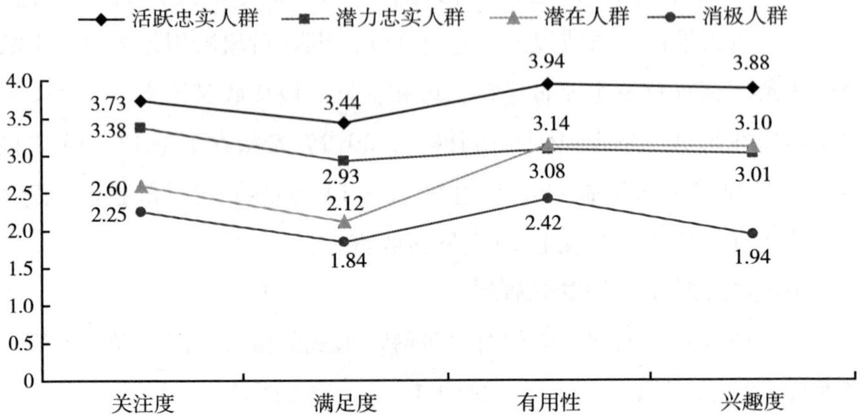

图5　四类细分人群对“广东税务”的关注度及评价差异

第一类人群对“广东税务”微信公众号内容的关注度最高、认为公众号最能满足其需求、对公众号有用性的评价最高、对所推送的文章的兴趣度最高，可以被认为是公众号的忠实用户群。这类样本占比为22.7%。第一类人群年龄以31～40岁的用户和19～30岁的用户为主，学历水平覆盖了中学至大学本科，职业范围较广，部分用户使用公众号时长不短于3年，部分用户使用时长在1～2年，女性用户略多于男性用户。我们将这类人群命名为“活跃忠实人群”。

第二类人群对“广东税务”微信公众号的内容的关注度略低于第一类人群，但关注水平依然较高。这类样本占比33.7%。这类人群认为“广东税务”公众号比较能够满足其需求、比较有用，对公众号比较有兴趣，其对“广东税务”微信公众号的评价较为积极，但各方面评价均低于第一类人群。这类人群对公众号的关注度比较接近第一类用户，但在满足度、有用性评价和兴趣度方面还有提升空间。在人口特征上，第二类人群的主体用户较为年轻、学历较高、以企事业单位职工为主，使用“广东税务”微信公众号的时间大多不超过2年，女性略多于男性。我们将这类人群命名为“潜力忠实人群”。

第三类人群对“广东税务”微信公众号的关注度处于中等水平，认为公众号比较不能满足其需求，但这部分人群较为认可公众号的实用价值，也对公众号表示出一定的兴趣，值得公众号大力争取。样本中有28.9%属于第三类人群。第三类人群的主体用户年龄较轻、学历偏低，以企事业单位职工为主，超过四成用户使用公众号的时间不超过1年，七成用户使用时间不超过2年，男女比例较为均衡。我们将这类人群命名为“潜在人群”。

第四类人群对“广东税务”公众号的关注度较低，这部分人群认为公众号难以满足其需求、公众号有用性较弱，这类人群对公众号的兴趣度也较低。第四类人群在样本中占比14.6%。第四类人群男女比例比较均衡，用户年龄在四类人群中最为年轻，学历偏低（与第三类人群相似）、关注公众号的时间长度在四类人群中最短，超八成用户使用时长不超过2年，46%的用户关注公众号时长不超过1年。我们将这类人群命名为“消极人群”。

（五）细分人群的行为和偏好分析

为了进一步提出有针对性的对策建议，我们比较分析了四类细分人群对公众号各类主题的关注度、对各类需求满足度的评价、对政策解读形式的偏好，以及对推文形式的偏好。

概括而言，活跃忠实人群对公众号各主题内容的关注度均较高，其中又尤为关注“税费政策解读”、“办税操作指引”和“最新通知公告”。对于公众号发表的各类文章，该人群均有可能关注阅读。活跃忠实人群认为公众号能满足多方面的需求，特别是在“提供服务”、“权威政策解读”和“提供本地税法知识培训或普及宣传等相关活动预告”这几方面，对“福利放送”的评价略低于其他方面。活跃忠实人群当中，超过2/3的用户希望获得“案例分析”和“图解”形式的政策解读文章，对“文字解读”、“直播、微课堂”以及“视频动漫”的支持度也较高，说明这类用户愿意尝试接受多元的政策解读方式。近30%的用户愿意每天获得“5条及以上”的推文，另有1/4的用户愿意每天收到3条推文；用户主要希望在“7~9点”和“17~18点”获得推文。

潜力忠实人群对公众号各主题的关注度也比较高，尤其关注“税费政策解读”和“办税操作指引”。在需求的满足方面，潜力忠实用户对“提供服务”和“权威政策解读”评价较高，对“福利放送”最低。该类人群高度偏好“案例分析”式的政策解读形式（75.34%），其次为“政策图解”（67.65%）。潜力忠实人群最希望每天收到3条推文，其次是2条和1条，希望每天收到推文的时间是“17～18点”和“7～9点”。

潜在人群对公众号各主题的关注度较低，相对而言，比较关注“办税操作指引”和“税费政策解读”。该类人群对于公众号各功能满足其需求的评价均偏低，对于服务功能评价相对较好，对“福利放送”和“提供时事热点和新闻资讯”的评价最低。该类人群偏好“案例分析”、“图解”和“文字”形式的政策解读文章，对“视频动漫”的支持度为各组中最低，政策解读形式偏好较为传统保守。在推文形式上，1/3的潜在用户倾向于每天接收2条推文，其次是1条（25.3%）和3条（25.1%）。主要希望在“7～9点”的早间时段接收推文，其次为“17～18点”。

消极人群对公众号各主题内容的关注度最低，对“办税操作指引”的关注度稍高于对其他主题的关注。该类人群认为其各方面需求均难以得到满足，仅对公众号“提供服务”的功能评价稍微积极。这一类人群倾向于“案例分析”和“图解”这两种解读方式，每天愿意接收1条（54.7%）至2条（24.5%）推文，愿意在“7～9点”和“17～18点”接收推文，愿意在“21点以后”接收推文的人数比例高于其他类别的人群。

四　对策建议

近年来，广东省税务局积极通过税务新媒体开展税收宣传、第一时间回应公众的问题、提供纳税服务，取得较好成效。通过统一规范的新媒体管理、严格控制账号数量和发布质量，提升了税务部门形象和公信力。总体来看，“广东税务”微博、微信等新媒体账号建设情况良好。接下来，还需进一步完善相关制度，提升内容的有趣性和吸引力，并进而提升公众关注度。就此，我们提出如下建议。

（一）搭建省级税务融媒体中心，统一领导省内各地市的税务宣传

目前广东税务矩阵优势明显，联合发声走在全省乃至全国政务新媒体的前列，但是同时也暴露出了一些问题，缺乏系统有效的平台和管理，造成目前新媒体产品重复生产，资源没有得到好的整合。例如，个税改革期间，省内各地市税务机构均以长图、漫画、视频等形式对政策进行解读，但内容大同小异，从而浪费了有限的资源。同时，我们也发现对于基层税务部门来说，微信宣传的程式化成为普遍问题，转载多，原创少。这主要是因为基层部门人力物力有限，自制内容生产能力不足。发布平台太多，原创内容稀缺的问题极为严重。鉴于地市税务部门在新媒体重复建设的问题，我们认为税务部门宜采取新媒体的整合思路，包括成立省级税务融媒体中心、整合人才、提高效率等。

（二）将相对较难的专业内容“转译”成适宜用户阅读的通俗文字

税收是政府收入的重要来源，也是一个非常具有专业性的领域。虽然其与老百姓的生活密切相关，但税务新媒体的内容范畴常常显得既“窄”也“专”。从现有数据看，微信的黏性用户多数为20～40岁、受教育程度较高的青年。这一群体求知欲强，对新鲜的事物接纳程度较高，但碎片化的时间不宜进行深度阅读。因此，税务微信面临着如何将“狭”而“专”的内容传播出去，并能迅速到达各行各业、不同年龄、不同文化程度的数以千万计的广大受众。针对这一状况，我们建议税务机构在对推送内容进行设计时，无论在标题，亦或内容的编排上，都应有意识地倾向于用户的阅读习惯，而不是照搬税收政策。在内容上宜尽量简洁、清晰，避免使用太多专业性强、拗口难懂的概念。同时，文案设计宜重视交互性，如编排的字体、色彩、版式要符合用户偏好，提高用户的感知易用性。最后，推文对象上不宜只限定为纳税人。虽然纳税服务的重点是纳税人，但不应只有纳税人。广大非纳税人的居民及各级党政领导、普通用户都需要纳税服务，因此，在选题上宜扩大覆盖面，也可适当兼顾一些非税务的话题。

（三）改变单一的宣传，强化反馈互动

当前税收宣传工作的理念相对传统，即使运用移动媒体平台宣传税务知识，也习惯于采取旧式的单方向灌输，没有重视与用户的互动环节，如“广东税务”微信号推文下方的留言板中，较少出现与用户互动的评论交流。这使得一些涉及民生的税收政策在制定前和出台后，税务部分难以利用税务新媒体征求大众的意见。对此，我们建议税务新媒体应将“想告诉的”和用户“想听到的”结合在一起，强化税务机构与大众互动的程度，一方面要使市民的反馈能够便捷、快速地向上传递，从而让上级政府了解市民切身的利益需求；另一方面税务机构也要快速响应反馈信息，尽可能解决市民的需求，从而有针对性地提高宣传的效果。例如，税务机构可考虑加强用户调研，定期围绕社会公众和纳税人关心的共同话题，向纳税人问需求策，找出能引起共鸣的角度，挖掘拓展，并根据用户调研的结果确定宣传方案。

B.18

平台化设施与设施平台化传播：关于“一带一路”倡议下海外华文媒体的研究*

赵瑜佩　林 芝　李梓源**

摘　要： 在“一带一路”倡议下华文媒体构建了新时代传播的媒体景观，但并未满足互动期许，而社交媒体平台可以为华文媒体提供更多与公众的互动途径，并增强活跃度和回应率。整体来看，“一带一路”中南半岛经济走廊中的华文媒体通过社交媒体平台对话的对象集中于中国国内，仍处于通过官方网站单方面地或通过社交媒体平台与国内公众对话来建构中国

* 本文系中华全国归国华侨联合会一般课题“‘一带一路’建设下海外华文媒体向世界讲好‘中国故事’的作用、路径和方法研究”（No. 17BZQK103）和校级一般课题“‘一带一路’背景下中国价值观的文化符号与媒介化研究”（中央高校经费 No. 17000－31610142）的阶段研究成果之一。

** 赵瑜佩，浙江大学传媒与国际文化学院“百人计划”研究员、博士生导师；林芝，中山大学传播与设计学院 2015 级网络与新媒体专业本科生；李梓源，中山大学传播与设计学院 2015 级政务传播专业本科生。

形象的阶段，由此我们发现华文媒体的基础设施建设与平台化并未同步进行，从而没有进一步上升至对外传播中国故事的阶段。虽然各华文媒体在所属国内扮演着主流华文媒体、服务华人的角色，且出版物发行量均较大，但若放置在更为广阔的国际视野下，中南半岛华文媒体所发挥的传播中国形象的作用仍有待加强。

关键词： "一带一路"　华文媒体　中国故事　基础设施　平台化

自2013年9月7日习近平总书记在哈萨克斯坦作重要演讲中首次提出共同建设"丝绸之路经济带"的倡议，到2013年11月12日中共十八届三中全会《决定》提出，加快同周边国家和区域的基础设施互联互通建设，推进丝绸之路经济带、海上丝绸之路建设，形成全方位开放新格局。"一带一路"倡议是涉及亚非、亚欧，甚至辐射太平洋沿岸部分国家的宏大战略规划，其战略目标是建立一个政治互信、经济融合、文化包容的利益共同体、命运共同体和责任共同体。

在华文媒体的意义探究上，2013年是值得我们注意的一个关键时间节点。进入21世纪以来，华文媒体在中国加入WTO、北京奥运会和上海世博会的成功举办等有利的传播环境孕育下，迎来了繁荣发展的黄金时期①。在此之前，大多数学者对华文媒体所发挥的作用及意义持认同态度，认为华文媒体作为国内媒体在海外的延伸，有助于中华文化的传承和对外传播。② 同时，海外华文传媒承担着"立足华人群体、服务华侨华人、维护华人利益"

① 雷晓艳：《多维视野下海外华文传媒的文化身份危机》，《编辑之友》2013年第8期，第109～112页。

② 程曼丽：《关于海外华文传媒的战略性思考》，《国际新闻界》2001年第3期，第25～30页。

的使命①，对于拉近海外华人之间、华人与祖国之间的距离发挥了重要作用。但自2013年开始，随着华文媒体愈加发展壮大，其所面临的身份危机问题也就愈加凸显，在角色定位上所面临的抉择更是变得异常艰难。不少学者开始反思前人所提及的华文媒体的作用和意义，对华文媒体的角色期待与角色定位提出质疑，因而2013年也可以说是华文媒体意义反思元年。比如学者刘康杰通过对《星岛日报》澳洲版和《澳洲新报》新闻报道的内容分析，发现澳洲华文媒体在“为华人代言”的功能上存在着严重缺位，一方面华文报纸中涉及华人自身的新闻十分缺乏，另一方面也存在着“报道雷同、浮于表面”的情况，“（华文）报纸的本地新闻与当地主流媒体的内容类似，中国新闻则与中国国内的新闻重叠”。对华文媒体功能的发挥表现出了强烈质疑。②而学者雷晓艳也在其研究中发现了海外华文传媒往往在其实践中陷入一种“文化角色冲突困境”，在这种身份危机下，社会公众对华文媒体的角色期待与华文媒体的实际表现之间出现较大落差③。随着国际传播趋势的增强及对外传播的需要，这种对华文媒体意义辩证看待的转向，颇有价值，为本文奠定了研究基础。

一　“一带一路”倡议下华文媒体的平台化设施与设施平台化特点

通过选取位于报道体量最大且话题最多元的“一带一路”中南半岛经济走廊上7个国家的主流华文媒体作为进一步研究对象（越南《西贡解放日报》、老挝《老挝时报》、柬埔寨《柬华日报》、泰国《星暹日报》、缅甸《金凤凰报》、马来西亚《星洲日报》、新加坡《联合早报》），本文通过综

① 王忠：《俄罗斯华文传媒的现状与影响》，《中国报业》2011年第7期，第69~70页。

② 刘康杰：《“全球本土化”与海外华文报纸——以〈星岛日报〉澳洲版和〈澳洲新报〉为例》，《新闻大学》2013年第6期，第9~15页。

③ 雷晓艳：《多维视野下海外华文传媒的文化身份危机》，《编辑之友》2013年第8期，第109~112页。

合运用数据分析与内容分析的方法对比分析华文媒体的官方网站及社交媒体账户，探索“一带一路”倡议下华文媒体的设施平台化特点与传播效果。

在针对华文媒体官方网站的分析中，本研究首先以“一带一路”作为关键词筛选各媒体官网中有关中国的报道，计算更新频率；其次，研究人员统计网站所显示的“一带一路”报道的总页面数，并运用系统抽样的方法，以“1”为起始，“4”为间隔单位，抽取页面共127页（见表1），新闻报道共1221篇①；再次，研究人员计算其中原创报道与转载报道的比例（未注明“原创报道”的均视为“转载报道”），并对比“一带一路”报道在各栏目中的比例；接着，由一位研究人员对所有报道进行主题编码与话语倾向编码，主题包括政治、经济、文化、社会、科技、军事、体育、公益、环保、娱乐、逸闻趣事和交通等12类，话语倾向包括“积极的”、“中立的”及“消极的”；最后，研究人员对各华文媒体官网的互动设置、栏目设置进行了统计分析，其中互动设置包括人机互动和人际互动。

表1　华文媒体新闻样本量

	总页面数	抽取页面数	合计页数	合计篇数
《西贡解放日报》	5	1	127	1221
《老挝时报》	4	1		
《柬华日报》	86	21		
《星暹日报》	14	3		
《金凤凰报》	10	2		
《联合早报》	397	99		

在互联网时代，网络技术打破了华文媒体以报纸等传统大众媒体单向传播的模式，为华文媒体与公众、公众与公众创造了独具特色的互动平台。网络传播的互动性主要包括两部分，即人机互动与人际互动。人机互动强调由连接公众与媒体内容的“机器”所带来的互动，具体而言，可

① 由于在研究过程中，马来西亚《星洲日报》官方网站无法正常运行“关键词筛选”功能，导致研究人员对新闻内容的收集和编码统计受阻，故不对该网站进行相关的编码统计分析。

以分为媒体在“内容呈现”和公众在“内容使用”上的互动。前者指的是媒体在使用网络进行报道时可以借助“文字、图片、声音、视频和动画等”来呈现内容，为公众提供多种媒介形式的选择；而后者指的是媒体通过运用网络技术，让公众可以定制、选择个性化的“新闻内容“、“浏览方式”和“接受方式”，比如，电子报、电子邮箱订阅等。人际互动则指的是媒体人与公众间的互动，比如，公众向媒体人进行反馈等，以及公众与其他公众之间的互动，比如在新闻页面发表评论、使用社交媒体或电子邮件分享新闻给好友等。

在针对华文媒体社交媒体账户的分析中，本研究选取各华文媒体在新浪微博、微信公众号、Facebook 以及 Twitter 四个社交媒体平台上，截至 2018 年 9 月 30 日的账户数据展开分析（见表 2）。其中，Facebook 的粉丝量为“Follow”华文媒体 Facebook 页面（Page）的人数；点赞数、评论数与转发量是通过研究人员随机抽取 10 条非广告类的微博、推送、Posts 和 Tweets 计算平均值而得，如果已有总数小于 10 则无须抽取直接计算各对应类别的平均值，Facebook 除了包括“点赞”，还包括“惊讶”、“悲伤”、“愤怒”、“喜爱”和“哈哈”，虽然前三种情绪属于负面情绪，但设置包括“点赞”等情绪按钮的目的在于鼓励公众与媒体进行互动，因此对于 Facebook 而言，所有情绪被考虑在内；评论互动数为研究人员在随机抽取的过程中所统计的华文媒体在评论中回复公众的次数；粉丝的社会资本群体画像则是通过对粉丝构成以及公众的评论、转发内容进行内容分析而得。

表 2　社交媒体分析类别

		社交媒体			
		微博	微信公众号	Facebook	Twitter
分析类别	名称	○	○	○	○
	粉丝数量	○	×	○	○
	首更日期	○	×	×	×
	最新更新日期	○	○	○	○
	总数	○	×	×	×
	更新频率(条/天)	○	×	×	×

续表

		社交媒体			
		微博	微信公众号	Facebook	Twitter
分析类别	点赞数	○	○	○	○
	评论数	○	○	○	○
	转发量	○	×	○	○
	评论互动数	○	○	○	○
	社会资本群体画像	○	○	○	○

注：○代表研究收集数据，且在后续分析中适用；×代表不适用（由于无法获取相关的数据，故研究分析不包括此部分数据）。

（一）社交独白：基于华文媒体官方网站功能与新闻报道分析

1. 更新频率、报道原创性、栏目设置、报道分布分析

总体来看，在中南半岛经济走廊地区，华文媒体平均每天发布3.2篇有关“一带一路”的报道（见表3），但不同华文媒体间的更新频率差异较大。新加坡《联合早报》发布有关“一带一路”新闻报道的频率最高，平均每天更新2.3篇，柬埔寨《柬华日报》的更新频率也非常高，仅比《联合早报》低0.1篇，而越南《西贡解放日报》和老挝《老挝时报》的更新频率非常低，前者平均每天发布近0.1篇报道，而后者近乎0。

表3　华文媒体“一带一路”报道更新频率

华文媒体	更新频率(篇/天)
《西贡解放日报》	0.1
《老挝时报》	0
《柬华日报》	2.2
《星暹日报》	1
《金凤凰报》	0.8
《联合早报》	2.3
平均	3.2

就报道原创性而言，原创报道的整体比例与转载报道的整体比例相近（见表4），但具体到不同的华文媒体中，缅甸《金凤凰报》中的原创“一

带一路”报道占87.5%（是转载占比的7倍），而泰国《星暹日报》中的原创报道仅占8.3%（是转载比例的9%）（$\chi^2=73.39$，Sig. =0.000）。

表4　华文媒体“一带一路”报道原创及转载比例

单位：%

华文媒体	原创比例	转载比例
《西贡解放日报》	45.5	54.5
《老挝时报》	40	60
《柬华日报》	49.2	50.8
《星暹日报》	8.3	91.7
《金凤凰报》	87.5	12.5
《联合早报》	57.4	42.6
平均	54.5	45.5

华文媒体官网的栏目设置较为齐全，覆盖面广，且绝大多数媒体单独设置了与中国有关的栏目，比如“华人动态”“中国大陆”“一带一路”等（见表5）。但是，有关“一带一路”的报道并不集中分布在此栏目中，意味着公众无法直接通过浏览此类栏目获得有关“一带一路”的报道，而需要结合其他栏目来了解“一带一路”的新闻，对读者获取信息造成不便。

表5　华文媒体栏目设置及“一带一路”报道分布比例①

华文媒体	栏目设置比例(%)
越南 《西贡解放日报》	时政(15.8)、法律、经济(15.8)、国际(31.6)、华人动态(21.1)、教育、体育、科技(5.3)、健康－饮食、文娱、读者－慈善、旅游
老挝 《老挝时报》	今日要闻、使馆动态、侨界商会、中老交流、“一带一路”、车市房产、慈善公益、旅游购物、留学教育、投资老挝、学老挝语
柬埔寨 《柬华日报》	柬华新闻(30.3)、华人华侨(21.0)、热点资讯(5.6)、今日焦点(4.1)、电子报、一路风情(4.1)、广告专栏、联系我们
泰国 《星暹日报》	政治(1.5)、社会、财经(12.3)、国际(1.5)、中国大陆(15.4)、侨社(66.2)、体育、综合、时尚

① 由于在《老挝时报》及《金凤凰报》官方网站通过关键词搜索筛选得到的新闻没有显示所属栏目，故不作统计。

续表

华文媒体	栏目设置比例(%)
缅甸《金凤凰报》	热点、财经、社会、缅华、工商、环球、文化、旅游、法律、房产、招聘、图片、视频
马来西亚《星洲日报》	即时要闻、人气新闻、新闻、财经、观点、地方、娱乐、体育、生活志、活动
新加坡《联合早报》	首页、即时(25.9)、新闻(16.2)、财经(11.9)、观点(10.7)、文萃(14.3)、东南亚(0.2)、专题(7.0)、视频(0.2)、生活(0.4)、娱乐(0.1)、一带一路、Z－生活

2. 报道主题与情感倾向分析

本研究将报道主题归纳为12大类，“政治”、“经济”和“文化”是中南半岛经济走廊华文媒体就“一带一路”关注最多的三大话题（见图1），分别占所有新闻报道的46%、36%和11.8%。不过，不同的华文媒体有不同的报道主题倾向，其中，越南《西贡解放日报》和新加坡《联合早报》最关注“政治”话题，老挝《老挝时报》和柬埔寨《柬华日报》倾向于关注“经济”议题，而“文化”则是泰国《星暹日报》和缅甸《金凤凰报》最关注的主题。

在报道倾向分析中，总体上，积极的“一带一路”报道占大多数（52.9%），但中立及消极的报道同样占较大比例，总共占47.1%（见表6）。具体到各华文媒体的报道倾向上，只有新加坡《联合早报》曾发布

表6　华文媒体报道话语倾向分析

单位：%

华文媒体	积极的	中立的	消极的
《西贡解放日报》	84.20	15.80	0
《老挝时报》	80.00	20.00	0
《柬华日报》	86.20	13.80	0
《星暹日报》	87.70	12.30	0
《金凤凰报》	90.00	10.00	0
《联合早报》	40.70	54.60	4.70
平均	52.90	43.70	3.40

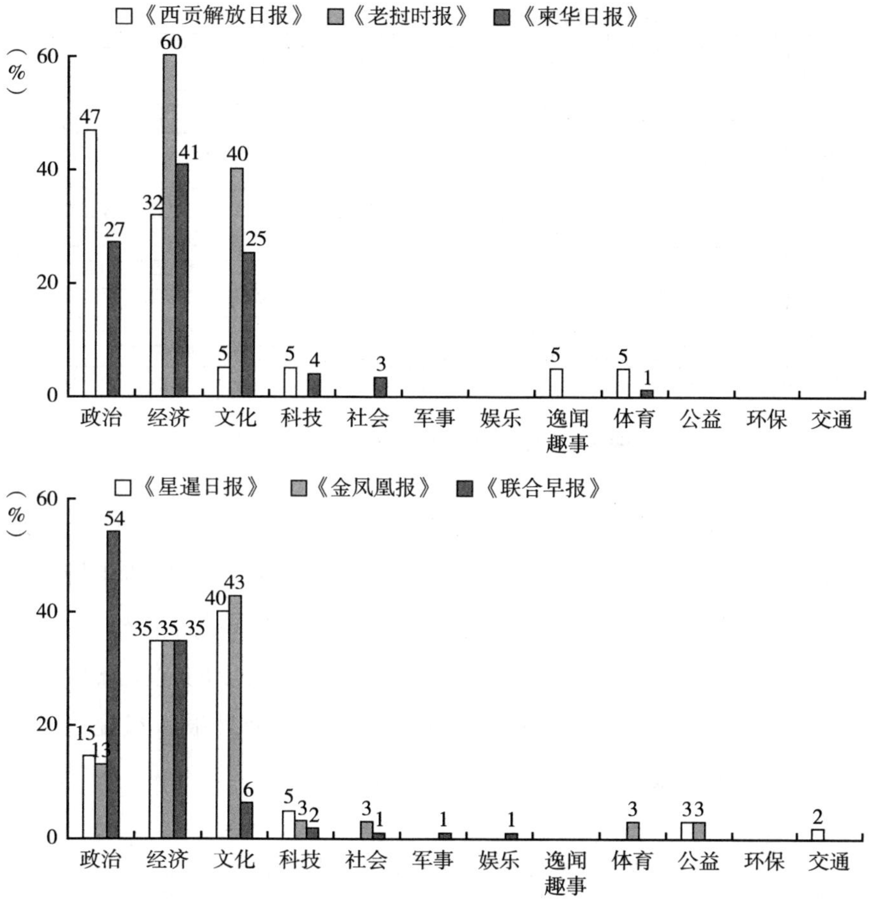

图 1　中南半岛经济走廊华文媒体就“一带一路”报道主题分布

消极报道，且中立报道的比重最大，其余的华文媒体均以积极报道为主，尤其是缅甸的《金凤凰报》，泰国的《星暹日报》和柬埔寨的《柬华日报》。

通过分析，在12类报道主题的倾向上，大部分主题以积极报道为主，只有“政治”“军事”“娱乐”“逸闻趣事”以中立报道为主，未发现有主题以消极报道为主（见图2）。

3. 官方网站人机与人际互动分析

表7显示，对于人机互动，4个华文媒体官网在内容呈现方面的互动较

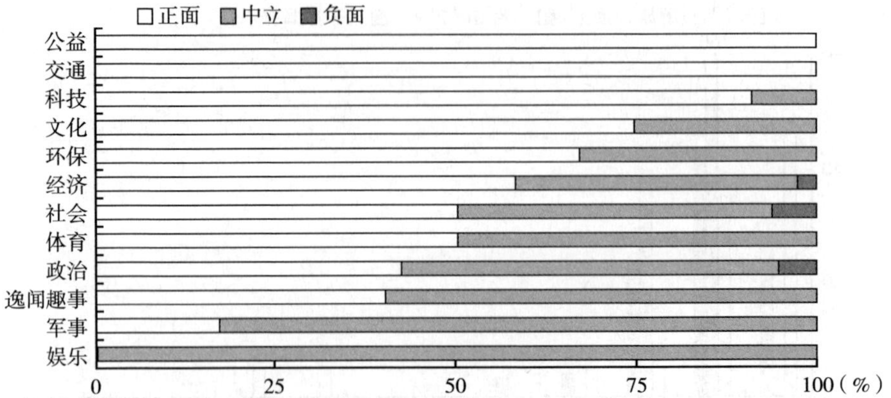

图 2　华文媒体主题与话语倾向分析

为单一，主要仍以文字和图片的媒介形式进行报道，只有缅甸的《金凤凰报》和马来西亚的《星洲日报》及新加坡《联合军报》在报道中倾向于使用视频传播。在公众的内容使用方面，“搜索”、“语言设置”和“电子报”是各华文媒体所使用的主要互动形式，其中，马来西亚的《星洲日报》提供的用户内容使用方式最为多样化，而泰国的《星暹日报》只提供了最为基础的“搜索”功能。

表 7　华文媒体官方网站互动设置分析

华文媒体	互动设置			
	人机互动		人际互动	
	媒体的内容呈现	公众的内容使用	媒体人与公众	公众与其他公众
越南《西贡解放日报》	文字、图片	搜索、语言设置、电子报	评论留言、邮箱、电话、传真、地址	评论留言、邮件、社交媒体
老挝《老挝时报》	文字、图片	搜索、语言设置、个性化收藏	邮箱、地址	邮件、社交媒体
柬埔寨《柬华日报》	文字、图片	搜索、电子报、官方 App	邮箱、电话、传真、地址	邮件、社交媒体
泰国《星暹日报》	文字、图片	搜索	评论留言、反馈表、邮箱、电话、地址	评论留言、邮件、社交媒体、评论提醒订阅

续表

华文媒体	互动设置			
	人机互动		人际互动	
	媒体的内容呈现	公众的内容使用	媒体人与公众	公众与其他公众
缅甸《金凤凰报》	文字、图片、视频	搜索、语言设置	第三方评论服务、反馈表	第三方评论服务、社交媒体
马来西亚《星洲日报》	文字、图片、视频	搜索、电子报、官方 App、点选最爱、邮件订阅、SMS 订阅、点击率和分享量、情绪反馈	评论留言、反馈表	评论留言、社交媒体
新加坡《联合早报》	文字、图片、视频	官方 App、搜索、电子报订阅、电子邮件订阅、单日/一周热门排行榜、读者投票	评论留言、电话、传真、邮箱、地址	评论留言、邮件、社交媒体

在人际互动方面，各华文媒体均为媒体人和公众提供了不同的互动途径，其中，大部分网站提供了联系邮箱以及新闻评论留言区，部分网站单独设置了“反馈表”页面，因此，公众可以直接在网站上以电子邮件的形式向媒体人反馈信息而无须借助其他软件（比如电子邮箱）。对于公众与其他公众之间的人际互动，除了同样可以使用评论留言以外，大部分网站还在新闻内容旁设置了社交媒体及电子邮件分享的功能。值得注意的是，泰国的《星暹日报》可以提供“评论提醒订阅”服务，公众可以通过电子邮件订阅其他公众评论的提醒，增强互动联系，或者增加对自己“评论的评论”（comment on comment）提醒。另外，缅甸的《金凤凰报》使用了第三方评论系统（Disqus）所提供的服务，该系统可以为各类网站提供“评论托管服务”，公众只需注册该系统上的账号即可在不同网站上发表评论并随时掌握和追踪后续评论状态，此“评论托管服务”更有利于增强人际互动的活跃程度和信息管理。

然而，对比发现，所有华文媒体的官网中没有公众进行留言评论的记录，因此，虽然华文媒体在官网管理中设置了互动期许，但实际操作中可实现的互动效果尚有限。

（二）内外失衡：基于华文媒体社交媒体账号分析

经过统计发现，除越南《西贡解放日报》和老挝《老挝时报》相对闭塞外，绝大多数华文媒体开设了社交媒体账户（见表8）。对比四种社交媒体平台，开设 Facebook 账户的华文媒体最多，其次是新浪微博账户和微信公众号，然而 Facebook 账户普遍未保持更新，且公众的点赞数、评论数、转发量均较低；虽然大部分新浪微博账户也面临未及时更新（如越南《西贡解放日报》）甚至停止更新（如缅甸《金凤凰报》和马来西亚《星洲日报》），但相比之下，公众的点赞数、评论数、转发量更高，且粉丝量也较高；除此之外，华文媒体的微信公众号基本保持更新，并维持着较高的阅读量、点赞数和评论数（如新加坡《联合早报》），换言之，华文媒体的互动媒介主要依靠国内社交媒体，而非国外的 Facebook 和 Twitter。

（三）社交对话：国家形象立体化的构建雏形

对比华文媒体官网的单向传播效果，华文媒体的社交平台互动实现为国家形象的立体构建搭建了对话框等，尤其是社交媒体平台中公众留言评论区的内容分析，为进一步解读华文媒体中的中国故事提供了双向视野和形象感知。

以评论数最高的新加坡《联合早报》官方微博为例，虽然公众与其微博互动最为积极（平均每条微博中有 49 条评论），但互动内容显示公众对《联合早报》报道的内容具有反思性、主动性。

社交媒体的空间支持逐渐为中国故事的传播提供非单一的传播可能。基于双向交流的雏形，公众能自发地挖掘华文媒体报道中国故事背后的动机和目的，进而更为全面地认知华文媒体中所构建的中国形象。

表 8　华文媒体社交媒体分析

社交媒体		越南《西贡解放日报》	老挝《老挝时报》	柬埔寨《柬华日报》	泰国《星暹日报》	缅甸《金凤凰报》	马来西亚《星洲日报》	新加坡《联合早报》
新浪微博	名称	无	老挝时报	无	泰国星暹传媒	缅甸金凤凰中文报社	星洲日报	早报网
	粉丝量		7		399k	116	861k	2133k
	首日更新		2018 年 1 月 6 日		2013 年 9 月 7 日	2015 年 9 月 1 日	2012 年 2 月 2 日	2009 年 10 月 17 日
	最新更新日期		2018 年 5 月 17 日		2018 年 9 月 30 日	2017 年 11 月 5 日	2013 年 12 月 4 日	2018 年 9 月 30 日
	微博总数		13		22k	16	2k	41k
	更新频率（条/天）		0. 10		12. 09	0. 02	2. 93	12. 70
	点赞数		0. 3		10. 5	0. 5	3. 3	101. 2
	评论数		0		4. 9	0	0. 6	49. 3
	转发量		0		4. 6	0. 5	1. 4	55. 7
	评论互动数		0		0	0	0	0
微信公众号	名称	无	无	柬华日报	泰国星暹日报	缅甸金凤凰中文报社	星洲日报	狮说新语
	最新推送日期			2018 年 9 月 29 日	2018 年 9 月 29 日	2018 年 9 月 29 日	2018 年 9 月 28 日	2018 年 9 月 30 日
	阅读量			1812. 4	1650. 6	2028. 9	656. 9	7273
	点赞数			3. 6	4	5. 8	2. 9	68. 5
	评论数			2. 2	2. 3	2. 7	0	5. 3
	评论互动数			0	0	1	0	0

续表

社交媒体		越南《西贡解放日报》	老挝《老挝时报》	柬埔寨《柬华日报》	泰国《星暹日报》	缅甸《金凤凰报》	马来西亚《星洲日报》	新加坡《联合早报》
Facebook	名称	SGGP Hoa văn 华文 西贡解放日报	无	Jianhuadaily（柬华日报）	Sing Sian Daily 星暹日报[①]	缅甸金凤凰中文报社	马来西亚星洲日报 Malaysia Sin Chew Daily	Lianhe Zaobao 联合早报
	最新 Post 日期	2015 年 6 月 12 日		2018 年 9 月 29 日	2018 年 8 月 24 日	2018 年 9 月 28 日	2018 年 9 月 30 日	2018 年 9 月 30 日
	粉丝量	2142		18k	2k	15k	1476k	205k
	点赞数	11		0	1.9	2.2	876.6	40.3
	评论数	1		0	0	0.1	71.1	4.3
	转发量	2.2		0	0	0.3	153	7.5
	评论互动数	0		0	0	0	0	0
Twitter	名称	无	无	无	星暹日报	无	无	联合早报 Lianhe Zaobao
	最新 Tweet 日期				2017 年 12 月 21 日			2018 年 9 月 30 日
	粉丝量				7			184k
	点赞数				4.33			5
	评论数				0.33			3.2
	转发量				24.33			1.7
	评论互动数				0			0

① 另一账户名为“ซิงเสียนเยอะเป่า หนังสือพิมพ์จีนรายวัน 星暹日报”，最新 Post 停留在 2013 年 8 月，粉丝量为 2306。

二　结语

在“一带一路”倡议下华文媒体构建了新时代传播的媒体景观，从平台化设施与设施平台化研究路径出发，互联网技术为华文媒体提供了更为多样的传播途径，媒体官方网站虽然可以为公众呈现更为丰富齐全的报道内容，但并未满足互动期许，而社交媒体平台可以为华文媒体提供更多与公众互动的途径，增强公众的活跃度和回应率，与此同时，中国故事由华文媒体单方面地陈述、被动地建构的局面逐渐改变。

整体来看，“一带一路”中南半岛经济走廊中的华文媒体通过社交媒体平台对话的对象集中于中国国内，仍处于通过官方网站单方面地或通过社交媒体平台与国内公众对话来建构中国形象的阶段，由此我们发现华文媒体的基础设施与平台化并未同步进行，从而没有进一步上升至对外传播中国故事的阶段。虽然各华文媒体在所属国内承担着主流华文媒体、服务华人的角色，且发行量均较大，但若放置在更为广阔的国际视野下，中南半岛华文媒体所发挥的传播中国形象的作用仍有待加强。

B.19
2018年加拿大互联网发展与治理报告

陈 梁 刘晓铭*

摘 要： 加拿大的互联网发展程度较高，互联网用户达3305万，网络渗透率90%。加拿大是全球第一批开展电子政务建设的国家之一，具有强大的网络基础设施建设和完善的数据开放体系。此外，加拿大还构建了完备的网络安全监管体系和预防机制，有效地保障了用户的互联网使用安全。相较之下，中国的电子政务建设起步较晚，网络安全仍有待加强。通过对加拿大电子政务和网络安全建设历史的梳理和对当前国家战略的分析，本文旨在为中国的互联网建设提供具有实践性的建议。

关键词： 加拿大 互联网发展 互联网治理 电子政务 网络安全

一 加拿大互联网发展概况

（一）加拿大互联网发展简史

加拿大是北美洲国家，领土面积为998.47万平方千米，是全球面积第二大的国家。依据北美产业分类体系，加拿大的电信业（Telecommunications）由有线通信服务、无线通信服务、卫星通信和其他通

---

* 陈梁，中山大学传播与设计学院副教授；刘晓铭，中山大学传播与设计学院硕士研究生。

信四个部分组成。[①]

加拿大电信业发展经历了四个阶段。在早期发展阶段，1846 年有线通信模式进入加拿大，主要应用于信息和新闻传播领域，其中以沿海各省的发展最为迅速。1876～1932 年，加拿大电信业处于自然垄断阶段。1876 年，贝尔（Alexander Graham Bell）在美国申请获得首个电话专利权，加拿大贝尔公司接管电话系统并于1880 年获得政府颁发牌照。1906 年加拿大电信业进入竞争时期，电话公司的数量一度达到1500 家，但随着政府管理措施的推广和贝尔的应对计划出台，竞争逐渐减弱。1932 年加拿大 9 家区域电话公司与 Telesat Canada 公司组建“泛加电话系统联盟”（Stentor），形成了垄断地位。

随着科技的发展和“智能网络”需求的提高，加拿大政府拓展了“加拿大广播电视委员会”的职能，于 1976 年正式成立“加拿大广播电视和电信委员会”（Canadian Radio-television and Telecommunications Commission，CRTC）。在 CRTC 的主导下，加拿大电信业进入第三阶段——“政府引入竞争阶段”，更多信息服务供应商进入市场，市场竞争不断增强，大幅降低了通信费用。

受到北美自由贸易协定（North American Free Trade Agreement，NAFTA）和世界贸易组织（World Trade Organization，WTO）关于电信服务贸易的协议的影响，加拿大电信业开始直面全球电信企业的竞争。政府鼓励企业提升自身竞争力，允许电信业务融合，并且在外资企业进入国内电信市场方面设置多重障碍以保护本国电信企业。加拿大电信业自此进入“业务融合及寡头垄断的阶段”。此时的加拿大电信业虽然保持着快速发展的态势，但仍然保持寡头垄断的状态。据 2015 年数据，贝尔集团、魁北克集团（Group Quebecor）、罗杰斯集团（Group Rogers）、肖氏集团（Group Shaw）、研科集团五大电信公司的收入占据整个加拿大电信行业收入的 84%。

① 《加拿大电信业发展现状及政府管理》，中华人民共和国商务部，http://www.mofcom.gov.cn/article/i/dxfw/nbgz/201804/20180402737390.shtml，2018 年 5 月 19 日。

（二）加拿大互联网发展现状

截至2018年，加拿大总人口为3679万，城市化水平达到82%。其中，互联网用户达3305万，渗透率达到90%。同时，加拿大的移动设备用户为2642万，渗透率为72%。社交媒体活跃用户为25万，其中移动社交活跃用户为21万。相较于2017年，社交媒体活跃用户增长9%，增加用户200万；移动设备用户增长6%，增加用户100万；移动社交用户增长5%，增加用户100万。[①]

加拿大共有10家主要的电信运营商，分别为BCE、Fido、Rogers、Telus、Vidéotron、Freedom、BellMTS、Eastlink、Ice、SaskTel。加拿大的3G覆盖率为99%，4G覆盖率为81%，移动连接的渗透率为89.25%。

加拿大在信息技术发展和应用方面一直处于世界领先地位。在全球移动通信系统协会（Global System of Mobile Communication Association，GSMA）发布的《2018移动互联网连接现状》的报告中，加拿大的移动连接指数为84.3，位于全球第八；其中基础设施78.1分，可购性81.0分，消费者意愿88.6分，内容和服务90.2分。[②] 根据国际电信联盟（International Telecommunication Union，ITU）发布的《2017全球信息社会发展报告》，加拿大信息社会指数（Information Society Index，ISI）为0.7865，全球排名第23位。ISI是对国家的信息社会水平进行考察的指数，包括信息经济指数、网络社会指数、在线政府指数、数字生活指数四项。加拿大以上四项得分依次是0.8152、0.7484、0.8285和0.7194。[③] 另外，根据世界经济论坛《2016全球信息技术报告》，加拿大网络就绪指数为5.6，全球排名第14位。“网络就绪指数”（Networked Readiness Index，NRI）由世界经济

---

① 《2018全年数字报告》，We Are Social 网站，https：//wearesocial.com/blog/2018/01/global-digital-report-2018，2019年5月19日。

② 《2018移动互联网连接现状》，GSMA，https：//www.gsma.com/asia-pacific/wp-content/uploads/2019/01/21372-MCI-Report_en-US_zh-CN-web.pdf，2019年5月19日。

③ 《2017全球信息社会发展报告》，国际电信联盟（ITU），http：//www.sic.gov.cn/archiver/SIC/UpFile/Files/Default/20171226154905961079.pdf，2019年5月19日。

论坛于 2001 年发布，用来评估一个国家或团体利用新兴信息技术实现数字化转型以获得收益的就绪程度，共有 53 个单项指标，分为环境、就绪程度、使用情况和影响力四项。加拿大互联网环境综合指数为 5.4，排名第 10 位；其中政治和制度环境指数为 5.4，排名第 15 位；商业和创新环境指数为 5.5，排名第 4 位。加拿大互联网就绪程度指数为 6.2，排名第 8 位；其中基础设施指数为 7.0，排名第 7 位；支付能力指数为 5.6，排名第 61 位；互联网使用指数为 6.1，排名第 11 位。加拿大互联网使用指数为 6.2，排名第 26 位；其中个人应用指数为 5.7，排名第 30 位；商业应用指数为 4.9，排名第 22 位；政府应用指数为 5.1，排名第 19 位。影响力指数为 5.4，排名第 11 位；其中经济影响指数为 5.2，排名第 12 位；社会影响指数为 5.6，排名第 11 位。①

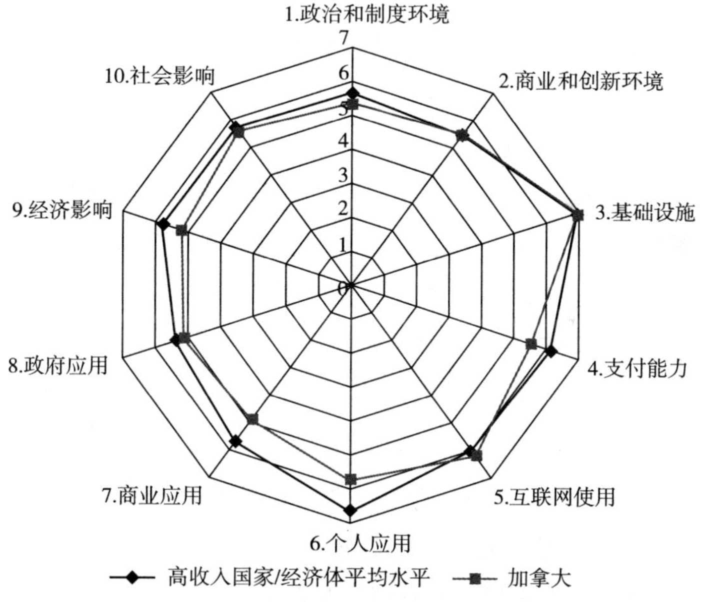

图 1　2016 年加拿大网络就绪指数

① 《2016 全球信息技术报告》，世界经济论坛，https：//cn. weforum. org/reports/global - information - technology - report - 2016，2019 年 5 月 19 日。

二　加拿大电子政务建设与发展

（一）加拿大电子政务发展进程

电子政务（e-governance）是指政府机构运用电子信息技术履行管理和服务职能，是一种高效、廉洁、公正和透明的政府运作模式。据埃森哲（Accenture）电子政府达标指数，加拿大的电子政务建设多年位居全球第一，并且成功借助电子政务实现由管理型政府向服务型政府转变。

强大的信息基础设施极大地促进了加拿大的电子政务建设。1994 年，加拿大政府承诺发展信息高速公路，旨在建立高品质、低成本的信息网，为民众增加教育、医疗、就业等福利。加拿大的信息高速公路建设由加拿大联邦政府负责，使用户在任何地方都可以实现网络连接；借助互联网民众能够直接与政府沟通并获得服务，例如获取政府信息、纳税等。1999 年，加拿大政府启动公共网络计划（Community Access Progress），建立了 8800 个民众互联网站点，使城市或农村的民众基本可以随时连接互联网。2000 年，以民众为核心，加拿大政府进一步延续公共网络计划，启动一站式政府在线计划，在两年内新建 120 个站点，为民众获取政府服务提供了更便捷的渠道。2000 年 5 月，在政府、学术界和企业的协作下，加拿大政府制定“通用信息描述标准”（Common Look and Feel），这项标准对政府网站信息服务的描述格式、数字加密方式、元数据格式等进行了规定，这有效提高了政务服务的效率。据 2001 年埃森哲调查，在 71 项加拿大政府服务职能中，有 64 项可以直接通过互联网提供，占总数 90.1%。2006 年，加拿大政府在线提供服务共 130 项，信息服务和在线交易服务分别为 63 项和 67 项。[①]

1993 年，加拿大确立首席信息官制度，这对于电子政务建设的发展发挥着至关重要的作用。加拿大政府首席信息官制度经历了不断完善的过程，

---

① 赵宁：《加拿大的政府首席信息官制度》，《电子政务》2007 年第 4 期，第 13 ~17 页。

在建设初期，首席信息官主要服务于政府高层，提供情报处理和分析以辅助决策。到20世纪90年代中期，首席信息官逐渐参与业务信息处理和信息的挖掘分析。起初，电子政务工作的定位是提高政府效率，后期则逐渐转变为为社会民众提供服务，与此同时，首席信息官也提高对政府创新的重视。

加拿大联邦政府设立首席信息官办公室（Chief Information Officer Branch，CIOB），首席信息官办公室隶属于加拿大总理府财政委员会（The Treasury Board），主要负责：加拿大政府各部门信息交换与管理；制定电子政务政策框架和标准；设定电子政务目标以及进行绩效评定；评估和分配电子政务的战略性投资；以及为各部门提供IT技术支持等。首席信息官办公室下设：首席信息官秘书处，战略规划协调处，研究分析处，信息、隐私和安全政策处，业务和服务战略处，信息管理战略处，业务架构标准处，综合服务与内部服务战略处。

加拿大电子政务建设分为七个阶段，分别是：无政府资源上网、内部办公自动化、网上信息查询、网上交易、提供综合性服务、网络在线政策协商和跨辖区提供服务。在电子政务服务方面，加拿大政府先后启动六大工程：加拿大在线（Canada Online）、智能社区（Smart Communities）、加拿大内容在线（Canadian Content Online）、电子商务（Electronic Commerce）、连接世界（Connecting Canada to the World）、政府在线（Government On-Line）。

1999年，加拿大政府正式颁布电子政务战略计划，即“政府在线”（Government On-Line）。该计划在政府的领导下，建立了电子政府政策和执行战略指导，在联邦政府信息和民众之间建立了有效连接。“政府在线”明确指出政府大力创新信息技术，加强互联网使用，计划于2004年实现政府信息和服务全部上网。“政府在线”工程分为两个发展阶段。第一阶段是2000~2001年，2000年联邦政府投入1.6亿美元进行建设，其中1/3投入建设跨政府机构的一站式服务工程；2001年，联邦政府追加1.2亿美元，用于改进民众的电子服务，包括关键交易服务、个性化电子服务、信息服务、网站导航四个方面。第二阶段是2002~2006年，加拿大政府拨款6亿美元投入“政府在线”工程相关建设，主要目的是建立通用安全框架，提高电子政务服务的安全性，这也是以民众需求为导向而设计的。

随着“政府在线”服务受到越来越多的民众的欢迎，“政府在线”工程的重点由“为民众提供电子服务和政府信息”，逐步转变为“以用户需求为中心的一站式服务，即通过建立跨越政府机构层次的电子协作机制，直接为用户提供电子服务”。不仅如此，加拿大“政府在线”每年进行战略规划评估，以用户的最新需求为导向进行战略修改，不断提高用户满意度。据此，“政府在线”的建设战略分为：政府门户（以多种渠道提供政府信息）、电子渠道（为用户提供电子导航服务）、电子协作（政府部门间的在线协作）。

此外，加拿大的电子政务建设非常重视政府数据开放。据《开放数据晴雨表（the Open Data Barometer）：2017 年开放数据全球报告》，加拿大排名第二位。①

加拿大政府开放运动最早起源于 1983 年的《信息获取法》；2006 年加拿大《联邦责任法》引入“主动披露”制度；2012 年 4 月，加拿大加入开放政府并积极成为开放政府的全球领导者。开放政府伙伴关系计划（the Open Government Partnership，OGP）是一项多边倡议，旨在促进更高的透明度和问责制，改善治理并增加全球公民参与。自从加入 OGP，加拿大一直致力于推进政府间的开放、透明、问责和公民参与。此后，加拿大改进了开放政府行动计划，该计划包括三个主要方面：开放数据、开放信息和公开对话，包含五十多项成果，例如，加拿大政府要求各部门和机构制定并公布五年内的计划、2014 年 11 月加拿大政府启动一个新的开放政府门户网站（open. Canada. ca）、2015 年 5 月加拿大主办了第三届国际开放数据大会（the International Open Data Conference）。接下来，加拿大又进一步建立了开放政府伙伴关系计划（2016～2018），该计划包括 22 项承诺，有助于解决 OGP 的四大挑战：改善公共服务、提高公共诚信、有效管理公共资源、加强企业责任。为了保障政府数据开放，加拿大政府设立了多个机构进行综合

① 《开放数据晴雨表：2017 年开放数据全球报告》，万维网基金会，http：//webfoundation.org/docs/2018/09/ODB_ Leaders_ English_ Screen. pdf，2019 年 5 月 19 日。

管理。

（1）加拿大开放数据交换中心

在2014～2016年，加拿大政府耗资300万美元建立开放数据机构——加拿大开放数据交换中心（Canadian Open Data Exchange，ODX）。ODX致力于建立一个数据拥有者和使用者直接联系的平台，通过整合数据碎片，将开放数据的潜在效益转化为现实效益；这既有利于培育出符合市场需求的产品，提高民众生活质量，又能为加拿大民众提供新的就业机会，是一个全面商业化的国家开放数据中心。

（2）信息专员办公室

依据加拿大《信息获取法》成立的信息专员办公室，作为政府数据开放的监管机构，其工作人员是具有明确权利和义务的议会官员，主要负责国家信息开放工作。信息专员根据《信息获取法》处理政府信息公开过程中遇到的投诉问题并提出相关建议，如遇重大问题可随时向议会报告。

（3）政府机构内部管理部门

为保障民众获取政府机构信息的权利，提高法律法规的执行度，加拿大政府明确要求机构内部设立专门的开放管理部门。政府内部管理部门的工作职责由以下三份政府文件决定，关键是确保政府提供高质量的信息资源，并为民众建立可靠的信息获取渠道。《信息获取政策》（Policy on Access to Information）规定政府机构必须尽力协助申请人获取高质量的政府信息；这些信息包括年度工作指引、机构信息资源情况、加拿大公共教育服务情况。《政府数据开放指导》（Directive on Open Government）规定数据开放部门建立和维护具有商业价值的资源清单并进行数据公开，消除民众获取信息资源的访问限制。《信息获取法管理指导》（Directive on the Administration of the Access to Information Act）规定了信息专员的权利和职责内容，包括培养信息意识、行使自由裁量权、义务协助申请人等。

（4）开放数据研究所

全球非营利性组织开放数据研究所（Open Data Institute，ODI）于2012年12月建立。加拿大加入ODI后，其研究内容包括开放数据的研究和创新工作、用户的需求、可行的商业模式、建立法律法规、培养开放数据人才等。①

（二）当前加拿大的数字政府建设战略

2019 年 3 月，加拿大政府发布了三项关于信息技术的战略计划。

1. 加拿大政府信息管理和信息技术战略计划（2017 ~2021）

加拿大政府发布 2017 ~ 2021 年信息管理（Information Management，IM）和信息技术（Information Technology，IT）战略计划，这是 2016 年 6 月发布的 2016 ~ 2020 年加拿大政府信息技术战略计划的第一次更新。该战略计划为加拿大政府设定了信息管理和信息技术方向，并确定了各部门的重点职责。同时，该战略为服务提供部门，例如加拿大共享服务（Shared Services Canada）和加拿大公共服务和采购（Public Services and Procurement Canada）等部门确定了实现提供现代化服务和提高可持续性所需的基本条件。

基于此项计划，加拿大政府的战略目标是：服务、管理、安全和社区。具体而言，“服务”侧重于构建和发展 IM-IT 基础元素，通过开发现代、可靠、可协同操作且易于访问的 IM-IT 环境，为加拿大民众提供便捷高效的服务，并为政府员工提供无障碍的内部服务。“管理”即解决 IM-IT 跨政府的管理和治理问题，确保 IM-IT 投资利用规模经济，展示自身价值和实现可持续发展。“安全”侧重于保护敏感的政府数据，并确保访问数字政府的加拿大民众可以信赖政府提供的信息。“社区”侧重于建立一支高绩效的 IM-IT 员工队伍，拥有在开放的数字环境中有效工作所需的技能和思维，确保公共服务人员拥有现代化的工作场所，专业发展以及完成工作所需的 IM-IT 工具。

2. 数字运营战略计划：2018 ~2022

加拿大政府发布 2018 ~ 2022 年数字运营战略计划，这是加拿大政府关

① 《加拿大政府数据开放政策法规保障及对中国的启示》，国脉电子政务网，http://www.echinagov.com/news/204756.htm，2019 年 5 月 19 日。

于如何管理政府技术和技术变革的战略规划过程的第三次迭代，是以加拿大政府2017~2021年信息管理和信息技术战略计划为基础扩展的。

该战略计划是政府信息管理和信息技术的年度战略计划，该计划的愿景是："数字化，必须成为一个让所有加拿大民众受益的平台"。该计划确立了政府在数字化转型、提供服务、安全性、IM和IT方面的综合方向，确定了各部门和机构的跨政府协作职责。与往年一样，该战略计划确定了企业内部服务组织（如加拿大共享服务组织、加拿大公共服务与采购组织和加拿大公共服务学院）为实现提供现代化服务、提高可持续性和促进数字化政府所需要的优先事项和活动。

这个战略计划包含六个主题，共同构成了实现数字政府的综合战略。六个主题分别是：①以服务为导向的政府，以用户为中心的方法；②建立一个对加拿大民众负责的开放、协作和可访问的政府；③建立数字化政府；④现代技术和现代信息实践；⑤具有数字化功能的公共服务；⑥良好的数字治理。

3. 加拿大政府云应用战略①

随着云应用进入第二个十年，采用云应用将有助于加拿大政府在数字服务需求不断增长和及时获取新兴技术的过程中保持信息技术服务的卓越性。

云应用战略的愿景是智能技术的运用，即利用经济实惠的工具和系统，共同支持运营。例如，通过寻找创新方法来定制公共服务，实现网络化并提供服务于加拿大民众的创新产品和服务信息的开放访问。公共云服务的优点包括服务性能高、安全可靠、创新性、灵活性、弹性消费。

2017年11月，加拿大政府发布"安全使用商业云服务指南：安全政策实施通知"和"电子数据驻留方向"，这些指示允许受保护的大数据托管在公共云中。随着战略实施的进展和云应用技术不断成熟，现阶段的战略目标是：①平衡供应需求，即通过云计算的运用，使IT专业人员能够满足加拿

① Government of Canada, https://www.canada.ca/en/government/system/digital-government/modern-emerging-technologies.html,2019年5月19日。

大政府各种计划和项目组合的需求。②持续管理风险，即一次性管理潜在的风险，包括涉及范围、安全性和隐私问题。③人才培养，即培养更多IT专业人员，以更好地开发利用云计算。

三 加拿大互联网安全与治理

（一）情况概述

据国际电信联盟《2018年全球网络安全指数》（Global Cybersecurity Index，GCI）调查报告，在194个国际电信联盟成员国中，加拿大的网络安全指数排名全球第九位。[①] 全球网络安全指数是衡量成员国网络安全承诺的一项调查，该指数根据各国的法律、技术、组织、能力建设以及国际合作五项核心指标进行综合排名。

加拿大是全球最早建成光纤网的国家，电子政务建设处于全球领先地位，拥有高水平的互联网基础设施，也是世界上最早倡导保护互联网安全的国家之一。加拿大不仅在国家战略和法律层面强调网络安全保护，而且倡导政府部门之间的合作和互联网行业的自律，在互联网治理方面呈现出预防为主、综合治理的特点。加拿大政府颁布了《自律性规范指南的发展和应用》，旨在通过国家政府的正式授权，加强互联网行业的自律能力。

加拿大互联网监管体系包含官方机构和民间机构，强调二者共同发挥作用：官方机构包括通信安全研究院、加拿大皇家骑警、加拿大网络事件反应中心、加拿大安全情报局、加拿大消费者事务局、政府行动中心；民间机构包括加拿大标准委员会、加拿大网络运营商联合会、媒体网络安全意识网络。[②]

① 《2018年全球网络安全指数》，国际电信联盟，https://www.itu.int/en/ITU - D/Cybersecurity/Documents/draft - 18 - 00706_ Global - Cybersecurity - Index - EV5_ print_ 2.pdf，2019年5月19日。

② 《加拿大："预防胜于治疗"的互联网监管体系》，新浪科技，http://tech.sina.com.cn/i/2012 - 09 - 11/14417605731.shtml，2019年5月19日。

（二）网络安全战略的发展

加拿大是信息化程度极高的国家，同时是世界上少数的互联网监管体系较为完备的国家之一，不仅建立了全面的网络监管机构体系和立法体系，还在国家基础设施方面实施了安全高效的网络事件预防制度。

1964 年，加拿大政府成立了通信安全研究院，其主要职责是作为加拿大的国家密码逻辑机构，保护电子信息和信息系统，提高加拿大安全通信能力，并依据内阁批准的事项为加拿大政府提供外国情报。

1991 年，参照美国的可信计算机系统评估准则（Trusted Computer System Evaluation Criteria，TCSEC）标准，加拿大通信安全研究院制定了 IT 系统安全性的评价标准。该标准指出，安全涉及功能性需求和保证性需求两个方面，并根据每种安全需求制定了不同的标准。加拿大通信安全研究院极大地增强了国家收集信息和评估安全情报的能力，增强了反恐行动能力，更好地保障了加拿大政府系统。

2004 年，加拿大公布的《保卫开放式的社会：加拿大国家安全政策》提出花费 5000 万美元建设国家网络安全战略；同时，加拿大成立了综合威胁评估中心（Integrated Threat Assessment Center，ITAC），通过召集加拿大安全情报人员，为政府提供网络安全情报，助力反恐行动的展开。

2010 年，加拿大出台网络安全战略，旨在通过加强国际合作和公私合作来应对网络威胁。2013 年，加拿大公共安全部进一步发布了“网络安全战略 2010 ~ 2015 年行动计划”，拨款 1. 08 亿加元进行网络威胁减轻计划的部署。这个战略由三个部分组成。

1. 提高联邦政府网络系统的安全性

在保护网络安全的过程中，加拿大联邦政府各个部门担任着不同的角色。公共安全部从整体上布局网络安全战略，承担网络风险评估和预警的责任，提高民众使用网络的安全意识，提高民众自我保护能力。国库委员会秘书处对政府信息技术的安全负责，通过制定政策和评估标准，加强政府管理网络事件的能力。国防部和军队则致力于增强加拿大网络防护能力，精准识别网络风险并做出回应，完善军队网络安全政策，与盟国军队交流网络安全实践经验。

加拿大还成立了网络事件反应中心，其主要职责是实时监测网络风险，在面对危险时及时协调相关部门开展网络安全保护行动，确保国家基础设施的安全。在涉及公共能源、信息统计技术、交通运输、关键制造业、电子信息等基础设施时，加拿大网络事件反应中心与其他国家的网络安全保护部门展开密切合作，共享网络风险数据并进行详细分析，为管理人员和 IT 专业人员提高信息产品和服务，具体程序包括：确定关键基础设施组成部分、评估漏洞、采取预防和缓解措施。

为应对不断变化的风险，加拿大政府在技术、系统和管理方面持续增加投资，加强信息技术基础设施建设，完善网络安全架构，提高侦查网络威胁和处理网络威胁的能力。

2. 保障联邦政府以外的网络安全

加拿大联邦政府增强与各省、各地区之间的合作，来保障网络安全。加拿大公共安全部领导成立了联邦各省各地区副部长委员会，在全国各地区实施信息共享草案。加拿大司法部在 2001 年又启动了高级官员网络犯罪工作小组合作委员会（由联邦、各省和各地区协同经营）。

2013 年 8 月，《加拿大网络事件管理框架》出台，这份文件对各省、各地区政府、基础设施部门和公私营部门等所有相关人员均具有指导作用。政府网站和私营部门网站之间存在唇亡齿寒的关系，例如政府网站信息泄露则可能严重削弱加拿大工业竞争力，私营网站遭到入侵也可能对国家安全造成威胁，因此，双方建立良好合作关系至关重要。在政府和私营企业之间建立跨部门合作机制，有利于实时分享潜在风险，提供有效防护。

关于网络安全的国际合作方面，加拿大外交与国际贸易部安排了特定的外交专员长期在联合国办公室负责解决网络安全事件，制定网络安全对外政策，与国际组织展开友好合作，共同探讨应对网络安全事件的方法。加拿大签署并承认由欧洲委员会制定的《网络犯罪公约》。加拿大公共安全部与美国国土安全部共同制定并实施了《加拿大 - 美国网络安全行动计划》，促进双方在保护网络安全和解决网络问题方面的合作。

3. 帮助民众维护网络安全①

加拿大执法部门继续加大打击网络犯罪的力度；同时，加拿大皇家骑警拟定网络犯罪战略，还专门成立了网络犯罪联合中心，负责预测网络犯罪趋势。加拿大工业部则通过立法改革保障网络空间的安全。

此外，加拿大执法部门不断提高民众网络安全意识，例如在“网络安全意识月”活动中宣传保护措施，引导民众健康上网，以期形成网络安全文化。

2017 年，加拿大出台国家安全法案——C－59 号法案。这份法案所规定的网络行动包括：计算机网络漏洞利用、计算机网络攻击以及防御性网络空间行动。C－59 法案在国防部增加了两个职能，分别是主动防御－国外防御性网络行动（针对国外基础设施，以应对数字化攻击）和国外主动网络行动（针对国外基础设施，主动破坏各种指向加拿大或其盟国的潜在威胁）。C－59 号法案提出建立联合 DND，即外交部长级网络行动协调体系，并将其视为未来网络行动管理工作的重要起点。

2018 年 6 月，加拿大提出新版网络安全战略，这份战略的目的包括三个方面：①建立网络安全中心，保护加拿大民众的数字隐私。②在加拿大皇家骑警队设立国家网络犯罪协调部门，以促进不同地区进行犯罪调查的沟通；同时，不断增强皇家骑警队与国内外合作伙伴的刑事调查能力。③投资 2500 万美元开展资源评估和网络认证计划，保护中小企业免受网络威胁和经济损失。

四　加拿大互联网发展的经验和启示

（一）加拿大电子政务建设的启示

电子政务是信息技术发展和经济全球化的必然产物，能够为民众提供便

① 唐小松：《加拿大网络安全战略评析》，《国际问题研究》2014 年第 3 期，第 92～104 页。

捷高效的服务，并且有助于提高政府办事效率，是提高国家民主化的有效手段。据《2018 年联合国电子政务调查报告》，中国电子政务建设水平全球排名第 65 位。[①] 中国的电子政务建设仍然处于信息发布阶段，即政府网站建设阶段。加拿大的电子政务建设处于全球领先地位，在政府与民众、政府与企业、政府与政府之间均实现了较好的沟通连接，对我国的电子政务建设有一定的启发意义。

1. “以民众为核心”的电子政务建设

加拿大将“客户关系管理”的理念引入电子政务建设中，以用户需求为导向，最大程度上满足用户需求。一方面，加拿大政府重视调研和反馈，积极听取民众意见，例如大型网上政府服务一般基于前期广泛的用户调研，强调一线公务员深入考虑民众需求等；另一方面，加拿大的电子政务机构建设坚持以用户为中心，通过统一的门户网站，依据服务功能进行政务窗口设计，包含工作、旅游、健康、文化教育、税务等。

同时，民众的支持和参与是电子政务建设的关键。自实施“政府在线”工程以来，加拿大政府长期致力于提高民众的参与率和支持率。中国的电子政务建设具有极大的潜力。通过增强民众的信息技术能力，提高民众使用电子政务的意愿，有助于提高中国的电子政务建设水平。

2. 加强信息基础设施建设

信息基础设施建设是电子政务发展的基本保障，保证网络顺畅和较高的网民素质为加拿大政务发展提供了有利的条件。在电子政务建设初期，加拿大十分重视信息基础设施建设，信息基础设施建设包括三个层面：①提供便捷高效的互联网接入。②重视技术研发，创新信息技术。③启动“社区互联计划”，展开技能培训，培育“电子市民”。信息基础设施的建设不仅仅指硬件的建设，更重要的是培养对电子政务的应用和服务意识，增加软件和信息资源的开发和利用，这对于提高我国的电子政务建设水平具有基础性的

① 《2018 联合国电子政务调查报告》，中国电子政务网，http：//www. e – gov. org. cn/article – 167432. html，2019 年 5 月 19 日。

作用。提高电子政务建设水平需要打破各级政府之间的信息垄断状态，将政务信息资源进行有效整合，开发和维护软件设施，并设立领导机制对信息基础设施进行综合协调管理。

在电子政务建设的过程中需要保证网络安全。电子政务建设时存在信息泄露问题，这会对国家安全和公共利益产生严重危害，也会使民众丧失对电子政务的信心。加拿大实施的“下一代”（Next Generation）安全框架和“公民密钥框架”（Public Key Infrastructure）都是为了保证政府和民众的电子政务使用安全，这既能使政府部门高效办公，又能使民众隐私权得到保障。

中国的电子政务建设着重于硬件设施建设，软件和信息资源的投入和建设尚显不足，需要加强软件设施的开发，增强信息资源共享，打破数据壁垒，提高数据开放水平。同时，需要重视电子政务的安全性问题，要做到开放式安全，完善网络信息安全制度。

（二）加拿大互联网安全治理的启示

加拿大完善的网络安全战略为国家和社会安全提供了保障。通过提高网络安全水平，加拿大政府不断提高自身的执政能力，促进网络和经济社会的正常运行；极大提高了民众的生活质量和便捷程度。在国际层面，加拿大政府在出台本国网络安全战略的同时加强与相关国家的协同合作，有效提高了国际互联网的安全水平，也进一步提升了本国的国际形象和地位。

1. 强化国家网络安全战略的顶层设计

自2010年以来，加拿大不断完善网络安全战略，提高国家网络安全水平，具体包括政府机构职责划分、战略的更新和推进、相关法律的完善等。加拿大联邦政府对七个部门的职责和分工进行了清晰的界定，各部门要对本部门的网络安全任务负责，也要对整个政府内的网络安全负责。加拿大联邦政府与各级政府之间建立了高效的沟通渠道，并且各级政府与私营企业之间也建立了密切合作，这对商业秘密和知识产权起到了有效的保护作用。

除了网络安全的政策，加拿大政府也出台了网络安全相关法律法规，兼顾网络安全和保障人权，逐渐用法律规范网络行为，提高网络治理的效率。

中国具有庞大的网络规模和迅速发展的电子商务，网络系统和网络风险的复杂性不断增强，制定权责明晰、功能健全的网络安全法律法规体系迫在眉睫。

2. 增强透明、高效的国际合作

国际互联网相互贯通的属性使得每个国家都不可能独善其身。加拿大在保证本国网络安全的同时，与其他国家建立了密切的合作关系，涉及内容包括：网络事件的管理、网络信息资源共享、网络安全公共教育、阶段性总结交流等。

中国网络安全建设开始的时间相对较晚，应该主动加强与网络强国的沟通交流，借鉴其预防网络风险、保护网络安全的经验，并且，应该建立公开、透明的网络安全防护计划，抵制不良行为，在国际中保持积极正面的网络形象。

B.20
新加坡网络安全治理发展报告

张明羽*

摘　要： 新加坡特殊的地理位置、发达的经济水平以及外向的经济模式等因素，促使其很早以前就重视互联网的发展与治理，至今已然走在世界互联网发展与网络安全治理的前列。本文在梳理新加坡互联网发展概况的基础上，较为详细地叙述了新加坡网络安全治理的历程及其网络安全战略规划的演进，最后对其网络安全治理的经验进行了初步总结，希望能够对我国的网络安全治理工作有所启示。

关键词： 新加坡　互联网　网络安全　网络治理

一　新加坡互联网发展概况

（一）新加坡互联网发展简史

早在 1980 年，新加坡就启动了首个 IT 总体发展规划《国家电子计算机化计划》，优先在政府行政部门实行数字化改革。1986 年，新加坡启动第 2 份国家 IT 总体发展规划，开始将电子数据交换网络由最初的政府部门向私人领域拓展。1992 年，新加坡启动第 3 份 IT 总体发展规划《IT2000 计划》，要通过信息科技将新加坡在 2000 年前建设成为“智慧岛”。2000 年，新加

* 张明羽，博士，广东财经大学人文与传播学院讲师。

坡启动第 4 份 IT 总体发展规划《Infocomm 21》，要将新加坡打造成为一个充满生气和活力的全球信息通信资本市场（拥有发达的数字经济）和普遍精通信息通信的电子社会。2003 年，新加坡启动第 5 份 IT 总体发展规划《连接的新加坡》，试图通过信息通信技术将社会公众与企业紧密联系起来，以振兴新加坡信息通信市场。2006 年，新加坡启动第 6 份 IT 总体发展规划《iN2015》，努力建立一个协调响应式政府。①

2014 年，新加坡发起"智慧国家"倡议并启动"智慧国家平台"建设，一方面，集聚、利用政府部门与私人领域的科技资源，加速社会经济目标的实现；另一方面，集合全国范围内的传感器网络和数据分析能力，提升政府的网络安全态势感知能力。② 2015 年，新加坡推出第一个关于信息通信和媒体行业的综合性产业发展规划《信息通信媒介 2025 计划》，试图培育一个鼓励尝试和冒险的信息通信媒介生态系统，将人们更好地连接起来。③ 2017 年，新加坡推出"人工智能新加坡"计划，以进一步刺激、推动人工智能助力其数字经济的发展。④

（二）新加坡互联网发展现状

目前，新加坡在互联网接入率、移动互联网覆盖率、国际互联网带宽等方面均具有明显的优势，远超亚太地区和全球平均水平。截止到 2018 年 6 月，新加坡 3G 和 LTE/WiMAX 网络已经实现全覆盖，91. 1% 的家庭接入互联网，互联网普及率达 84. 4%，手机渗透率更是达到 148. 2%，国际互联网带宽更是高达 954. 1 千比特/（秒・人）。⑤

---

① 《新加坡电子政务的历史和里程碑》，维基百科，https：//wiki. nus. edu. sg/display/SPORE/History + and + Milestones + of + E-government + in + Singapore，2018 年 6 月 9 日。

② 新加坡政府技术署网站，https：//www. tech. gov. sg/who – we – are/our – journey/，2019 年 6 月 9 日。

③ 国际电信联盟（ITU）：《衡量信息社会发展报告 2017》，https：//www. itu. int/en/ITU – D/Statistics/Documents/publications/misr2017/MISR2017_ Volume1. pdf，2019 年 4 月 30 日。

④ 《智慧国家进程》，新加坡智慧国家网站，https：//www. smartnation. sg/happenings/milestones，2019 年 4 月 30 日。

⑤ 国际电信联盟（ITU）：《衡量信息社会发展报告 2018》，https：//www. itu. int/en/ITU – D/Statistics/Documents/publications/misr2018/MISR – 2018 – Vol – 2 – E. pdf，2019 年 5 月 6 日。

表 1　2018 新加坡互联网发展基础数据

项目	每百户居民固定电话数	每百户居民移动电话数	每百户居民固定宽带数	每百户居民有效移动宽带数	3G 网络人口覆盖率（%）	LTE/WiMAX 网络人口覆盖率（%）	国际互联网带宽［千比特/（秒·人）］
数值	34.7	148.2	25.8	148.2	100	100	954.1
世界均值	13.0	103.6	13.6	61.9	87.9	76.3	76.6
项目	固定宽带用户网速分类	≥256 kbit/s <2 Mbit/s	≥2Mbit/s <10Mbit/s	≥10Mbit/s	拥有电脑的家庭百分比（%）	接入互联网家庭的百分比（%）	个人使用互联网的百分比（%）
数值		5.8	2.4	91.8	86.5	91.1	84.4
世界均值		4.2	13.2	82.6	47.1	54.7	48.6

联合国经济与社会事务部最新发布的《2018 联合国电子政府调查报告：电子政务助力可持续发展》显示，2018 年新加坡“电子政务发展指数”（E-Government Development Index，EGDI）为 0.8812，排名世界第七、亚洲第二，属于非常高的电子政务发展水平（见表 2）。[①] 电子政务发展指数（EGDI）由在线服务指数（OSI）、人力资本指数（HCI）和电信基础设施指数（TII）三部分组成，是反映一国互联网发展水平的重要指标。

表 2　2018 年全球电子政务发展指数水平最高的十个国家

国家	地区	OSI	HCI	TII	EGDI	EGDI 水平	排名
丹麦	欧洲	1.0000	0.9472	0.7978	0.9150	非常高	1
澳大利亚	大洋洲	0.9722	1.0000	0.7436	0.9053	非常高	2
韩国	亚洲	0.9792	0.8743	0.8496	0.9010	非常高	3
英国	欧洲	0.9792	0.9200	0.8004	0.8999	非常高	4
瑞典	欧洲	0.9444	0.9366	0.7835	0.8882	非常高	5
芬兰	欧洲	0.9653	0.9509	0.7284	0.8815	非常高	6

① 联合国经济与社会事务部：《2018 联合国电子政府调查报告：电子政务助力可持续发展》，https：//publicadministration. un. org/egovkb/Portals/egovkb/Documents/un/2018 – Survey/E – Government%20Survey%202018_ FINAL%20for%20web. pdf，2019 年 5 月 6 日。

续表

国家	地区	OSI	HCI	TII	EGDI	EGDI 水平	排名
新加坡	亚洲	0.9861	0.8557	0.8019	0.8812	非常高	7
新西兰	大洋洲	0.9514	0.9450	0.7455	0.8806	非常高	8
法国	欧洲	0.9792	0.8598	0.7979	0.8790	非常高	9
日本	亚洲	0.9514	0.8428	0.8406	0.8783	非常高	10

二　新加坡网络安全治理历程

新加坡是较早发展互联网并已然发展成为高度信息化的国家之一。在这一过程中，其所面临或遭遇的网络安全问题不断，相比那些互联网发展较晚、信息化程度较低的国家，它所处的境况也更为严峻，遭受网络攻击的可能性更高。近年来，以黑客攻击、DDoS 攻击、病毒感染、软件入侵、网络钓鱼、网络诈骗等为代表的网络安全问题在新加坡不断发生，对其政府部门、企事业单位和社会公众均产生了严重的负面影响。2017 年 9 月，新加坡网络安全局（Cyber Security Agency of Singapore，CSA）发布的《新加坡网络安全概况 2016》显示：2016 年新加坡网络犯罪案件数量达到 691 起，相比 2014 年增加了 494 起，网络钓鱼事件全年超过 2500 起，网页篡改事件全年发生将近 1800 起，勒索软件事件平均每天发生 550 起。① 为了有效应对网络威胁、建构安全网络环境，新加坡政府很早以前就已经展开网络安全治理工作，尤其注重网络安全领域里的专门立法。

新加坡网络安全领域的专门立法最早可以追溯到 1993 年制定的《计算机滥用法》，随后该法经过十次修订（1994 年、1996 年、1997 年、1998 年、2003 年、2005 年、2007 年、2010 年、2013 年、2017 年）。值得注意的是，该法侧重于规范网络犯罪活动，并未涉及关键信息基础设施（Critical

① 新加坡网络安全局：《新加坡网络安全概况 2016》，https://www.csa.gov.sg/~/media/csa/documents/publications/singaporecyberlandscape.pdf，2019 年 5 月 6 日。

Information Infrastructures，CII）保护的内容。①

1994 年新加坡制定《广播法》并于同年 10 月 1 日在当时的信息与艺术部下设新加坡广播管理局（Singapore Broadcasting Authority，SBA）。《广播法》对新加坡的广播服务实行许可证制度（后来据此进一步专门制定了各种分类许可通知）并赋予广播管理局对损害社会公共利益和公共安全、危害国家和平稳定等违法广播行为行使行政处罚权。这些行为也都是与我们今天的网络安全内容密切相关的，只不过此时广播管理局还没有互联网管理权限。②

1996 年新加坡制定《互联网行为准则》，将互联网视为广播服务，一切与互联网相关的活动和内容由广播管理局（SBA）统一进行管理并行使包括罚款在内的行政处罚权。新加坡所有符合《广播（分类许可）通知》规定并获得许可的网络服务提供商和网络内容提供商均必须遵守此准则，不得提供任何危害公共利益、公共道德、公共秩序、公共安全、民族团结或其他法律禁止的信息。另外，准则还为 ISP 和 ICP 提供了类似于版权法中避风港原则的保护，只要它们不主动提供或发布禁止性内容或发现后及时断开链接，即可免责。③

1998 年新加坡制定全球第一部电商领域的法律文件：《电子交易法》，从电子记录、电子签名、电子合同等多个方面规制电子交易行为，并专门规定了公共机构使用电子记录和电子签名时的注意事项以及网络服务提供商在电子记录信息保护方面的责任。④ 电子商务安全是网络安全领域中非常重要的一环，新加坡在随后又多次对此法案进行了修订（1999 年、2004 年、2005 年、2010 年、2011 年），使得新加坡在电商安全保护方面一直走在世

---

① 新加坡国会：《计算机滥用法》，https：//sso. agc. gov. sg/Act－Rev/CMCA1993/Published/20070731？DocDate＝19981215，2019 年 5 月 6 日。

② 新加坡国会：《广播法》，https：//sso. agc. gov. sg/Act/BA1994，2019 年 5 月 6 日。

③ 信息通讯与媒体发展局：《互联网行为准则》，https：//www. imda. gov. sg/－/media/imda/files/regulation－licensing－and－consultations/codes－of－practice－and－guidelines/acts－codes/19－policiesandcontentguidelinesinternetinternecodeofpractice. pdf？la＝en，2019 年 4 月 30 日。

④ 新加坡国会：《电子交易法》，https：//sso. agc. gov. sg/Act/ETA2010，2019 年 4 月 30 日。

界前列。[①]

2003 年 1 月，新加坡政府将广播管理局、影片及刊物局（Films and Publications Department，FPD）和新加坡电影委员会（Singapore Film Comission，SFC）合并，组建了新的媒体发展局（Media Development Authority，MDA），以更好地发展和规制新加坡媒体业。其中，关于互联网的发展、管理和规制也是其主要职责之一。至此，新加坡互联网安全监管的责任主体得以进一步明确。

2007 年新加坡制定《垃圾邮件控制法》，旨在对网络垃圾邮件展开重点整治。法案规定，未经许可，公司不能将电子邮件发给消费者的电子邮箱或将文字、多媒体信息发送给消费者的移动电话号码，违者将会被重罚，最高罚金可以达到 100 万新元。其中，关于严厉打击通过邮件地址收集软件、字典式攻击等新技术方式非法获取消费者个人邮件地址、移动电话号码的规定，也是今天我们网络安全领域中的重要内容之一。[②]

2009 年，为了有效应对网络攻击和网络间谍行为，新加坡政府在其内政部专门下设新加坡信息通信技术安全局（Singapore Infocomm Technology Security Authority，SITSA）。SITSA 作为国家级专业机构，其职责主要包括监督应对网络威胁的准备工作和保卫 CII 免受侵害，关键基础设施的保护变得愈加重要。[③]

2010 年，新加坡资讯通信发展管理局（Infocomm Development Authority，IDA）成立独资子公司——保信方案有限公司（Assurity Trusted Solutions），负责提供两因素身份认证（second-factor authentication，2FA）服务，以给消费者与服务提供商之间的在线交易提供国家级信保，进一步提升网络交易的安全性。[④]

2012 年，为了进一步保护公民个人信息不被盗用、滥用以及组织机构

---

① 新加坡国会：《电子交易法》，https：//sso. agc. gov. sg/Act/ETA2010，2019 年 4 月 30 日。

② 新加坡国会：《垃圾邮件控制法》，https：//sso. agc. gov. sg/Act/SCA2007，2019 年 4 月 30 日。

③ 新加坡网络安全局：《新加坡网络安全战略》，https：//www. csa. gov. sg/ ~/media/csa/documents/publications/singaporecybersecuritystrategy. pdf，2019 年 4 月 30 日。

④ 新加坡政府技术署网站，https：//www. tech. gov. sg/who – we – are/our – journey/，2019 年 6 月 9 日。

为正当目的收集、使用和披露公民个人信息的权利，新加坡制定了《个人信息保护法》并成立了个人信息保护委员会。该法详细规定了各类个人信息的保护办法并增加了组织机构在收集、使用和披露公民个人信息过程中更严格的注意义务，以有效应对互联网时代日益严峻的个人信息保护问题。[①]同年，新加坡政府的 G－Cloud 项目公开招标，该项目将会为满足新加坡政府部门各级别的安全和监管需求，提供高效、可扩、弹性的云计算资源。[②]

2013 年，新加坡政府推出安全数字邮箱"OneInbox"，以个人提供单独的在线平台去快速、便捷并安全地接触来自政府部门的电子邮件，有利于政府与社会公众共享网络安全信息。[③]

2014 年新加坡政府在信息通信技术安全局（SITSA）下设立国家网络安全中心（National Cyber Security Centre，NCSC），以提升新加坡政府部门针对网络安全事件（尤其是大规模、跨部门网络事件）的态势感知能力，进而配合各自领导机构提供国家级响应。[④]

2015 年新加坡政府在总理办公室下设立网络安全局（CSA），由通讯和新闻部负责行政管理。至此，新加坡所有与网络安全相关的部门和机构，包括新加坡计算机应急小组（SingCERT）、新加坡国家网络安全总体规划、新加坡信息通信发展管理局（IDA）的发展部门以及新加坡信息通信技术安全局，全部划归 CSA 统一管理。CSA 致力于发展网络安全、保护 CII 和基础服务、协调国家力量应对大规模网络事件等工作。CSA 通过协调政府部门、产业界、学术界、商界、民间乃至国际力量开展网络安全立法、政策制定以及实践工作，是监督和协调新加坡网络安全工作的中央机构。[⑤]

---

① 新加坡国会：《个人信息保护法》，https：//sso. agc. gov. sg/Act/PDPA2012，2019 年 4 月 30 日。

② 新加坡政府技术署网站，https：//www. tech. gov. sg/who－we－are/our－journey/？utm_source＝top_ nav，2019 年 6 月 9 日。

③ 新加坡政府技术署网站，https：//www. tech. gov. sg/who－we－are/our－journey/？utm_source＝top_ nav，2019 年 6 月 9 日。

④ 新加坡网络安全局：《新加坡网络安全战略》，https：//www. csa. gov. sg/～/media/csa/documents/publications/singaporecybersecuritystrategy. pdf，2019 年 4 月 30 日。

⑤《新加坡网络安全战略》，https：//www. csa. gov. sg/～/media/csa/documents/publications/singaporecybersecuritystrategy. pdf，2019 年 4 月 30 日。

2016 年新加坡内政部成立专门的网络犯罪科，隶属于新加坡警察部队的刑事侦查局。网络犯罪科通过与包括驻扎在新加坡的国际刑警全球总部在内的执法机构和行业利益相关者开展紧密合作，调查网络犯罪活动。[①]

2017 年 3 月新加坡国会通过《计算机滥用和网络安全法（修正案）》，规定任何人使用或交易非法获取的个人信息都将被起诉，即使并非他们造成的信息泄露。该修正案规定，任何通过非法行为，如黑客和身份欺诈，处理个人信息的行为将被认定为犯罪。企业或个人提供、获取或保留被黑客入侵的个人信息将被起诉，即使他们并非对安全漏洞负责。[②]

另外，新加坡 1985 年制定的《煽动法》和《国内安全法》中也有部分条款与网络安全相关，特别是关于网络内容安全。

新加坡政府以上所采取的网络安全治理措施基本是针对该领域中的某一具体问题展开，某些基础性问题甚至并未被关注和重视，面对纷繁复杂、变化多端且日益严峻的网络安全问题，制定关于网络安全问题的战略性规划和系统性法律规制对新加坡来说正变得越来越迫切和重要。2017 年 7 月新加坡发布《网络安全法案（草案）》并公开征求公众意见。2018 年 2 月 5 日，新加坡国会通过网络安全法草案并于同年 3 月 2 日正式颁布《网络安全法》，从而正式建构起一个监督和维护新加坡国家安全的法律框架。该法的主要内容包括如下四个方面：①为新加坡 CII 的认定提供了一个框架机制，并明确 CII 所有者在主动保护 CII 免受网络攻击方面的责任和义务，建立具有弹性的 CII，从而有效应对网络袭击，保护好新加坡的经济及其国民的生活方式。②授权 CSA 预防和应对网络安全威胁和事件，增加网络安全官员调查网络安全威胁和事件的权限，以确定他们的影响力并预防网络安全事件的升级或危害加深。③建立网络安全信息的分享框架机制，促进网络安全信息的及时分享，帮助政府和计算机系统所有者有效识别网络安全漏洞并预防网络安

① 《新加坡网络安全战略》，https://www.csa.gov.sg/~/media/csa/documents/publications/singaporecybersecuritystrategy.pdf，2019 年 4 月 30 日。

② 新加坡国会：《计算机滥用和网络安全法（修正案）》，https://sso.agc.gov.sg/Acts-Supp/22-2017/Published/20170511?DocDate=20170511，2019 年 4 月 30 日。

全事件发生。另外，该法还为 CSA 的信息请求及其信息保护和分享提供了一个具体的框架机制。④为网络安全服务提供商（Cybersecurity Service Providers，CSP）建立一个宽松的许可框架机制。①

至此，新加坡的网络安全治理在行政和立法层面基本形成了一个统一健全的体系：将网络安全工作交由 CSA 负责统一监管，监管责任主体明确；建立以《网络安全法》为基础，以《计算机滥用和网络安全法》、《广播法》、《互联网行为准则》、《垃圾邮件控制法》、《电子交易法》和《个人信息保护法》等为支撑，以《煽动法》《国内安全法》等为补充的网络安全法律体系，并且治理效果显著。

三　新加坡网络安全规划与战略

新加坡自 2005 年开始，先后制定了六份与网络安全直接相关的战略规划，基本每隔 3～5 年就会制定一次。通过这些规划和战略的实施，其网络安全水平有效提升，并给周边及世界其他国家带来很多有益的启示。

（一）《资讯通信安全整体规划（2005～2007年）》（ISMP）

2005 年 2 月，鉴于许多私营部门和政府部门要求增强国家关键基础设施的弹性以防止网络攻击，同时也为了给政府、企业和公民个人建立一个安全的资讯通信环境，新加坡资讯通信发展管理局（IDA）发布首份《资讯通信安全整体规划》（Infocomm Security Master Plan，ISMP），为期三年（2005～2007 年）。希望通过政府部门协调开展网络安全工作，与社会公共部门一起建立防范和应对网络威胁的基础能力。值得注意的是，提升政府部门的信息通信环境的安全性，是该计划的主要目的。该规划确定了六大战略目标：保卫公民部门、保卫私营部门、保卫公共部门、发展国家能力、培育技术和研

① 新加坡国会：《网络安全法 2018》，https：//sso. agc. gov. sg/Bills - Supp/2 - 2018/Published/20180108？DocDate =20180108，2019 年 4 月 30 日。

发能力以及保卫国家基础设施。

另外，作为新加坡 IT 总体发展规划《iN2015》一部分的国民信托框架（National Trust Framework，NTF）将会与 ISMP 形成互补。随着银行、医疗、商业等领域在线服务的普遍增多，一个受信赖的信息通信环境对于降低高价值和敏感信息的安全风险来说变得愈加重要。为了稳固新加坡作为世界级信息中心的地位，NTF 制定了四大战略目标：发展安全基础设施、开发人力资源、教育和采购以及规制。

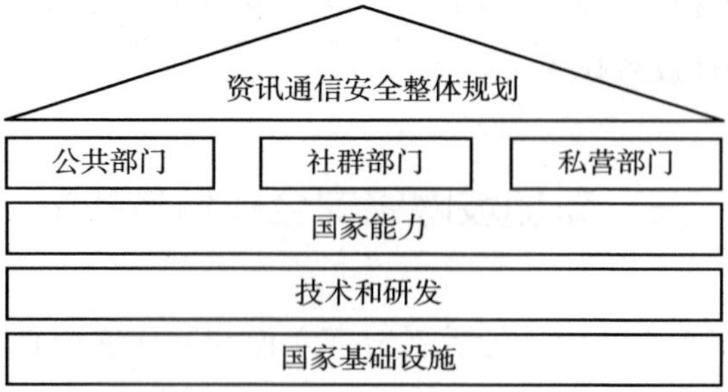

图 1　新加坡《资讯通信安全整体规划（2005～2007 年）》示意图

为了实现 ISMP 和 NTF 的上述目标，新加坡政府采取了如下关键措施。

（1）成立国家网络安全监测中心，给新加坡政府提供关于潜在重大网络攻击的早期发现能力以及网络安全事件的实时应对能力。该中心由网络监测中心和网络威胁分析中心组成，分别负责针对公共部门关键设施的网络威胁的全天候监测和分析任务，并在必要时及早发出警示。

（2）建立国家验证框架，通过各关键部门中普遍建设的强认证基础设施，为关键电子服务（例如银行服务、电信服务、政府服务等）的终端用户提供“两因素身份验证”（second-factor authentication），提升网络交易的安全性，进而推动电子商务的发展。

（3）设立关键信息基础设施保证评估中心，以对新加坡 CII 的信息通信安全准备情况进行评估，进而查明基础设施拥有者和运营者采取的信息通信保护措施是否完善。

（4）建立企业永续经营准备情况评估框架和信息通信安全健康积分卡制度，以衡量企业的安全就绪等级和公共部门的安全防范准备情况。①

（二）《资讯通信安全整体规划（2008～2012年）》（ISMP 2）

2008 年，为了进一步增强新加坡经济抵御安全攻击的韧性，进而提振投资者选择新加坡作为其投资战略地和安全地的信心，新加坡制定了第二份《资讯通信安全整体规划》（Infocomm Security Masterplan2，ISMP2），为期 5 年（2008～2012 年）。值得注意的是，ISMP2 重点加强新加坡关键信息基础设施建设（CIIs），以实现将新加坡打造成“安全和信任中心”的构想。基于该计划，新加坡政府与私营部门和公共部门更加紧密联系在一起，积极制定网络安全新准则、加强资讯分析能力并提高民众网络安全意识，以强化其本土应对网络威胁的能力。

为了增强新加坡的信息通信技术设施和服务的韧性和可用性，ISMP2 确定了四大战略目标：强化国家信息通信基础设施和服务、提升信息通信安全能力、培育充满活力的信息通信安全生态系统和加强国际合作。

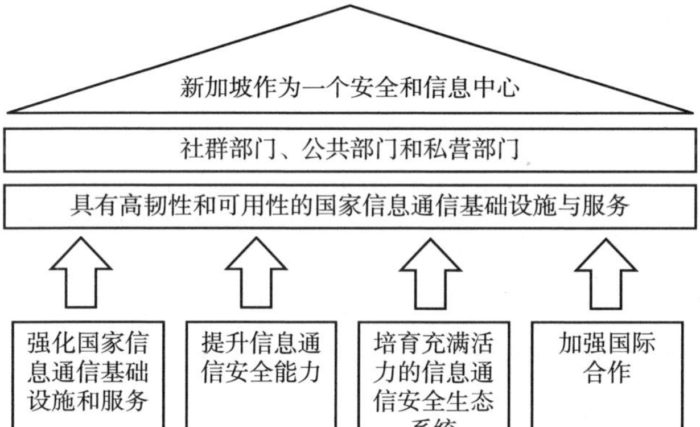

图 2　新加坡《资讯通信安全整体规划（2008～2012 年）》示意图

① 新加坡政府：《资讯通信安全整体规划》，https：//www. imda. gov. sg/industry – development/programmes – and – grants/enterprises/infocomm – security/initiatives/infocomm – security – masterplan，2019 年 4 月 30 日。

ISMP2 特别注重公共部门与私营部门之间的网络安全合作：

1. 信息通信安全职业工作者协会

该协会努力将信息通信安全发展成一个杰出的职业并为那些秉持最高职业标准的优秀信息通信安全从业人员建立一个人才库。这也是亚洲第一个此类协会，以提升协会中网络安全从业者的社会地位、专业水平和信任度为宗旨。

2. 国家信息通信安全奖学金

该奖学金于 2008 年 8 月设立，目的是为新加坡建设一个优秀网络安全人才的可持续供给渠道并增加网络安全行业吸引力。该奖学金将会被颁给那些立志专攻信息通信安全的顶尖学生，供他取得信息通信安全专业的学士和硕士学位，国内外的学生均可以申请。

3. 网络安全意识联盟

该联盟由资讯通信与媒体发展管理局（Infocomm Media Development Authority，IMDA）和那些来自公共和私营部门的同道中人于 2008 年组建而成，它们致力于将各成员的力量和资源聚集起来，一方面，构建一个积极的网络安全文化氛围，普通公众可以主动采取一些网络安全措施，例如建立防火墙、安装杀毒软件等，他们在安全价值链中往往被看成应对网络攻击的最后一道防线；另一方面，通过发起网络安全意识日活动、召开网络安全研讨会、建设网络安全在线学习网站及系列网络安全知识新媒体推广平台等各种路径，提升和加强社会公众和私营部门的网络安全意识和应对能力。

4. 特定行业信息通信安全计划

由于每个特定部门都有其特殊的安全需求，所以不可能存在一个通用于所有部门的网络安全解决方案，必须因地制宜。根据该规划，新加坡政府将会与关键基础设施所有者合作，一起去评估并制定满足各个不同部门需求的个性化解决方案。计划旨在通过发布早期预警和开展有效的先发制人的行动去帮助新加坡的互联网基础设施应对网络威胁。

5. 国际合作

在世界各国联系日益紧密的今天，国家间需要紧密合作以便于监测、预防和解决跨国网络安全事件。因此，新加坡政府一直在展开各种国际合作，以应对网络威胁和培养紧密的工作关系，例如积极参加东盟的相关倡议活动，包括东盟－日本信息技术安全政策会议，政府网络安全工作坊等，与日本、韩国等先进伙伴们签订了合作备忘录以共同应对网络安全问题。①

（三）《国家网络安全总体发展规划（2013～2018年）》（NCSM2018）

自2010年以来，以蠕虫病毒、毒区病毒、木马病毒、钓鱼电子邮件等为代表的网络安全事件的快速增多，给包括新加坡在内的许多国家的组织机构和个人造成了巨大的损失。在此背景下，新加坡政府于2013年发布并启动《国家网络安全总体发展规划》（National Cyber Security Masterplan, NCSM），为期五年（2013～2018年），主要聚焦于政府、个人、企业以及CII四个领域的网络安全问题，目的分别是要让政府部门保护好其信息基础设施、计算机系统和基础服务，以让其在应对日益复杂的网络攻击时具有弹性；提高企业网络风险意识和使用安全措施意识，以更好地预防、应对网络攻击；系统性强化CII的信息通信系统，使其可以在抵御网络攻击时具有更高的安全水平和恢复能力；提高互联网用户的网络风险意识，让其认识到想要保护自己免受网络威胁，必须采取正确的行为方式和安防措施。从而，进一步提升新加坡网络环境安全性。新加坡政府还专门设置了国家信息通信安全委员会负责实施该规划。

为了实现上述目标，该规划提出了如下三方面战略措施。

1. 增强CII应对复杂网络攻击时安全性和弹性

为了加强保护CII和提升跨部门应对大规模网络攻击的能力，新加坡政府与各关键部门紧密合作，陆续制定和开展全国网络安全演习计划、CII保护评估计划、CII安全性评估制度，并根据国际标准和先进经验制定《互联网基础设施安全与弹性运营守则》。此外，新加坡政府还将在应对复杂网络

① 新加坡政府：《资讯通信安全整体规划二》，https：//www. imda. gov. sg/industry－development/programmes－and－grants/enterprises/infocomm－security/initiatives/infocomm－security－masterplan－2，2019年4月30日。

攻击过程中积极开展纵深防御，努力提升现有的网络安全监测和分析能力，网络监测中心和威胁分析中心将会使用全球最先进的工具和技术展开监测和分析，以加强整个政府层面的预防和恢复措施。

2. 进一步努力促进企业和个人采取信息通信安全措施

信息通信技术的发展，已经使得网络攻击的受害面不断拓展，企业和个人最容易受到波及。中小企业（截止到 2014 年 8 月新加坡 99% 的企业属于中小企业）和个人抵御网络攻击的能力一般较弱，亟须提升他们的信息通信安全意识并促使他们主动采取网络安全措施。因此，新加坡政府专门制定了《网络安全意识推广计划》，旨在通过各类信息传播渠道向企业和个人普及网络安全知识，提升其网络安全意识。另外，新加坡政府还积极建构政府部门与私营部门之间的信息共享机制，提升企业的网络风险评估和应对能力，与各类产业、行业协会一起协作增进网络安全。

3. 发展新加坡的信息通信安全专家库

高水平网络安全人才的短缺，是许多国家应对网络攻击时的一个常见短板，新加坡也不例外，2013 年新加坡的网络安全从业人员在其信息通信产业从业者队伍中的占比连 1% 都不到。因此，新加坡陆续制定了针对网络安全科研人员的《国家网络安全研发计划》和针对新入职网络安全专业人员的《公司主导型培训计划》，并设立了 DigiSAFE 网络安全中心，提供更高级、更复杂的聚焦于实操的网络安全培训。①

（四）《国家网络安全研发计划》

2013 年 10 月，新加坡建立《国家网络安全研发计划》（National Cybersecurity R&D Programme），为期八年（2013～2020 年），大力发展网络安全技术研发能力。通过技术研发加强网络基础设施安全性、可靠性、坚韧性和可用性，从而实现提升其可信度。参与该计划的机构包括：国家安全协

① 新加坡政府：《国家网络安全总体发展规划 2018》，https：//www.sbs.ox.ac.uk/cybersecurity－capacity/system/files/NationalCyberSecurityMasterplan% 202018.pdf，2019 年 4 月 30 日。

同中心、国家研究基金会、网络安全局、国防部、内政部、信息通信发展局和经济发展局，由新加坡国家研究基金会和网络安全局共管，努力促进政府部门、学术界、研究机构以及私营部门之间的网络安全协作。

该计划设立了一个总金额达1.9亿新币（分8年投放，2013～2020年）的基金，支持网络安全领域指定主题的技术研发和人文社科课题研究。指定的网络安全研究主题包括如下几个方面。

（1）可拓展可信赖系统研究：主要研发可以提升计算机系统的硬件、固件和软件功能的可靠性技术，哪怕其中部分组件或内部操作人员不靠谱时也值得信赖。

（2）弹性系统研究：主要研究怎样提升那些可以为信息物理系统的快速应对和恢复以及支持的基础设施（例如能源、水、通信等）提供技术协助的系统的弹性、稳健性、适应性及产能。

（3）有效情景意识和攻击归因研究：专注于研究提高网络情景认知、实现新的网络取证技术、快速授权调查工具以及攻击归因。

（4）内部威胁应对研究：研究怎样应对内部威胁，通过创建、分析、评估并部署相关机制和策略，实现对内部人员及其行为活动的检测、预防和识别。

（5）威胁检测、分析和防御研究：研究怎样应对类似于恶意软件、僵尸网络等网络威胁，通过创建、分析、评估并部署相关机制和策略，实现对恶意软件和僵尸网络的检测、分析、预防和免疫。

（6）高效和有效的数字取证研究：主要研究数字证据的采集和取证，以减少全面定位所需的分析时间；数字证据的多样评估、分散评估和多租户系统评估。[①]

（五）《国家网络犯罪行动计划》

2016年7月，新加坡内政部制定出台《国家网络犯罪行动计划》

① 新加坡政府：《国家网络安全研发计划》，https：//www. nrf. gov. sg/programmes/national - cybersecurity - r - d - programme，2019年4月30日。

（National Cybercrime Action Plan，NCAP），以应对日益频繁和严重的网络犯罪行为。该计划阐述了在打击网络犯罪活动中需要优先注意的事项，具体如下。

（1）开展网络安全教育和宣传。新加坡政府认为网络犯罪的预防是关键，公安机关要努力通过广告、犯罪广播、社交媒体及其他宣传途径，对社会公众展开网络安全教育。特别要加强对老人、孩子等弱势群体的教育，公安机关要与学校和非政府组织（NGO）一起努力提升这些群体的网络安全意识。另外，公安机关还将其诈骗警报网站改建成一站式自助门户网站，社会公众不仅可以从那里获取关于防范网络犯罪的最新做法的消息，而且可以获悉他人关于网络犯罪的应对经验和网络犯罪案例。

（2）发展打击网络犯罪的手段和能力。一方面，通过对网络犯罪使用的新手段等问题展开分析，发布关于网络犯罪的预防信息；另一方面，成立实习培训设施——网络安全实验室，实习培训主题包括网络安全基本原理、数字取证、恶意软件分析等。

（3）加强网络犯罪相关的法律法规。为了应对国际化的网络犯罪及此类犯罪行为的战术演变，相关的法律法规亟待进一步加强和完善。另外，随着传统犯罪逐步向线上渗透，在现实世界中发生的一切已经开始在虚拟世界中复制，现有的法律也需要及时更新。

（4）建立打击网络犯罪的区域、国际伙伴关系。新加坡政府已经与中国政府就一系列的“信贷换性爱”诈骗案展开合作，并支持东盟成员国发展打击网络犯罪的能力，东盟成员国可以在新加坡的一个安全研究所里得到关于打击网络犯罪的培训。同时，新加坡还是国际刑警全球总部所在地，它们非常重视打击网络犯罪。新加坡政府将会同各伙伴国展开全方位的紧密合作，分享打击网络犯罪的知识和经验，提升大家的网络犯罪打击能力。[①]

① 新加坡政府：《国家网络犯罪行动计划》，https：//www. channelnewsasia. com/news/singapore/national - cybercrime - action - plan - to - step - up - fight - against - online—7898250，2019 年 4 月 30 日。

（六）《新加坡网络安全战略》

2016 年 10 月，新加坡总理李显龙启动了《新加坡网络安全战略》（Singapore Cybersecurity Strategy），旨在为新加坡创造一个充满活力和可信赖的网络环境。该战略主要涵盖四大方面的内容。

1. 建设有韧性的基础设施

首先，加强基础服务的保护。启动 CII 保护计划，该计划强调网络风险管理流程的健全性和系统性以及各级 CII 部门网络风险意识的重要性。新加坡政府将努力发展“基于设计层面的安全保护”措施，以沿着供应链并从其上游来解决网络安全问题。

其次，增强果断应对网络威胁的能力。新加坡将努力提升其国家网络态势感知能力，定期开展复杂场景下的跨部门网络安全演习，建设更多的国家网络应急响应小组，并增强关键部门的灾害恢复计划和业务连续计划。

再次，加强网络安全治理和立法。制定新的网络安全法案，要求 CII 所有者和运营者在保护他们的系统和网络过程中承担责任，并建立与 CSA 的网络安全信息共享机制，增加 CSA 和行业监管机构的权限以让它们能够在网络安全事件中及时与各受影响部门展开紧密合作。

最后，让政府系统更安全。新加坡政府将努力采取各种措施提升其系统和网络的安全性，包括分配政府 ICT 财政资金总额的 8% 去扶持网络安全工作。另外，它们还将减少政府系统的受攻击面，加强政府部门的网络态势感知能力和网络事件管理能力。

2. 创造安全的网络空间

首先，通过践行《国家网络犯罪行动计划》打击网络犯罪。

其次，增强新加坡作为全球信任中心的国际地位。新加坡政府将会通过培育组织机构与用户之间数据使用信任的方式，建立一个可信赖的数据生态系统。接着，它们还会发展职业的数据保护官员（Data Protection Officer），为数据保护措施的有效应用提供支撑。同时，它们还会通过促进跨境数据流动和引入数据保护信任标识来增强新加坡作为世界数据中心的地位。另外，它们将会与包括各类国际组织、他国政府、企业以及网络服务提供商在内的伙伴们一起合作，通过定期检查网络健康度、快速识别网络威胁以及减少恶意交易等方式，营造一个更加安全的网络空间。

最后，促进建立网络安全集体责任制。由于每个企业和个人的行为均会影响我们在网络空间里的集体安全，所以企业和个人均需要保持待命并适时采取预防性措施去保护其计算机系统和数字设备不被侵害，特别是要预防恶意破坏分子劫持其系统和设备以损害他人利益。社区和行业协会可以带头优先考虑网络安全问题，并可以通过政府掌握的网络安全专业知识提升其成员对于网络安全事件的理解，进而鼓励它们采取有效的应对措施。

3. 发展有生气的网络安全生态系统

首先，建立一支职业化网络安全人才队伍。新加坡政府将会通过制定清晰的职业生涯规划、促进国际认证、建立强健的实践社团等方式去促进现有的网络安全从业人员的职业发展。为了进一步发展网络安全人才队伍，新加坡还会通过奖学金和资助项目吸引在校生的加入。同时，它们还会通过为学生提供产业导向性课程、为处于职业生涯中期的从业者提供技能提升和再培训机会等方式，帮助这些行业里的新人完成职业化转型。

其次，通过做强本土公司扩大新加坡的网络安全优势。新加坡将会通过吸引和锚固那些先进网络安全公司的方式发展其网络安全产业。与此同时，一方面鼓励网络安全领域的创业公司去开拓这一有利可图的市场，另一方面大力支持本土先进企业发展，让他们不断研发新的网络安全技术和服务标准，努力将“新加坡制造”的网络安全解决方案有效打入国际市场，进而稳固新加坡在网络安全这一战略核心区中的领先地位。

最后，通过改革创新促进网络安全产业发展。新加坡政府通过《国家网络安全研发计划》设立了一个总金额达 1.9 亿新币（分 8 年投放，2013 ~ 2020）的基金，提供世界级的研发设施和重点才人培养项目，全力支持网络安全领域里的技术研发和人文社科研究。同时，促进政府、学界和业界的协作研发，以更快地产出更多符合网络安全市场需求的研发成果。

4. 加强国际网络安全合作

首先，与国际社会和东盟合作打击网络威胁和网络犯罪。新加坡将会与国际社会和东盟中的伙伴国展开紧密合作，加强网络安全事件通报、应对的平台和程序建设。同时，新加坡将与各东盟成员国一道，构建打击网络犯罪的区域性机制，并积极利用国际刑警组织的资源（特别是其全球化的运营网络和打击能力）去打击网络犯罪。

其次，拥护国际社会和东盟在实操、技术、立法、政策以及外交等领域展开网络能力建设的倡议。新加坡将会与国际社会、对话伙伴以及东盟成员国一起组织召开各类工作坊、研讨班和会议，努力在上述领域建立进一步的合作并提升网络安全治理能力。

最后，促进国家间关于网络规范和网络立法的交流工作。新加坡将会继续参加各类关于网络规范、网络政策、网络立法、网络威慑以及网络犯罪合作等话题的国际和地区间对话。自 2016 年开始，新加坡每年将会举办“新加坡国际网络周”活动，以激励和促进关于网络安全和网络犯罪问题的交流和讨论以及技术会展。①

四　新加坡网络安全治理的经验与启示

新加坡作为网络安全治理的先行国家，其网络安全治理水平居世界前列。国际电信联盟（ITU）发布的《全球网络安全指数 2018》显示，新加坡的网络安全指数为 0.898，在 194 个国家或地区中排名第六位，相比 2017 年下降了五个位次，但其在法律（legal）、技术（technology）、组织（organization）、能力建

① 新加坡政府：《新加坡网络安全战略》，https：//www. csa. gov. sg/ ~/media/csa/documents/publications/singaporecybersecuritystrategy. pdf，2019 年 5 月 7 日。

设（capacity building）和合作（cooperation）五个具体指标方面的得分仍然居于世界前列。①

表 3　2018 年全球网络安全指数（GCI）排名前十的国家

国家	GCI	法律	技术	组织	能力建设	合作	排名
英国	0.931	0.200	0.191	0.200	0.189	0.151	1
美国	0.926	0.200	0.184	0.200	0.191	0.151	2
法国	0.918	0.200	0.193	0.200	0.186	0.139	3
立陶宛	0.908	0.200	0.168	0.200	0.185	0.155	4
爱沙尼亚	0.905	0.200	0.195	0.186	0.170	0.153	5
新加坡	0.898	0.200	0.186	0.192	0.195	0.125	6
西班牙	0.896	0.200	0.180	0.200	0.168	0.148	7
马来西亚	0.893	0.179	0.196	0.200	0.198	0.120	8
挪威	0.892	0.191	0.196	0.177	0.185	0.143	9
加拿大	0.892	0.195	0.189	0.200	0.172	0.137	9
澳大利亚	0.890	0.200	0.174	0.200	0.176	0.139	10

法律方面：随着 2018 年 3 月 2 日新加坡《网络安全法》的正式颁布、生效，新加坡在网络安全这一特定领域中已经形成较为完备的法律制度和法律框架体系，主要的网络安全问题基本得到了具体规制。值得注意的是，新加坡承袭的是以英国为代表的海洋法系法律传统，以"遵循先例"为精髓

① 国际电信联盟（ITU）：《全球网络安全指数 2018》，https：//www. itu. int/dms_ pub/itu - d/opb/str/D - STR - GCI. 01 - 2017 - PDF - E. pdf，2019 年 6 月 9 日。

法律：基于对一国与网络安全和网络犯罪相关的法律制度和法律框架的现状分析；

技术：基于对一国与网络安全相关的技术机构和技术框架的现状分析；

组织：基于对一国与网络安全相关的国家级发展战略以及政策协调机构的现状分析；

能力建设：基于对一国与网络安全相关的研发、教育、培训计划的现状分析，以及通过认证的从业人员数量与公共部门的能力建设情况的现状分析；

合作：基于对一国与网络安全相关的合作伙伴关系、合作框架机制、信息共享网络的现状分析。

的普通法才是其主要法源，而在网络安全领域里专门进行一系列的成文立法，也体现了其对该领域的高度重视。

技术方面：新加坡政府通过整合各类院校、官方或非官方研究机构的力量，积极发展网络安全技术，包括监测、分析、预警、防御、打击等各种技术类型，并努力成为各类网络安全标准的制定者。与此同时，新加坡通过各类政策吸引着越来越多的国外顶级网络安全公司在其境内开设网络安全技术研发中心，2017 年世界著名工业网络安全服务提供商 Honeywell 就在新加坡经济发展署的支持下，将其亚太地区工业网络安全中心设置在新加坡，该中心将下设一个网络安全研发实验室。此外，每年一度的“新加坡国际网络周”也会汇聚全球最先进的网络安全技术公司参展，有利于新加坡的网络安全技术发展。

组织方面：新加坡先后制定的 ISMP、ISMP2、NCSM2018、《新加坡网络安全战略》等多个国家级网络安全发展战略和规划，均设置专门的机构或委员会开展协调工作。以 2013 年制定的 NCSM2018 为例，其所设置的国家信息通信安全委员会，主要由科技研究局、信息通信发展局、财政部、国家研究基金会、国防部、通信和信息部、内政部等多个政府部门的高层领导组成，便于规划的顺利实施。2015 年新加坡政府设置网络安全局统一监管网络安全问题，改变了之前多头监管现象，无论是监管权限，还是监管效率，均得到进一步提升。

能力建设方面：新加坡投入大量的人力、物力和财力支持和推动网络安全相关的技术研发、教育和培训工作，专门制定了为期八年的《国家网络安全研发计划》以及《网络安全技术及伙伴计划》，建立网络安全技术研发基金会，设置各类奖学金和资助计划，在助推政府部门与业界、学界之间的网络安全技术研发合作的同时，强化网络安全人才库建设，吸引更多的优秀人才加入网络安全行业。

合作方面：新加坡在网络安全治理过程中非常注重与他国之间的合作与对话，积极参与和拥护东盟发起的各类与网络安全相关的倡议或活动，努力加强与韩国、日本等网络安全保护强国之间的各类交流并签署合作备忘录。

同时，充分利用其作为国际刑警全球总部所在地的优势，合作参与打击全球网络犯罪活动。此外，新加坡政府还非常注重与本国企业和社会公众之间的合作，积极建立各类网络安全信息共享机制，有效提升了各方的网络安全意识和应对能力。

上述五个方面，是一国网络安全治理的五个关键点，想要提升网络安全治理水平，必须加大这五个方面的投入和努力。

B.21

2018年日本互联网治理发展报告

王　冰*

摘　要： 本文回顾了2018年日本互联网的发展状况，从网络安全政策的制定实施情况、互联网数据公开情况、人工智能网络的推进情况以及个人信息保护举措这4个方面进行了描述。其中日本在个人信息保护方面的举措最大。2018年3月，日本政府对《网络安全基本法》进行了第二次修正，提出了“设置网络安全协议委员会”和“加强国际合作”的新举措。日本政府于2017年5月30日起推出并实施了《改正个人信息保护法》，其中有一个重要举措就是，将原来“处理低于5000人份信息数据的公司和企业不作为适用范围”这一条文删除，不管人数多少，只要是以运营和处理个人信息为业务的公司、企业和事业经营者都作为修正案的适用对象。

关键词： 日本　网络安全　数据公开　人工智能网络　个人信息保护

一　日本网络安全政策的制定实施情况

（一）中央政府的举措

为了加强政府在网络安全政策方面作为司令塔的职能以及明确中央和地

* 王冰，博士，日本北海道大学国际传媒·观光学院，北海道大学研究生院媒体传播研究院助理教授。

方政府的职责方位，2014 年 11 月中央政府在第 187 次国会上成立了《网络安全基本法》①。2015 年 1 月，在政府内阁下新设了网络安全战略本部。在 2015 年 9 月，政府内阁决议了新的《网络安全战略》②。在该战略中，监视对象扩大了，以及政府机构整体的网络安全强化了，并且推进实践性的训练和演习。

2017 年 7 月，根据世界最新的网络安全威胁动向，网络安全战略本部发表了《展望 2020 年以后的网络安全形势：网络安全战略中间评估》③。在本评估中，确立在 1 年内“建构信息共有共享的网络”、“迎接 2020 年东京奥运会和残奥会的网络准备”等措施。

（二）总务省的举措

总务省从 2017 年 1 月开始，召集网络安全领域的专家组成工作组（组长：安田浩，东京电机大学校长），并在同年 10 月，制定了《物联网（IOT）综合对策》④。该对策从推进研究开发、整顿脆弱性的体制、推进民间企业的安全对策、强化人才培养、推进国际合作这 5 个方面出发确立了今后的施政对策。

（三）强化网络安全对策

1. 针对组织用户的对策

近年来，针对国家的行政机构、地方公共团体、独立行政法人以及重要基础设施建设的网络攻击手段越来越巧妙。在这一背景下，总务省从 2013

① 日本总务省编《情报通信白皮书》，2018，第 324 页，http：//www. soumu. go. jp/johotsusintokei/whitepaper/ja/h30/pdf/n6500000. pdf，2019 年 4 月 19 日。

② 日本总务省编《情报通信白皮书》，2018，第 324 页，http：//www. soumu. go. jp/johotsusintokei/whitepaper/ja/h30/pdf/n6500000. pdf，2019 年 4 月 20 日。

③ 日本总务省编《情报通信白皮书》，2018，第 324 页，http：//www. soumu. go. jp/johotsusintokei/whitepaper/ja/h30/pdf/n6500000. pdf，2019 年 4 月 20 日。

④ 日本总务省编《情报通信白皮书》，2018，第 324 页，http：//www. soumu. go. jp/johotsusintokei/whitepaper/ja/h30/pdf/n6500000. pdf，2019 年 4 月 21 日。

年开始提升对网络攻击的应对能力，通过在大规模假想 LAN 的环境下，实施了有实践性操作的防御网络攻击演习（Cyber Defense Exercise with Recurrence，CYDER）①。这一演习是为培育东京 2020 年奥运会的网络安全责任人而实施的实践型演习。CYDER 在 2017 年里，在全国 47 个都道府县实施了 100 次左右的演习，有 3009 名学员。

为了实现网络攻击防御的质量提升，从 2016 年开始总务省将演习实体变更为“国立研究开发法人信息通信研究机构”（NICT）②。2017 年 4 月，由 NICT 组织的“国际网络安全培训中心”，实施了网络安全人才培养的项目。

2. 针对个人用户的对策

随着个人智能手机、平板电脑等普及以及社交媒体、云服务等使用的不断扩大，对个人用户的网络攻击也越来越多。

针对个人用户不能很好地识别自身受到网络攻击以及自律性地采取有效对策这一情况，总务省从 2013 年开始和网络服务提供商（Internet Service Provider）、Security Vender 合作，实施了针对恶意软件攻击的防范于未然的官民合作项目（Advanced Cyber Threats Response Initiative，ACTIVE）。从 2018 年开始由一般社团法人 ICT-ISAC 推进实施此项目③。

3. 针对物联网（Internet of Things）的对策

近年来针对物联网的网络攻击也越来越多。由国立研究开发法人信息通信研究机构（NICT）运行的网络攻击检测网显示，2017 年里观测到 1504 亿网络攻击数据包中，一半以上是针对物联网攻击的。④

根据这一情况，2017 年 12 月 8 日政府决议确立了《新政策封装》《展

① 日本总务省编《情报通信白皮书》，2018，第 324 页，http：//www. soumu. go. jp/johotsusintokei/whitepaper/ja/h30/pdf/n6500000. pdf，2019 年 4 月 21 日。

② 日本总务省编《情报通信白皮书》，2018，第 325 页，http：//www. soumu. go. jp/johotsusintokei/whitepaper/ja/h30/pdf/n6500000. pdf，2019 年 4 月 22 日。

③ 日本总务省编《情报通信白皮书》，2018，第 325 页，http：//www. soumu. go. jp/johotsusintokei/whitepaper/ja/h30/pdf/n6500000. pdf，2019 年 4 月 22 日。

④ 日本总务省编《情报通信白皮书》，2018，第 326 页，http：//www. soumu. go. jp/johotsusintokei/whitepaper/ja/h30/pdf/n6500000. pdf，2019 年 4 月 22 日。

望2020年以后的网络安全形势：网络安全战略中间评估》。在这些政策中，政府意图推进建立官民合作的网络安全战略体制，并且在2018年5月公布了《电气通信事业法以及国立研究开发法人信息通信研究机构法的部分改正法案》[①]。

4. 针对国际合作的对策

针对网络安全的国际合作方面，总务省积极地召开了各种国际会议以及展开网络安全方面的对话、讨论以及信息收集和信息公布。同时为了推进通信信息公司在民间层面的国际安全战略方面的信息共享，总务省近几年一直在举办有东南亚各国网络服务提供商参加的研讨会、日美ISAC（Information Sharing and Analysis Center）之间的意见交换研讨会等[②]。

（四）近年日本网络安全政策实施要点

近年来，由日本总务省推进的加强网络安全政策实施体制体现了以下几个特点。

表1　近年日本网络安全政策实施要点[③]

内容	要点
总务省主导的体制强化和改组	为了应对日益增长的网络空间威胁，总务省在2017年任命了信息安全责任人，新设了网络安全课以及参事官，并在2018年新设网络安全责任人，下设3名参事官，强化安全政策
针对物联网机器脆弱性加强实施对策	总务省在2017年10月设置了特别任务小组并确立了《IOT安全综合对策》。在此对策中，针对IOT机器的脆弱性问题，对机器的设计、制造阶段，出售阶段，设置阶段，运用阶段的整个过程里可能出现的脆弱性问题采取对策

① 日本总务省编《情报通信白皮书》，2018，第326页，http：//www.soumu.go.jp/johotsusintokei/whitepaper/ja/h30/pdf/n6500000.pdf，2019年4月22日。

② 日本总务省编《情报通信白皮书》，2018，第326页，http：//www.soumu.go.jp/johotsusintokei/whitepaper/ja/h30/pdf/n6500000.pdf，2019年4月22日。

③ 日本总务省编《情报通信白皮书》，2018，第327～330页，http：//www.soumu.go.jp/johotsusintokei/whitepaper/ja/h30/pdf/n6500000.pdf。

续表

内容	要点
促进民间企业的网络安全对策	(1)设置促进信息合作投资等有关税制 为了促进IOT产业的成长以及民间企业的网络安全投资,总务省和经济产业省共同提出税制改革要求,并提出了《2018年度税制改革大纲》。在此大纲中,明确提出了"促进信息合作投资有关的税制"政策 (2)关于公共无线网络的安全对策 为了配合2020年东京奥运会的召开,日本各地在积极推进公共无线网络的设置。从2017年11月开始,总务省在下设的特别任务小组名下新设了"公共无线网络安全分会"。在2018年3月此分会制定了推进公共网络安全的具体的行动策略 (3)关于民间企业的网络安全方面的信息公开 2017年12月总务省在下设的特别任务小组名下新设了"信息公开分会",提出了民间企业在网络安全对策方面的信息公开等课题,并在推进信息公开方面提出了具体的策略。2018年6月此分会提出了《信息公开分会报告书》
确保有效的网络使用环境	总务省在2018年2月召开了"确保有效的网络使用环境研讨会"。此研讨会提出了以下几点: (1)针对电气电信商的DDoS攻击等的防治措施;(2)促进信息共享的制度完善和制定;(3)针对IOT机器等使用端设备的脆弱性对策;(4)针对2017年8月发生的大规模网络障碍的对策问题

二　日本的互联网数据公开情况

（一）公开数据的流通环境情况

日本在2016年12月14日公布和实施了以推进官方和民间共同使用政务信息为目的的《官民数据使用推进基本法》。此法以中央政府和地方自治体所持有的信息数据为对象，以促进普通国民方便快捷使用互联网为目的，提出了一些必要的规定和措施。此法对公开数据做了以下3个定义解释：①无论是出于营利性还是非营利性目的，都适用于二次使用规则的数据；②适合机器读取的数据；③可以免费使用的数据①。

① 日本总务省编《情报通信白皮书》，2018，第287页，http://www.soumu.go.jp/johotsusintokei/whitepaper/ja/h30/pdf/n6100000.pdf，2019年4月25日。

特别是对地方自治体的公开数据，预测其将在实现地方政府的新服务新业务的创新、行政服务的高效化，地方经济的振兴等方面起到积极的效果。因此日本内阁在2017年5月30日决议中提出了《世界最先进IT国家创造宣言及官民数据使用推进基本计划》，确立了到2020年为止地方自治体的公开数据使用率达到100%[①]。同时总务省从2012年开始，在公共交通、公共设施等领域里积极推进大数据的公开使用，并且和一般社团法人、地方创生推进机构等有关团体和有关政府机构合作，积极制定数据公开方和使用方的使用守则、使用条例[②]。

截至2018年4月，在1788个地方自治体中致力于公开数据使用的自治体有343个，占到全体的19%[③]。面对这一情况，内阁官方提出了“公开数据的效果、优势以及需求形式不明了”“负责公开数据的人力资源不足”等问题。为了解决这些问题，总务省从2018年开始，针对公开数据使用的意义、数据公开的知识和技术等方面对地方自治体的公务员进行了培训[④]。

（二）电子政务的推进情况

根据总务省近几年的统计数据，为了提高行政服务的便利性，日本的电子政务线上使用率每年呈现升高的趋势。比如2016年全日本处理的413709993件的行政手续中，线上的电子政务使用件数达到190455866件，使用率达到46%，比2015年增长2.5个百分点[⑤]。表2是近几年日本电子政务的线上使用情况。

---

① 日本总务省编《情报通信白皮书》，2018，第287页，http://www.soumu.go.jp/johotsusintokei/whitepaper/ja/h30/pdf/n6100000.pdf，2019年4月25日。

② 日本总务省编《情报通信白皮书》，2018，第287页，http://www.soumu.go.jp/johotsusintokei/whitepaper/ja/h30/pdf/n6100000.pdf，2019年4月25日。

③ 日本总务省编《情报通信白皮书》，2018，第287页，http://www.soumu.go.jp/johotsusintokei/whitepaper/ja/h30/pdf/n6100000.pdf，2019年4月25日。

④ 日本总务省编《情报通信白皮书》，2018，第287页，http://www.soumu.go.jp/johotsusintokei/whitepaper/ja/h30/pdf/n6100000.pdf，2019年4月25日。

⑤ 日本总务省编《情报通信白皮书》，2018，第272页，http://www.soumu.go.jp/johotsusintokei/whitepaper/ja/h30/pdf/n5200000.pdf，2019年4月27日。

表 2 近年来日本电子政务的线上使用情况①

单位：%

年份	行政手续处理件数	电子政务线上使用件数	电子政务线上使用率
2016	413709993	190455866	46
2015	401460093	174595944	43.5
2014	393192170	162501867	41.3

（三）地方政府的数据公开推进情况

1. 地方自治体的电子政务线上使用情况

从 2011 年开始，日本的各个地方政府以及地方自治体的电子政务线上处理件数年年升高，到 2016 年线上使用率超过 50%，达到 51.4%②。表 3 是近几年地方政府电子政务的线上使用情况。

表 3 2011～2016 年日本地方政府电子政务的线上使用情况③

单位：%

年份	全年行政手续件数	电子政务线上使用件数	电子政务使用率
2011	337590000	135031153	40
2012	349000000	148496598	42.6
2013	367327000	165922189	45.2
2014	368733000	173807766	47.1
2015	384473000	188831889	49.1
2016	397823000	204525754	51.4

2. 地方政府行政事务在线处理的效率化

据总务省 2018 年统计数据，在都道府县级别（相当于中国的省级别）

① 内阁官房 IT 综合战略室、总务省编《行政手续等的调查结果概要》，https://cio.go.jp/tetsuduki_ tanaoroshi。

② 日本总务省编《情报通信白皮书》，2018，第 273 页，http://www.soumu.go.jp/johotsusintokei/whitepaper/ja/h30/pdf/n5200000.pdf，2019 年 4 月 27 日。

③ 总务省编《平成 28 年行政手续电子化的情况》，http://www.e－gov.go.jp/doc/facilitate/announce.html。

的各个地方政府在线处理的电子行政事务中，“公共工程的电子竞标”这一项目最多[①]。同时，在33个地方政府全年在线处理的电子行政事务中，“公共工程的电子竞标”这一项目的在线使用率约为70.2%，其次是“公共设施的预约”这一项目，约占53.2%[②]。

另外在市区町村级别（相当于中国的市、区级别）的地方政府在线处理的电子行政事务中，“图书馆藏书的检索和预约”这一项目最多[③]。在765个地方政府全年在线处理的电子行政事务中，“图书馆藏书的检索和预约”这一项目约占到43.9%[④]。

（四）面向国民的电子政务的推进

1. 居民基本情况网络系统的使用

从2002年开始，日本在全国建立了普通居民基本情况网络系统，在此系统上登录了居民个人的姓名、住所、出生年月、性别、户口账号等信息。此系统作为地方政府自治体的一个分系统，一直致力于提升居民服务的便利性，以及推进电子政府的建设。自2015年10月开始日本推行个人ID号码制度后，此系统更是发挥了巨大的作用。现在一般居民在全国大多数的便利商店能够登录该系统并且取得各种个人信息的证明文件[⑤]。

2. 个人公证业务的电子服务

为了提升地方行政业务效率以及加强居民服务的便利性，从2018年4

---

① 日本总务省编《情报通信白皮书》，2018，第273页，http：//www.soumu.go.jp/johotsusintokei/whitepaper/ja/h30/pdf/n5200000.pdf，2019年4月27日。

② 日本总务省编《情报通信白皮书》，2018，第273页，http：//www.soumu.go.jp/johotsusintokei/whitepaper/ja/h30/pdf/n5200000.pdf，2019年4月27日。

③ 日本总务省编《情报通信白皮书》，2018，第273页，http：//www.soumu.go.jp/johotsusintokei/whitepaper/ja/h30/pdf/n5200000.pdf，2019年4月27日。

④ 日本总务省编《情报通信白皮书》，2018，第273页，http：//www.soumu.go.jp/johotsusintokei/whitepaper/ja/h30/pdf/n5200000.pdf，2019年4月27日。

⑤ 日本总务省编《情报通信白皮书》，2018，第375页，http：//www.soumu.go.jp/johotsusintokei/whitepaper/ja/h30/pdf/n6900000.pdf，2019年5月1日。

月开始在全日本的地方政府行政业务系统里，一般居民在办理申报税收、不动产登记申请等手续时所需的个人公证业务，全部可以在网上申请①。

三　日本人工智能网络（AI Network）的推进情况

人工智能网络化是指通过互联网将人工智能技术和其他的信息系统连接起来，形成网络化的社会。

日本总务省在2016年10月召开了“人工智能网络社会推进会议”，并在2017年7月针对人工智能开发方面制定了国际性讨论的AI开发准则案以及AI技术的使用、影响和风险方面的评估报告，这些内容都发表在了《2017年AI开发报告书》里②。

同时总务省积极推进人工智能网络化的国际讨论。从2017年9月开始日本政府和各国政府以及国内外机构合作，在AI的国际性讨论中主要推进了以下几个方案③。

（1）2017年9月，在意大利都灵召开的G7信息通信产业大臣会议的成果文书中，制定了《国际性讨论的AI开发准则文案》。

（2）2017年10月，在法国巴黎召开的由总务省和经合组织共同举办的AI国际研讨会上，世界各国的产业界和学界的有识之士参加，商讨了AI研发的现状、AI的影响、风险、政策制度的作用以及国际合作等问题。

（3）2017年11月，在巴黎召开的经合组织数字经济政策委员会上，确立了数字经济今后作为经合组织的实施方向，从2019年开始正式着手积极开发。

（4）2018年3月，在加拿大蒙特利尔召开的以创新革新为主题的G7大

① 日本总务省编《情报通信白皮书》，2018，第375页，http://www.soumu.go.jp/johotsusintokei/whitepaper/ja/h30/pdf/n6900000.pdf，2019年5月1日。

② 日本总务省编《情报通信白皮书》，2018，第288页，http://www.soumu.go.jp/johotsusintokei/whitepaper/ja/h30/pdf/n6100000.pdf，2019年4月25日。

③ 日本总务省编《情报通信白皮书》，2018，第288～289页，http://www.soumu.go.jp/johotsusintokei/whitepaper/ja/h30/pdf/n6100000.pdf，2019年4月25日。

臣会议的成果文书中，制定了2018年版《国际性讨论的AI开发准则文案》。

（5）总务省积极推进人工智能网络化和节能环保系统的开发合作，并在2018年6月制定了《AI使用原则案》。这些都收录在了《2018年AI开发报告书》中。

四 日本的个人信息保护举措

（一）《网络安全基本法》修正举措

2015年日本发生了养老金机构的个人信息泄露事件。以此事为教训，政府加强了对个人信息的保护，在2016年4月召开的第190次国会上通过了《网络安全基本法》的修正法案，并于10月21日开始实施。此修正案将监视以及追究原因的调查对象范围扩展到了独立行政法人及指定法人①。

2018年3月，日本政府再次对《网络安全基本法》进行了修正。在此修正案中提出了以下新举措②。

（1）设置“网络安全协议委员会”：此举为了能够迅速地将网络受到威胁和攻击的信息和情况共享，设置以官民合作为主体的机构。

（2）加强国际合作：网络安全协议委员会加强和美国等国外行政机构的合作，并且和国外网络安全运营的公司合作，互换信息，对重要的网络领域实行安全演习，共同培养网络安全人才。

（二）《个人信息保护法》适用范围的扩大举措

日本的《个人信息保护法》自2005年实施以来，最初未将“处理低于

---

① 独立行政法人情报处理推进机构编《2018年度情报安全白皮书》，2018，第97页，https://www.ipa.go.jp/files/000070313.pdf，2019年5月4日。

② 独立行政法人情报处理推进机构编《2018年度情报安全白皮书》，2018，第97～98页，https://www.ipa.go.jp/files/000070313.pdf，2019年5月4日。

5000份个人数据信息的公司或事业”作为此法的适用对象，因此很多中小企业都被排除在适用范围之外①。

2014年日本发生了教育培训机构“倍乐生”公司通信教育服务的3504万件顾客个人信息泄露事件。此事件成为修正《个人信息保护法》的导火索。于是日本政府从2017年5月30日起推出并实施了《改正个人信息保护法》。修改后的法案中，有一个重要举措，就是将原来的“处理低于5000人份信息数据的公司和企业经营者不作为适用范围”条文删除，不管人数多少，只要是以运营和处理个人信息数据为业务的公司、企业和事业经营者都作为修正案的适用对象。因此许多教育机构、服务企业以及新兴的互联网公司、IT企业都成为法律的实施对象。

在《改正个人信息保护法》中，对“个人信息”这一概念做出了以下4点的明确定义②。

（1）对“个人识别符号”信息管理的加强：对个人姓名、个人照片、DNA信息、个人ID信息、个人生存状况信息、特定个人识别信息等个人信息定义做出了明确规定；

（2）新设“匿名加工信息”制度：对个人信息进行加工以至于不能对具体的个人做出识别，并且需要本人的同意，否则不能将个人信息提供给第三方。

（3）新设“需妥善处理的个人信息”制度：对可能引起歧视和偏见的人种、宗教信仰、病例等个人信息定义为“需妥善处理的个人信息”，没有本人的同意，禁止将个人信息提供给第三方。

（4）确保“个人信息泄露途径的追查”：加强个人信息的管理，做出了对个人信息的泄露途径进行追查的明确规定。

① 独立行政法人情报处理推进机构编《2018年度情报安全白皮书》，2018，第99页，https：//www. ipa. go. jp/files/000070313. pdf，2019年5月4日。

② 独立行政法人情报处理推进机构编《2018年度情报安全白皮书》，2018，第99页，https：//www. ipa. go. jp/files/000070313. pdf，2019年5月4日。

Abstract

Focusing on governance development of internet and state in the background of combination of Internet and artificial intelligence, articles of this annual report use various analytic tools, such as normative methods, quantitative analysis and case studies to discuss major issues relevant to security, regulation, public opinion in Chinese cyberspace as well as the governance of network society and international cooperation of internet governance. The authors set out with the intention of taking an interdisciplinary perspective to show the new development and trends of internet governance both domestically and overseas, particularly theories, problems and models regarding internet management, and thus helps us to reach a theoretical and overall understanding of internet governance in China.

The annual report includes 21 articles which belong to six sections, i. e. the general report, cyberspace security, regulation of public opinion, development of internet law, governance of network society and international governance and cooperation. As the first Internet Governance Research Report in China, it has reviewed Internet governace in theoretical and practical dimensions, the General Report but also has comprehensively analyzed the latest development of Internet governance in China since 2018. It has summarized and analyzed the experiences, lessons and latest explorations of Internet governance and governance through the Internet from the progess of Internet governance, the development of the law and regulations and the evolvement of network culture. The sub-reports have carried out cross-disciplinary and interdisciplinary analysis of the development of Internet governance in China from the five dimensions, i. e. cyberspace security, adaptation of network public opinion, development of cyberspace law, governance of network society and international governance experience, which could contribute to promoting the construction of cyberpower and modernization of national governance in China.

Contents

Ⅰ General Reports

Abstract: Compared with the situation in 2017, the development of Internet Governance in China in 2018 showed continuity. Familiar with 2017, there were a number of problems emerging on the aspects of information communication, digital rights and sharing economy, but a series of new policies also were released to deal with these issues. It could be suggested that the fractionalized new public management model was suited for the development of Internet in China. In the future, the report also suggested that network security, information service and new form of Internet industry would be the cross areas where new problems emerge and new policies and laws released.

Keywords: Network Society; Internet Governance; Cyberspace Security

Abstract: Construction of Internet legal system has improved continuly with the rapid integration of Internet and artificial intelligence. Under the overall leadership of the Central Committee of the Communist Party of China, the party and government departments at all levels in China have fully participated in the cyberspace governance. Not only have the subjects of network governance returned to diversify, but also the measures of governance have become increasingly diverse, which show a system for integrated internet management has been gradually built. Since 2018, under the current legal framework, government departments have promulgated and implemented a series of laws and regulations, especially administrative provisions on issues, such as artificial intelligence regulation, government new media management, network information governance and personal information protection. The path of party prompt and ideological characteristics of Internet governance have become increasingly evident. In the process of cyberspace power building, the relationship between the state, society and the Internet has also been reshaped in a new technological environment.

Keywords: Internet Governance; Internet Legal System; Administrative Regulation; Cyberpower

Abstract: This paper integrates and analyzes relevant policies of the Chinese government on Internet culture governance in 2018, and combined with the annual data survey reports of CNNIC, QuestMobile, iiMedia, JIGUANG and other survey institutions, the annual financial reports of companies in various fields and the data interpretation and trend analysis of major media on the development of China's Internet culture industry in 2018, outline the overall development of China's Internet culture industry in 2018. In 2018, the power of "Internet plus" in the development and dissemination of excellent Chinese culture has been highly valued by the central government, and the integration of various cultural fields with the Internet has become closer, and the popularity of "social +" and "live +" has become the focus of crossover in different fields.

Keywords: "Internet +"; Culture Industry; Internet Culture

Ⅱ Cyberspace Security

Abstract: Network ideology security has become one of the important contents of current network security governance work. It is related to social stability and long-term stability, and is a prominent symbol for maintaining national political security. In the face of the increasingly objective situation of domestic and foreign network ideology security threats, maintaining network ideology security is a necessary move to maintain national security and also an important guarantee for promoting national development. Aiming at the urgent situation of the current network ideology security in China, we should systematically explore the governance of network ideology in the new era and ensure the security of network ideology.

Keywords: Network Ideology; Security; Governance Strategy

Abstract: Since 2018, the risk of personal information security in China is intensifying, manifested in large-scale personal information disclosure and algorithmic discrimination. The legislative work of personal information security is moving from fragmentation to systemization. In 2018, three regulations and standards on personal information protection were issued, providing specific guidance on information security and governance for individuals and businesses. China's "Personal Information Protection Law" also entered the legislative plan in

2019, and introduced new regulations in the areas of data security, cyber security review, and App violations, and illegally collected and used personal data information that is of great concern to citizens. The question is answered. Due to the increase in the number of cases of infringement of personal information rights, the problems of concept disputes and difficulties in obtaining evidence and evidence in personal information protection have also begun to emerge. Judicial remedies such as public interest litigation or class actions are also being further explored. In contrast to the new legislation on personal information and personal privacy protection in the European Union and the United States, relevant legislation in India and Brazil has also given China great inspiration.

Keywords: Personal Information Security; Personal Information Rights; Personal Information Protection; Algorithmic Discrimination

B. 6 Research on Public Opinion Governance and Public Opinion Related Criminal Cases in 2018 *Li Tingting* / 078

Abstract: This article collected and analyzed the criminal cases involving public opinion in cyberspace in 2018. By dividing these cases into three categories: governance by grievance, grievance as case plot and governing grievance, the author try to comprehensively present the grievances reflected in criminal cases and among which reflected governance status. This paper finds that public opinion has become an important tool for the government to carry out governance. Under the good linkage between the vertical sector and the parallel government departments, they can act in concert to quickly attack and crack down the public opinion-related crime. However, online public opinion maybe a good tool, but behind which there is also a real individual. Public opinion is a collection of people and their opinions in most cases. Therefore, this paper proposes that while using tools, the gouernor should also have the social care, thus to achieve good governance.

Keywords: Public Opinion Governance; Criminal Cases; Good Governance

Ⅲ Public Opinion on the Internet

Abstract: An empirical research on social mentality of Youth Internet Users Aged 14 –40 in Guangzhou was carried out by Big Data Communication Laboratory, School of Communication and Design, Sun Yat-sen University, Guangdong Key Laboratory of Public Opinion Data Analysis and Simulation and Guangzhou Committee of the Communist Youth League. To Understand the social mentality and behavior tendency of young netizens in Guangzhou, and explore the ways that can positively influence the social mentality of this group and guide the positive public opinion, the research surveyed youth Internet users aged 14 –40 in Guangzhou, and 1540 valid questionnaires were collected. The study come to the following conclusions: first of all, in terms of concerns on social issues, working youth are more aware of and concerned about social problems; secondly, in terms of social emotions and social participation, young netizens in Guangzhou are generally under pressure, social participation is low as a whole, and working youth are with lower sense of happiness. Moreover, in terms of values, the post-materialism value of young netizens in Guangzhou is not obvious, and the value orientation is deeply influenced by peers.

Keywords: Guangzhou; Youth Netizens; Social Mentality; Social Emotion; Post-materialist Values

Abstract: This paper analyses the content and form of online public participation in China, expounds the distinct Chinese characteristics of online public participation, and emphasizes the importance of online public participation in the process of modernization of national governance system and capacity. This paper analyses the achievements and issues of the early "network politics" and combs the new trend of online public participation since the 18th National Congress of the Communist Party of China. The article also puts forward some suggestions on how to improve online public participation.

Keywords: Internet; Public Participation; Internet Politics

Ⅳ Rule of Law on Internet

Abstract: With the rapid growth of the tort We-media phenomenon in our country, the protection of We-media user rights is particularly important. The We-media "service agreement" is an important legal basis of users' rights. The Study has focused on 21 "service agreement" provisions of the We-media platform. The study found that the network of intellectual property service contract, the contents of the forbidden, exemption, real-name restrictions are prescribed in contracts. There exist some problenns, e. g. that exemptions are too tough, that it has suspected of infringement of citizens' privacy, and that platforms only want to get benefits form ads but regardless of responsibility, etc. In order to protect the rights of users, the study made suggestions including formulating special law system regulating network service contract, setting up the supervision and inspection system, building privacy protection mechanism, making the implementation of advertising and marketing for the record, reminding advertise to remind and building users reporting system.

Keywords: We-media Platform; Users; The Service Agreement; Standard Contract

Abstract: When network flow is low-priced, video communication is gradually becoming a main role in cyberspace, which leads to prosperity of various video websites. The quantity of video website users in each major online country are enormous. When users surf on the video websites, their personal privacy or information is usually collected by these websites and at the same time, uploading, downloading and browsing video contents are also restricted. It gives rise to a series of conflicts and troubles, even though announcements have been made when users register and use their accounts on the websites. This essay takes the privacy policy of three foreign video websites, *YouTube*, *DailyMotion*, *LiveLeak*, and explores the emphasis, differences and similarities over content regulation and privacy protection of video websites by means of content analysis.

Keywords: Video Sharing Websites; Content Regulation; Privacy Policy

Abstract: Short video content violates laws, regulations, ethics, and frequent video copyright infringement are major legal issues encountered in the development of short video. The domestic government mainly carries out the governance from the perspectives of laws, industry norms, the guidance of judgment and the specific administrative actions of state institutions. However, the short video content is too much entertainment, and the short development of copyright protection technology is two major difficulties encountered in the current short video management. With technology governance as the main means, the state's appropriate intervention in the development of short videos under the premise of respecting the market is an alternative path to break short video governance dilemma.

Keywords: Governance of Short Videos; Content Supervision; Copyright Protection; Technical Governance

Abstract: From "China Judgment Online", "PKU law" and some courts of Beijing, this article collects nine short video copyright cases. All cases were valid in 2018, and the infringement subjects were all internet service providers, which can generally reflect the short video copyright disputes in China. Therefore, focusing on these nine cases, this paper presents the current situation of short video copyright protection, litigation features and focus of disputes in the platform infringement. Considering the increasing number of short video copyright disputes currently and the revised draft of copyright law, the article finally puts forward constructive opinions on short video copyright disputes from the perspectives of legal system, technical measures and industry efforts.

Keywords: Short Video; Copyright Disputes; Copyright Litigation

Abstract: This paper takes Most Searched Hashtags on Sina Weibo as the starting point, analyzes the information attribute of Most Searched Hashtags, and points out that the Most Searched Hashtags reflects the public's recent concerns; so it is a new form of online news. Unlike in traditional journalism, media is the only one who can set agenda, the Internet provides a technical tool and platform for the public to set agenda, and "Most Searched Hashtags" is an example of public agenda. This paper also analyzes the problems of Sina's rectification measures, and points out that ISPs' mission is different from that of media. They are not substitutes for media in the digital era, but a supplement to it. It is a platform for setting public agendas besides the media agenda. Therefore, it should not play the role of a gate-keeper like media. As a company, ISP is free to choose to offer commercialized information service or public information service, but its responsibility is to let the public know and be able to clearly judge whether it publishes is public information or commercialized information. The regulation of online commercialized communication should try to maintain the public nature of the Internet while respecting the freedom of ISPs.

Keywords: "Most Searched Hashtags"; Journalism; Advertisement; Fake Event; Public Agenda

V Governance of Network Society

Abstract: Grassroots social governance is the foundation of the national social governance system and the focus and difficulty of social governance. With the rapid development of network information technology represented by the Internet, technology application plays an important role in Grassroots Social Governance. This paper analyzes the scope and content of Grassroots Social Governance from the concept reflection, summarizes three different influence paradigms from technical reflection, and summarizes the various roles played by information technology in Grassroots Social Governance. Under the new situation, this paper analyzes the current situation of Community informatization development from a technical perspective by IT framework, and expounds the key links of information application from the governance change perspective, and puts forward the key issues and countermeasures in real development.

Keywords: Internet Age; Grassroots Social Governance; Community Informatization; Network Information Technology

B. 15 The Analysis of Ethical Consensus Framework of Internet Governance

Zhou Jianqing, *Deng Huiling* / 219

Abstract: Internet governance needs to make an ethical consensus, for promoting the system construction of the global Internet governance and achieving negotiation and cooperation among related stakeholders in society. The coherent balanced model provides an analytical framework for building an ethical consensus on Internet governance. In the framework, we analyze that the formation of ethical consensus of Internet governance needs to go through three stages: the setting of ethical bottom line, the establishment of utilitarian principle, and the flexible use of moral strategy. These three stages can not only be carried out at the level of progress, but also be interleaved to promote the construction of ethical consensus. This article further explores the ethical principles that should be followed in the three stages of ethical consensus, and concludes that the Internet governance needs to adhere to the ethical bottom line of "putting people first", holding the concept of win-win development and carrying out the specific analysis of specific problems of moral strategies.

Keywords: Internet Governance; Ethical Consensus; Coherent Balanced Model

Abstract: As a public space connecting the country and society in the digital era, the original intention of creating the message board for local leaders is to enhance the trust between netizens and the government through two-way interactive mechanism. Although the researchens have noticed the existence of selective government response, they focus on analyzing its causes from the external perspective and explaining its correlation at the statistical level, and lack of process analysis of government response from the institutional and organizational levels. Through textual analysis of 5914 cases and in-depth interviews, this paper investigates the current situation, interactive path, mechanism and form of the interaction between the government and the public, and then identifies the reasons for the insufficient response of local governments in China. It is found that due to the dislocation of response starting point and response regulating point, "appeal" and "accountability" are separated, resulting in a "pendulum" response path. In the "pendulum response" path, the superior government, as the response adjustment point, regulates the responsiveness through "power", conducts pressure from top to bottom to control the swing range of the "pendulum", resulting in the inverted "U" shape of the responsiveness.

Keywords: Pendulum Response; Network Politics; Government Responsiveness; Public Appeal

Abstract: Based on the case of Guangdong Tax Wechat, this study analyzes its current status and effectiveness in terms of function design, reading numbers and the growth of number of fans. Meanwhile, this research also conducted a survey to segment users of Guangdong Tax Wechat into several groups. The study suggests that: 1) Tax Service institution should set up provincial media centers to assist the improvement of city-level publicity affairs with a more coordinated and integrated approach; 2) using more popular words to express and explain professional content related to tax policy or knowledge; 3) attaching more importance to to users' feedbck and interaction part.

Keywords: Government Wechat; Guangdong Tax; E-government

Ⅵ Governance of Network International

B. 18 "Platformization of Infrastructure" and the "Infrastructuralization of Platforms": Lessons from Chinese Diaspora Media with BRI Communication

Zhao Yupei, Lin Zhi and Li Ziyuan / 267

Abstract: With the promotion of the Belt and Road Initiative, Internet technology has provided a more diverse way of communication for Chinese diaspora media. The official website of Chinese diaspora media can present more reports with richer contents to the public, but it does not meet the expectation of interaction. Generally, the Chinese diaspora media that base in the countries on the China-Indochina Peninsula Economic Corridor regard Chinese public as the primary audience of their social media platforms, and they construct the Chinese national image through one-way communication by official websites and interactive communication by social media with the Chinese public. Thus, the infrastructuralization is not synchronize with the platformization for these Chinese diaspora media, which has resulted in their incapability of spreading Chinese stories to the outside world. Although these Chinese diaspora media are mainstream Chinese diaspora media with relatively large circulation to serve overseas Chinese in the countries to which they belong, their roles of constructing Chinese national image remains to be strengthened if we place them in a broader and international perspective.

Keywords: Belt and Road; Chinese Diaspora Media; Chinese Story; Infrastructure; Platformization

B. 19 Internet Development and Governance in Canada 2018

Chen Liang, *Liu Xiaoming* / 282

Abstract: Canada's Internet development is ahead of the other countries in the world, with 33.05 million Internet users and the highest Internet penetration rates. Canada is one of the first countries to carry out e-government construction in the world, with a well-developed Internet infrastructure and a complete open data system. In addition, Canada has also established a comprehensive Internet security regulatory system to effectively protect security and privacy. In contrast, China's e-government construction started late, and cybersecurity still needs to be strengthened. Through the analysis of the development of e-government, cybersecurity construction in Canada and, it can provide practical reference for China's Internet development and governance.

Keywords: Canada; Internet Development; Internet Governance; E-government; Cybersecurity

B. 20 Report on Governance of Singapore Cyber Security

Zhang Mingyu / 299

Abstract: The special geographical location, advanced economy and export-oriented economic model enable Singapore start to pay attention to the development and governance of Internet very early. To this day, Singapore has taken the forefront of the development of Internet and the governance of

Cybersecurity in the world. Based on the analyzing of the development of Internet in Singapore, this article introduces the process of the governance of Cybersecurity and the evolution of the strategic plan for Cybersecurity in Singapore and then summarizes its governance experiences of Cybersecurity. And the author hope this article can provide Chinese governance of Cybersecurity with some fresh insights.

Keywords: Singapore; Internet; Cybersecurity; Internet Governance

B. 21 Report on the Development of Internet in Japan 2018

Abstract: This paper reviews the development of the Internet in Japan in 2018, and describes the four aspects of the development and implementation of the network security policy, the disclosure of Internet data, the promotion of artificial intelligence networks, and personal information protection initiatives. Among them, Japan has the largest initiative in personal information protection. In March 2018, the Japanese government made a second amendment to the Basic Law on Cyber Security, proposing new measures to set up the Network Security Agreement Committee and strengthen international cooperation. At the same time, the government launched and implemented the Law on the Correction of Personal Information Protection on May 30, 2017. One of the important measures is to remove the original article "Handling companies and enterprises below 5000 people as not applicable". All companies, companies and business operators who operate and process personal information are subject to amendments.

Keywords: Japanese; Network Security; Data Disclosure; Artificial Intelligence Network; Personal Information Protection

皮书起源

“皮书”起源于十七、十八世纪的英国，主要指官方或社会组织正式发表的重要文件或报告，多以“白皮书”命名。在中国，“皮书”这一概念被社会广泛接受，并被成功运作、发展成为一种全新的出版形态，则源于中国社会科学院社会科学文献出版社。

皮书定义

皮书是对中国与世界发展状况和热点问题进行年度监测，以专业的角度、专家的视野和实证研究方法，针对某一领域或区域现状与发展态势展开分析和预测，具备原创性、实证性、专业性、连续性、前沿性、时效性等特点的公开出版物，由一系列权威研究报告组成。

皮书作者

皮书系列的作者以中国社会科学院、著名高校、地方社会科学院的研究人员为主，多为国内一流研究机构的权威专家学者，他们的看法和观点代表了学界对中国与世界的现实和未来最高水平的解读与分析。

皮书荣誉

皮书系列已成为社会科学文献出版社的著名图书品牌和中国社会科学院的知名学术品牌。2016 年，皮书系列正式列入“十三五”国家重点出版规划项目；2013~2019 年，重点皮书列入中国社会科学院承担的国家哲学社会科学创新工程项目;2019 年,64 种院外皮书使用“中国社会科学院创新工程学术出版项目”标识。

中国皮书网

（网址：www.pishu.cn）

发布皮书研创资讯，传播皮书精彩内容
引领皮书出版潮流，打造皮书服务平台

栏目设置

关于皮书：何谓皮书、皮书分类、皮书大事记、皮书荣誉、
皮书出版第一人、皮书编辑部

最新资讯：通知公告、新闻动态、媒体聚焦、网站专题、视频直播、下载专区

皮书研创：皮书规范、皮书选题、皮书出版、皮书研究、研创团队

皮书评奖评价：指标体系、皮书评价、皮书评奖

互动专区：皮书说、社科数托邦、皮书微博、留言板

所获荣誉

2008 年、2011 年，中国皮书网均在全国新闻出版业网站荣誉评选中获得“最具商业价值网站”称号；

2012 年，获得“出版业网站百强”称号。

网库合一

2014 年，中国皮书网与皮书数据库端口合一，实现资源共享。

S 基本子库
UB DATABASE

中国社会发展数据库（下设12个子库）

全面整合国内外中国社会发展研究成果，汇聚独家统计数据、深度分析报告，涉及社会、人口、政治、教育、法律等12个领域，为了解中国社会发展动态、跟踪社会核心热点、分析社会发展趋势提供一站式资源搜索和数据分析与挖掘服务。

中国经济发展数据库（下设12个子库）

基于"皮书系列"中涉及中国经济发展的研究资料构建，内容涵盖宏观经济、农业经济、工业经济、产业经济等12个重点经济领域，为实时掌控经济运行态势、把握经济发展规律、洞察经济形势、进行经济决策提供参考和依据。

中国行业发展数据库（下设17个子库）

以中国国民经济行业分类为依据，覆盖金融业、旅游、医疗卫生、交通运输、能源矿产等100多个行业，跟踪分析国民经济相关行业市场运行状况和政策导向，汇集行业发展前沿资讯，为投资、从业及各种经济决策提供理论基础和实践指导。

中国区域发展数据库（下设6个子库）

对中国特定区域内的经济、社会、文化等领域现状与发展情况进行深度分析和预测，研究层级至县及县以下行政区，涉及地区、区域经济体、城市、农村等不同维度。为地方经济社会宏观态势研究、发展经验研究、案例分析提供数据服务。

中国文化传媒数据库（下设18个子库）

汇聚文化传媒领域专家观点、热点资讯，梳理国内外中国文化发展相关学术研究成果、一手统计数据，涵盖文化产业、新闻传播、电影娱乐、文学艺术、群众文化等18个重点研究领域。为文化传媒研究提供相关数据、研究报告和综合分析服务。

世界经济与国际关系数据库（下设6个子库）

立足"皮书系列"世界经济、国际关系相关学术资源，整合世界经济、国际政治、世界文化与科技、全球性问题、国际组织与国际法、区域研究6大领域研究成果，为世界经济与国际关系研究提供全方位数据分析，为决策和形势研判提供参考。